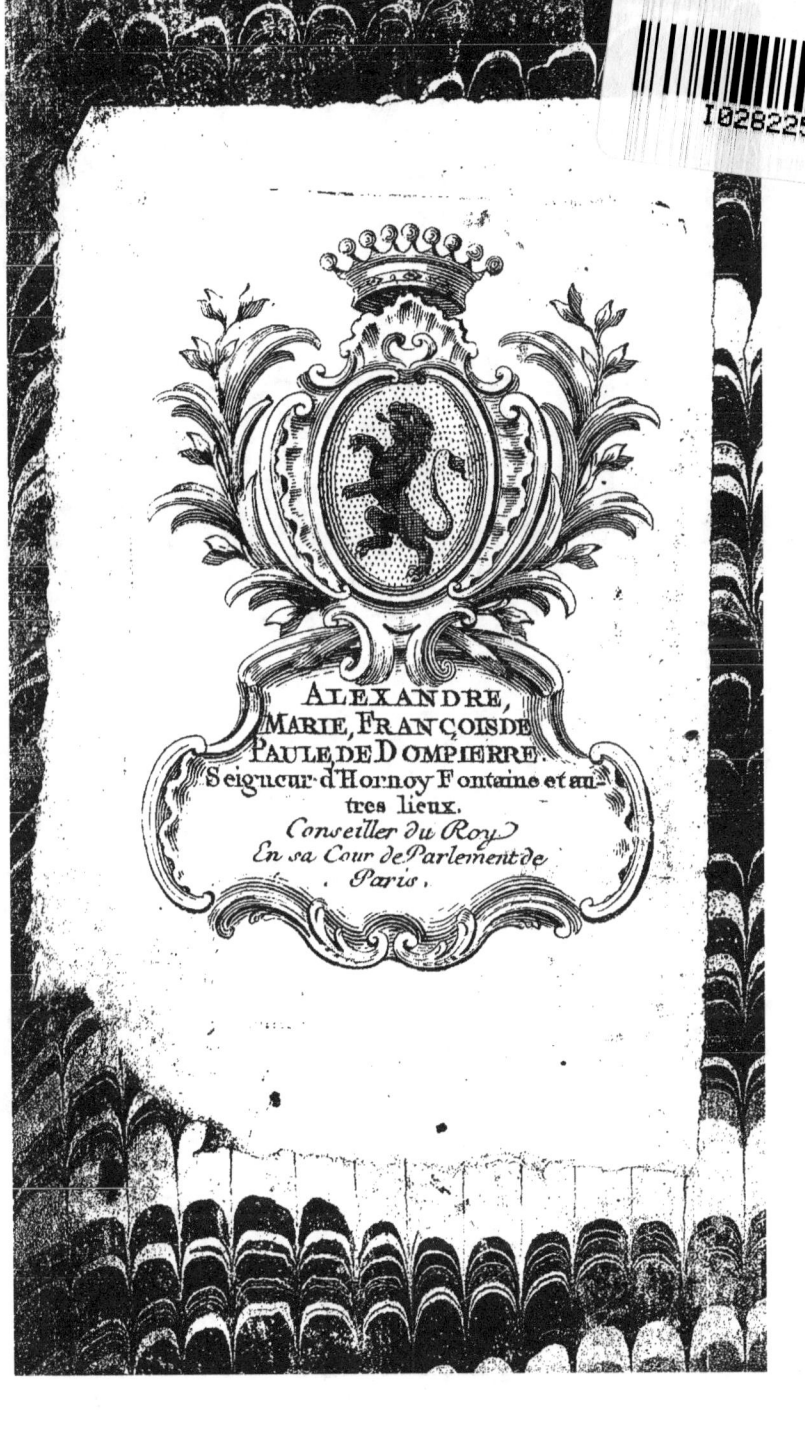

ALEXANDRE,
MARIE, FRANÇOIS DE
PAULE DE DOMPIERRE
Seigneur d'Hornoy Fontaine et autres lieux.
Conseiller du Roy
En sa Cour de Parlement de
Paris.

291 bis

ANNALES
DE
L'EMPIRE
DEPUIS
CHARLEMAGNE.

Par l'Auteur du Siecle de Louis XIV.

Regum, pontificum, populorum continet astus.

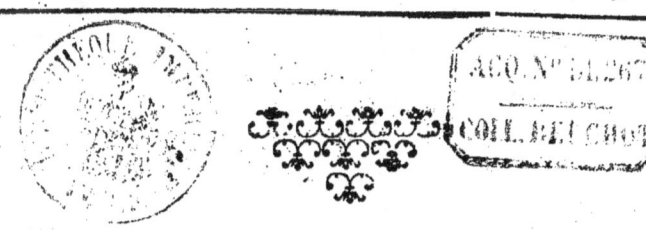

A BASLE,

Chez JEAN HENRI DECKER,

1753.

A S. A. S. Mᶜ. LA
D. de S. G.

ADAME,

Je n'ai fait qu'obéir aux ordres de Votre Altesse Sérénissime, en écrivant cet abrégé de l'histoire de l'Empire Il aurait un grand avantage, si j'étais resté plus longtems dans votre Cour. J'aurais mieux peint la vertu, surtout cette vertu humaine & sociable, à qui l'esprit & les graces donnent un nouveau prix ; mais elle est peu du ressort de l'histoire. L'ambition qu'on masque du grand nom de l'intérêt des états, & qui ne fait que le mal-

ANNALES
DE
L'EMPIRE
DEPUIS
CHARLEMAGNE.

Par l'Auteur du Siecle de Louis XIV.

Regum, pontificum, populorum continet æstus.

A BASLE,

Chez Jean Henri Decker,

1753.

A S. A. S. Mᶜ. LA
D. de S. G.

ADAME,

 Je n'ai fait qu'obéir aux ordres de Votre Altesse Sérénissime, en écrivant cet abrégé de l'histoire de l'Empire Il aurait un grand avantage, si j'étais resté plus longtems dans votre Cour. J'aurais mieux peint la vertu, surtout cette vertu humaine & sociable, à qui l'esprit & les graces donnent un nouveau prix; mais elle est peu du ressort de l'histoire. L'ambition qu'on masque du grand nom de l'intérêt des états, & qui ne fait que le mal-

heur des états, les passions féroces qui ont conduit presque toujours la politique, laissent peu de place à ces vertus douces qu'on ne cultive guère que dans la tranquillité. Par-tout où il y a des troubles, il y a des crimes ; & l'histoire n'est que le tableau des troubles du monde.

Il est important pour toutes les nations de l'Europe de s'instruire des révolutions de l'Empire. Les histoires de France, d'Angleterre, d'Espagne, de Pologne se renferment dans leurs bornes. L'Empire est un théâtre plus vaste. Ses prééminences, ses droits sur Rome & sur l'Italie, tant de rois, tant de souverains qu'il a créés, tant de dignités qu'il a conférées dans d'autres états, ces assemblées presque continuelles de tant de princes, tout cela forme une scéne auguste, même dans les siécles les moins policés. Mais le détail en est immense. Et il reste aux hommes occupés trop peu de tems pour lire ce prodigieux amas de faits qui se précipitent les uns sur les autres, & ces recueils de loix presque toujours contredites à force d'être expliquées. La justesse de votre esprit vous a fait désirer des annales qui ne fussent ni séches ni prolixes, & qui donnassent une idée générale de l'Empire dans une langue que parlent toutes les nations, & qui est embellie dans votre bouche. On aurait pû sans doute obéir aux ordres de Votre Altesse Sérénissime avec plus de succès, mais non avec plus de zéle, & plus de respect.

Lettre

Lettre de Mr. de V * * * à Mr. de * * * *Professeur en Histoire.*

Vous avez dû vous appercevoir, Monsieur, que cette prétendue histoire universelle imprimée à la Haye, annoncée jusqu'au tems de Charlequint, & qui contient cent années de moins que le titre ne promet, n'était point faite pour voir le jour. Ce sont des recueils informes d'anciennes études, auxquelles je m'occupais il y a environ quinze années avec une personne respectable au-dessus de son sexe & de son siécle, dont l'esprit embrassait tous les genres d'érudition & qui savait y joindre le goût ; sans quoi cette érudition n'eût pas été un mérite.

Je préparais uniquement ce canevas pour son usage & pour le mien, comme il est aisé de le voir par l'inspection même du commencement. C'est un compte que je me rends librement à moi-même de mes lectures ; seule maniere de bien apprendre, & de se faire des idées nettes; car lorsqu'on se borne à lire, on n'a presque jamais dans la tête qu'un tableau confus.

Mon principal but avait été de suivre les révolutions de l'esprit humain dans celles des gouvernements.

Je cherchais comment tant de méchants hommes conduits par de plus méchants princes ont pourtant à la longue établi des sociétés où les arts, les sciences, les vertus mêmes ont été cultivées.

Je cherchais les routes du commerce qui répare en secret les ruines que les sauvages conquérants laissent après eux. Et je m'étudiais à examiner par le prix des denrées les richesses ou la pauvreté d'un peuple. J'examinais surtout comment les arts ont pû renaître & se soutenir parmi tant de ravages.

L'éloquence & la poësie marquent le caractère des nations. J'avais traduit des morceaux de quelques anciens poëtes orientaux. Je me souviens encor d'un passage du Persan Sadi sur la puissance de l'Etre suprême. On y voit ce même génie qui anima les écrivains arabes & hébreux & tous ceux de l'orient Plus d'imagination que de choix, plus d'enflure que de grandeur : ils peignent avec la parole : mais ce sont souvent des figures mal assemblées. Les élancements de leur imagin tion n'ont jamais admis d'idée fine & approfondie. L'art des transitions leur est inconnu.

Voici

Voici ce passage de Sadi en vers blancs :

Il sait distinctement ce qui ne fut jamais.
De ce qu'on n'entend point son oreille est remplie:
Prince, il n'a pas besoin qu'on le serve à genoux,
Juge, il n'a pas besoin que sa loi soit écrite.
De l'éternel burin de sa prévision
Il a tracé nos traits dans le sein de nos meres.
De l'aurore au couchant il porte le soleil,
Il séme de rubis les masses des montagnes.
Il prend deux gouttes d'eau; de l'une il fait un homme,
De l'autre il arrondit la perle au fonds des mers.
L'être au son de sa voix fut tiré du néant.
Qu'il parle & dans l'instant l'univers va rentrer
Dans les immensités de l'espace & du vuide;
Qu'il parle & l'univers repasse en un clin d'œil
Des abîmes du rien dans les plaines de l'être.

Ce Sadi né dans la Bactriane était contemporain du Dante né à Florence en 1265. Les vers du Dante faisaient déja la gloire de l'Italie, quand il n'y avait aucun bon auteur prosaïque chez nos nations modernes. Il était né dans un tems où les querelles de l'Empire & du sacerdoce avaient laissé dans les états & dans les esprits des plaies profondes. Il était Gibelin & persécuté par les Guelfes : ainsi il ne faut pas s'étonner s'il exhale à peu près ainsi ses chagrins dans son poëme en cette maniere.

Jadis on vit dans une paix profonde
De deux soleils les flambeaux luire au monde,
Qui sans se nuire éclairant les humains,
Du vrai devoir enseignaient les chemins :
Et nous montraient de l'aigle impériale
Et de l'agneau les droits & l'intervalle.
Ce tems n'est plus, & nos cieux ont changé.

L'un des soleils de vapeurs surchargé
En s'échappant de sa sainte carriére,
Voulut de l'autre absorber la lumiére.
La régle alors devint confusion ;
Et l'humble agneau parut un fier lion,
Qui tout brillant de la pourpre usurpée,
Voulut porter la houlette & l'épée.

J'avais traduit plus de vingt passages assez longs du Dante, de Pétrarque, & de l'Arioste; & comparant toujours l'esprit d'une nation inventrice & celui des nations imitatrices, je mettais en paralléle plusieurs morceaux de Spencer que j'avais tâchés de rendre avec beaucoup d'exactitude. C'est ainsi que je suivais les arts dans leurs carriéres.

Je n'entrais point dans le vaste labyrinthe des absurdités philosophiques, qu'on honora si longtems du nom de *science*. Je remarquais seulement les plus grandes erreurs qu'on avait prises pour les vérités les plus incontestables; & m'attachant uniquement aux arts utiles, je mettais devant mes yeux l'histoire des découvertes en tout genre depuis l'arabe Geber, inventeur de l'algébre, jusqu'aux derniers miracles de nos jours.

Cette partie de l'histoire était sans doute mon plus cher objet, & les révolutions des états n'étaient qu'un accessoire à celles des arts & des sciences. Tout ce grand morceau qui m'avait coûté tant de peines, m'ayant été dérobé il y a quelques années, je fus d'autant plus découragé, que je me sentais absolument incapable de recommencer un si pénible ouvrage.

La partie purement historique, resta informe entre mes mains. Elle est poussée jusqu'au regne de Philippe II. & elle devait se lier au siécle de Louis XIV.

Cette suite d'histoire débarrassée de tous les détails qui obscurcissent d'ordinaire le fond, & de toutes les minuties de la guerre si intéressantes dans le moment, & si ennuyeuses après, & de tous les petits faits qui font tort aux grands, devait composer un vaste tableau qui pouvait aider la mémoire en frappant l'imagination.

Plusieurs personnes voulurent avoir le manuscrit tout imparfait qu'il était, & il y en a plus de trente copies. Je les donnai d'autant plus volontiers que ne pouvant plus travailler à cet ouvrage, c'était autant de matériaux que je mettais entre les mains de ceux qui pouvaient l'achever.

Lorsque Mr. de la Bruère eut le privilége du Mercure de France vers l'année 1747. il me pria de lui abandonner quelques-unes de ces feuilles qui parurent dans son journal. On les a recueillies depuis en 1751. parce qu'on recueille tout. Le morceau sur les croisades qui fait une partie de l'ouvrage, fut donné dans ce recueil comme un morceau détaché, & le tout fut imprimé très-incorrectement, avec ce titre peu convenable, *Plan de l'histoire de l'esprit humain*. Ce prétendu plan de l'histoire de l'esprit humain, contient seulement quelques chapitres historiques touchant les neuviéme & dixième siècles.

Un libraire de la Haye ayant trouvé un manuscrit plus complet vient de l'imprimer, avec le titre d'*Abrégé de l'histoire universelle depuis Charlemagne*

lemagne jusqu'à *Charlequint*. Et cependant il ne va pas seulement jusqu'au roi de France Louis XI. apparemment qu'il n'en avait pas davantage, ou qu'il a voulu attendre, pour donner son 3e. volume, que ses deux premiers fussent débités.

Il dit qu'il a acheté ce manuscrit d'un homme qui demeure à Bruxelles. J'ai ouï dire en effet qu'un domestique de Mgr le prince Charles de Lorraine en possédait depuis longtems une copie, & qu'elle était tombée entre les mains de ce domestique par une avanture assez singuliere. L'exemplaire fut pris dans une cassette parmi l'équipage d'un prince, pillé par des houzards dans une bataille donnée en Bohême. Ainsi on a eu cet ouvrage par le droit de la guerre, & il est de bonne prise. Mais apparemment que les mêmes houzards en ont conduit l'impression. Tout y est étrangement défiguré, il y manque les chapitres les plus intéressants. Presque toutes les dates y sont fausses, presque tous les noms déguisés. Il y a beaucoup de phrases qui ne forment aucun sens. D'autres qui forment un sens ridicule ou indécent. Les transitions, les conjonctions sont déplacées. On m'y fait dire très souvent tout le contraire de ce que j'ai dit. Et je ne conçois pas comment on a pû lire cet ouvrage dans l'état où il est livré au public. Je suis très-aise que le libraire qui s'en est chargé, y ait trouvé son compte & l'ait si bien vendu ; mais s'il avait voulu me consulter, je l'aurais mis en état de donner au moins au public un ouvrage moins défectueux : & voyant qu'il m'était impossible d'arrêter l'impression, j'aurais donné tous mes soins à l'arrangement de cet informe assemblage qui dans l'état où il est ne mérite pas les égards d'un homme un peu instruit.

Comme

Comme je ne croyais pas, Monsieur, que jamais aucun libraire voulût risquer de donner quelque chose de si imparfait, je vous avoue que je m'étais servi de quelques-uns de ces matériaux pour bâtir un édifice plus régulier & plus solide. Une des plus respectables princesses d'Allemagne, à qui je ne peux rien refuser, m'ayant fait l'honneur de me demander des annales de l'Empire, je n'ai point fait difficulté d'insérer un petit nombre de pages de cette prétendue histoire universelle dans l'ouvrage qu'elle m'a ordonné de composer.

Dans le tems que je donnais à S. A. S. cette marque de mon obéissance, & que ces annales de l'Empire étoient déja presque entierement imprimées, j'ai appris qu'un allemand qui était l'année passée à Paris, avait travaillé sur le même sujet, & que son ouvrage était prêt à paraître. Si je l'avais sçu plûtôt, j'aurais assurément interrompu l'impression du mien. Je sai qu'il est beaucoup plus capable que moi d'une telle entreprise, & je suis très éloigné de prétendre lutter contre lui; mais le libraire à qui j'ai fait présent de mon manuscrit a pris trop de peine & m'a trop bien servi pour que je puisse supprimer le fruit de son travail. Peut-être même que le goût dans lequel j'ai écrit ces annales de l'Empire étant différent de la méthode observée par l'habile homme dont j'ai l'honneur de vous parler, les savants ne seront pas fâchés de voir les mêmes vérités sous des faces différentes. Il est vrai que mon ouvrage est imprimé en païs étranger à Bâle en Suisse chez Jean Henri Decker, & qu'on peut présumer que les livres français ne sont pas imprimés chez les étrangers avec toute la correction nécessaire. Notre langue s'y corrompt tous les jours depuis *lemagne jusqu'à Charlequint*. Et cependant il ne va pas seulement jusqu'au roi de France Louis XI. apparemment qu'il n'en avait pas davantage, ou qu'il a voulu attendre, pour donner son 3e. volume, que ses deux premiers fussent débités.

Il dit qu'il a acheté ce manuscrit d'un homme qui demeure à Bruxelles. J'ai ouï dire en effet qu'un domestique de Mgr le prince Charles de Lorraine en possédait depuis longtems une copie, & qu'elle était tombée entre les mains de ce domestique par une avanture assez singuliere. L'exemplaire fut pris dans une cassette parmi l'équipage d'un prince, pillé par des houzards dans une bataille donnée en Bohême. Ainsi on a eu cet ouvrage par le droit de la guerre, & il est de bonne prise. Mais apparemment que les mêmes houzards en ont conduit l'impression. Tout y est étrangement défiguré, il y manque les chapitres les plus intéressants. Presque toutes les dates y sont fausses, presque tous les noms déguisés. Il y a beaucoup de phrases qui ne forment aucun sens. D'autres qui forment un sens ridicule ou indécent. Les transitions, les conjonctions sont déplacées. On m'y fait dire très souvent tout le contraire de ce que j'ai dit. Et je ne conçois pas comment on a pû lire cet ouvrage dans l'état où il est livré au public. Je suis très-aise que le libraire qui s'en est chargé, y ait trouvé son compte & l'ait si bien vendu; mais s'il avait voulu me consulter, je l'aurais mis en état de donner au moins au public un ouvrage moins défectueux: & voyant qu'il m'était impossible d'arrêter l'impression, j'aurais donné tous mes soins à l'arrangement de cet informe assemblage qui dans l'état où il est ne mérite pas les égards d'un homme un peu instruit.

Comme

Comme je ne croyais pas, Monsieur, que jamais aucun libraire voulût risquer de donner quelque chose de si imparfait, je vous avoue que je m'étais servi de quelques-uns de ces matériaux pour bâtir un édifice plus régulier & plus solide. Une des plus respectables princesses d'Allemagne, à qui je ne peux rien refuser, m'ayant fait l'honneur de me demander des annales de l'Empire, je n'ai point fait difficulté d'insérer un petit nombre de pages de cette prétendue histoire universelle dans l'ouvrage qu'elle m'a ordonné de composer.

Dans le tems que je donnais à S. A. S. cette marque de mon obéissance, & que ces annales de l'Empire étoient déja presque entierement imprimées, j'ai appris qu'un allemand qui était l'année passée à Paris, avait travaillé sur le même sujet, & que son ouvrage était prêt à paraître. Si je l'avais sçu plûtôt, j'aurais assurément interrompu l'impression du mien. Je sai qu'il est beaucoup plus capable que moi d'une telle entreprise, & je suis très éloigné de prétendre lutter contre lui ; mais le libraire à qui j'ai fait présent de mon manuscrit a pris trop de peine & m'a trop bien servi pour que je puisse supprimer le fruit de son travail. Peut-être même que le goût dans lequel j'ai écrit ces annales de l'Empire étant différent de la méthode observée par l'habile homme dont j'ai l'honneur de vous parler, les savants ne seront pas fâchés de voir les mêmes vérités sous des faces différentes. Il est vrai que mon ouvrage est imprimé en païs étranger à Bâle en Suisse chez Jean Henri Decker, & qu'on peut présumer que les livres français ne sont pas imprimés chez les étrangers avec toute la correction nécessaire. Notre langue s'y corrompt tous les jours depuis la mort des grands hommes que la révolution de 1685. y transplanta, & la multitude même des livres qu'on y imprime, nuit à l'exactitude qu'on y doit apporter. Mais cette édition a été revûe par des hommes intelligens. Et je peux répondre du moins qu'elle est assez correcte &c.

Page 3. Dans l'ancien marbre conservé à Vienne, *lisez* Dans l'ancienne carte conservée à Vienne.

Aver-

AVERTISSEMENT.

Ces courtes annales renferment tous les événements principaux depuis le renouvellement de l'empire d'Occident. On y voit cinq ou six royaumes vassaux de cet empire, cette longue querelle des papes avec les empereurs, celle de Rome avec les uns & les autres, & cette lutte opiniâtre du droit féodal contre le pouvoir suprême. On y voit comment Rome si souvent prête d'être subjuguée, a échappé à un joug étranger, & comment le gouvernement qui subsiste en Allemagne s'est établi. C'est à la fois l'histoire de l'empire & du sacerdoce, & de l'Allemagne & de l'Italie. C'est en Allemagne que s'est formée cette religion qui a ôté tant d'états à l'église romaine. Ce même païs est devenu le rempart de la chrétienté contre les Ottomans. Ainsi ce qu'on appelle l'empire est depuis Charlemagne le plus grand théâtre de l'Europe. On a mis au devant du premier volume, le catalogue des empereurs avec l'année de leur naissance, de leur avénement & de leur mort, les noms de leurs femmes & de leurs enfans. Vis-à-vis est la liste des papes presque tous caractérisés par leurs actions principales, on y trouve l'année de leur exaltation. Desorte que le lecteur peut consulter d'un coup d'œil ce tableau, sans aller chercher des fragments de cette liste à la tête du regne de chaque empereur.

On

On a placé au devant du second volume une autre liste à colonnes contenant tous les électeurs. Le catalogue des rois de l'Europe & des empereurs Ottomans qu'on trouve si facilement partout ailleurs, eût trop grossi cet ouvrage, qu'on a voulu rendre court autant que plein.

Pour le rendre plus utile aux jeunes gens, & pour les aider à retenir tant de noms & de dattes qui échappent presque toujours à la mémoire, on a resserré dans une centaine de vers techniques l'ordre de succession de tous les empereurs depuis Charlemagne, les dattes de leur couronnement & de leur mort, & leurs principales actions, autant que la briéveté & le genre de ces vers l'ont pû permettre. Quiconque aura appris ces cent vers, aura toujours dans l'esprit sans héfiter tout le fonds de l'histoire de l'empire. Les dattes & les noms rappellent aisément dans la mémoire les événements qu'on a lûs. C'est la méthode la plus sûre & la plus facile.

EMPEREURS.	PAPES.
I.	
CHARLEMAGNE, né, dit-on, le 10. avril 742. empereur en 800. mort en 814. SES FEMMES. *Hildegarde* fille de Childebrant comte de Suabe. *Irmengarde* qu'on croit la même que Désiderate fille de Didier roi des Lombards. *Pastrade* de Franconie. *Luitgarde* de Suabe. CONCUBINES OU FEMMES DU SECOND RANG. *Ilmetrude, Galienne, Matalgarde, Gersinde, Regina, Adélaïde* & plusieurs autres. SES ENFANS. *Charles* roi d'Allemagne mort en 771. *Pepin* roi d'Italie m. en 810. pere de Bernard roi d'Italie tige de la maison de Vermandois, dépossédé, aveuglé & m. 818. *Louis* le pieux, le débonnaire ou le faible empereur. *Rotrude* fiancée à Constan-	ZACHARIE exalté en 741. c'est lui qu'on prétend avoir décidé *que celui-là était seul roi qui en avait le pouvoir.* ETIENNE II. ou III. ex. 752. le premier qui se fit porter sur les épaules des hommes. PAUL I. 757. de son tems la grande querelle des images divisait l'église. ETIENNE III. ou IV. 768. il disputa le siége à Constantin qui était séculier, & à Philippe. Il y eut beaucoup de sang répandu. ADRIEN I. 772. ses légats eurent la premiere place au second concile de Nicée. LEON III. 795. il nomma Charlemagne empereur le jour de noël en 800. il ne voulut point ajoûter *filioque* au symbole. On pré-

tin

EMPEREURS.	PAPES.
tin V. empereur d'Orient. *Berthe* mariée à un chancelier de Charlemagne. *Giselde, Tetrarde, Hiltrude*, encloîtrées par Louis le débonnaire. Il eut des femmes du second rang, *Drogon* évêque de Mets. *Hugo* ou *Hugues* l'abbé, *Thierri* l'abbé, *Pepin* le boffu, *Rothilde, Gertrude*. Les romanciers ajoutent la belle *Emma*, dont ils disent que le secretaire Eginard & même Charlemagne furent amoureux.	tend que ce fut lui qui introduisit l'usage de baiser les pieds des papes.

2.

LOUIS LE FAIBLE né 778 emp. 814. m. 840. 20 Juin. Ses Femmes. *Irmengarde* fille d'un comte de Habsbanie. *Judith* fille d'un comte de Suabe. Ses Enfans. *Lothaire* emp. *Pépin* roi d'Aquitaine, m. 83. *Giselle* femme d'un comte de Bourgogne. *Louis* roi de Germanie m. 876. *Adelaïde* femme d'un comte	ETIENNE IV. ou V. 816. PASCAL I. 817. accusé d'avoir fait assassiner le primicier Théodore, & obligé de se purger par serment devant les commissaires de l'empereur Louis. EUGENE II. 842. surnommé le pere des pauvres. VALENTIN 827. de

EMPEREURS.	PAPES.
de Bourgogne. *Alpaide*, femme d'un comte de Paris. *Charles le Chauve* roi de France & empereur.	GREGOIRE IX. 828. qui trompa Louis le faible.

3.

LOTHAIRE I. né 796. emp. en 840. m. en 855. FEMME *Hermengarde* fille d'un comte de Thionville. SES ENFANS. *Louis* second empereur. *Lothaire* roi de Lorraine m. en 868. *Charles* roi de Bourgogne. *Hermengarde* femme d'un duc sur la Moselle.	SERGIUS II. 844. qui se fit consacrer sans attendre la permission de l'empereur, pour établir la liberté de l'église romaine. LEON IV. 847. il sauva rome des Mahométans par son courage & par sa vigilance.

4.

LOUIS SECOND né en 825. emp. en 855. m. en 875 le 13. août. Sa FEMME *Ingelberthe* fille de Louis roi de Germanie. SES ENFANS. *Hermengarde*, mariée à Bozon roi de Bourgogne.	BENOIT III. 855. à l'aide des francs malgré le peuple romain. Sous lui le *Denier de St. Pierre* s'établit en Angleterre. NICOLAS. I. 858. de son tems commence le grand schisme entre Constantinople & Rome. ADRIEN II. 867. il fit le premier porter la croix devant lui. Le Patriarche Photius l'excommunia par represailles. JEAN VIII. 872. il re-

EMPEREURS.	PAPES.
	connut le patriarche Photius On dit qu'il fut assassiné à coups de marteau.
5.	
CHARLES LE CHAUVE né en 823. emp. en 875. m. en 877. le 6. octob. SES FEMMES. *Hirmentrude*, fille d'Odon duc d'Orleans. *Richilde* fille d'un comte de Bovines. SES ENFANS. *Louis* le bégue. *Charles* tué en 866. *Carloman* aveuglé en 873. *Judith* femme en premieres nôces d'Etelred roi d'Angleterre, & en secondes nôces de Baudouin I. comte de Flandre.	
6.	
LOUIS LE BEGUE né en 843. 1. novembre emp. en 878. m. en 879. 10. avril. SES FEMMES. *Ansgarde. Adelaïde.* SES ENFANS. *Louis, Carloman* & *Charles le Simple* rois de France. *Egiselle*, mariée à Rolon ou Raoul, premier duc de Normandie.	
	7. CHAR-

EMPEREURS.	PAPES.

7.
CHARLES LE GROS emp. 880. dépossédé en 887. mort en 888. le 13. janvier SANS ENFANS.

MARIN 882.
ADRIEN III. 884.
ETIENNE VI. 884. il défendit les épreuves par le feu & par l'eau.

8.
ARNOLPHE ou **ARNOULD** né en 863. emp. en 887. m. en 899. il eut de SA MAITRESSE *Elengarde*, *Louis Lenfant* ou *Louis VI*. emp. *Zwentibolde* roi de Lorraine. *Rapolde* tige des comtes d'Andeck & de Tirol.

FORMOSE 891.
ETIENNE VII. 896. fils d'un prêtre: il fit déterrer le corps de son prédécesseur Formose, lui trancha la tête & le jetta dans le Tibre. Il fut ensuite mis en prison & étranglé.
JEAN IX. 897. de son tems les mahométans vinrent dans la Calabre.

9.
LOUIS IV. ou **LOUIS L'ENFANT** né 893 emp. vers 900. m. en 912. sans postérité.

BENOIT IV. 900.
LEON V 904.
SERGIUS III. 905. homme cruel amant de Marosie fille de la première Théodora dont il eut le pape Jean XI.

10.
CONRAD I. emp en 911. ou 912. m. en 918. 23. décembre. SA FEMME *Cunigonde* de Bavière,

ANASTASE 913.
LANDON 914.
JEAN X. 915. amant de la jeune Théodora dont

EMPEREURS.	PAPES.
dont il eut *Arnolphe le Mauvais* tige de la maison de Baviere.	qui lui procura le St. Siège, & dont il eut Crefcence premier conful de ce nom. Il mourut étranglé dans fon lit.

11.

HENRI L'OISELEUR duc de Saxe né en 875. emp. en 919. m. en 936. SES FEMMES. *Hatbourge* fille d'un comte de Mersbourg. *Melchtide* fille d'un comte de Ringelheim. SES ENFANS *Tancard* tué à Mersbourg en 939. L'empereur *Othon le Grand. Gerberge* mariée à Gifelberg duc de Lorraine. *Aduide* mariée à Hugues comte de Paris. *Henri* duc de Baviere. *Brunon* évèque de Cologne.

LEON VI. 928.
ETIENNE VIII. 929. qu'on croit encore fils de Marofie, enfermé au château qu'on nomme aujourd'hui St. Ange.
JEAN XI. 931. fils du pape Sergius & de Marofie, fous qui fa mere gouverna defpotiquement.

12.

OTHON I. ou LE GRAND né le 22. novembre 916. emp. en 936. m. en 973. le 7. mai. SES FEMMES. *Edithe* fille d'Edouard roi d'Angleterre. *Adelaïde* fille de Rodolphe fecond roi de Bourgogne. SES ENFANS. *Lutholf* duc

LEON VII. 936.
ETIENNE IX. 939. allemand de naiffance fabré au vifage par les romains.
MARIN III. 943.
AGAPET. 946.
JEAN XII. 956. fils de Marofie & du patrice Alberic; patrice lui-mê-
de

EMPEREURS.	PAPES.
de Suabe. *Luitgarde* femme d'un duc de Lorraine & de Franconie. *Othon* second dit le roux empereur. *Mathilde* abbesse de Quedlimbourg. *Adélaïde* mariée à un marquis de Montferrat. *Richilde* à un comte d'Eninguen. *Guillaume* archevêque de Mayence.	me. Fait pape à l'âge de 18. ans. Il s'opposa à l'empereur Othon I. il fut assassiné en allant chez sa maîtresse. LEON VIII. 963. nommé par un petit concile à Rome par les ordres d'Oton. BENOIT V. 964. chassé immédiatement après par l'empereur Oton I. & mort en exil à Hambourg. JEAN XIII. 965. chassé de Rome & puis rétabli. BENOIT VII. 972. étranglé par le consul Crescence fils du pape Jean X.

13.

OTHON II. ou le roux né en 955. emp. en 973. m. en 983. SA FEMME. *Theophanie* belle-fille de l'empereur Nicéphore. Ses ENFANS. *Othon* depuis empereur. *Sophie* abbesse de Gannecheim. *Mathilde* femme d'un comte Pala-	BONIFACE VII. 974. il voulut rendre Rome aux empereurs d'Orient. DOMUS 974. BENOIT VII. 975.

EMPEREURS.	PAPES.

tin. *Vithilde* fille naturelle, femme d'un comte de Hollande.

14.

OTHON III. né 973. emp. en 983. m. 1002. on prétend qu'il épousa *Marie* d'Arragon. Mort sans postérité.

JEAN XIV. 984. du tems de Boniface VII. mort en prison au château St Ange.
BONIFACE VII. rétabli. Assassiné à coups de poignard.
JEAN XV. ou XVI. 986. chassé de Rome par le consul Crescence, & rétabli.
GREGOIRE V. 996. à la nomination de l'empereur Oton III.
SILVESTRE II. 999. c'est le fameux Gerberg Auvergnac, archevêque de Reims, prodige d'érudition pour son tems.

15.

HENRI SECOND surnommé le Saint, le Chaste & le Boiteux duc de Baviere, petit fils d'Oton le grand. emp. en 1002. m. en 1024. SA FEMME. *Cunegonde*

JEAN XVII. 1003.
JEAN XVIII. 1004.
SERGIUS IV. 1009. regardé comme un ornement de l'église.
BENOIT VIII. 1012. il repoussa les Sarrasins.

fille

| EMPEREURS. | PAPES. |

fille de Sigefroi comte de Luxembourg. Sans postérité.

16.

CONRAD II. le salique de la maison de Franconie. emp. en 1024. m. en 1039. le 4. juin. Sa FEMME *Giselle* de Suabe. SES ENFANS. *Henri* depuis empereur. *Beatrix* abbesse de Gandersheim. *Judith* mariée à ce qu'on prétend à Azon d'Este en Italie.

JEAN XIX. ou XX. 1024. chassé & rétabli.

BENOIT IX. 1033. qui acheta le pontificat lui troisiéme, & qui revendit sa part.

17.

HENRI III. dit le noir, né le 28. octobre 1017. emp. 1039. m. 1056 SES FEMMES. *Cunegonde* fille de Canut roi d'Angleterre. *Agnès* fille de Guillaume duc d'Aquitaine. SES ENFANS DE LA SECONDE FEMME. *Mathilde* mariée à Rodolphe duc de Suabe. L'empereur *Henri IV. Conrad* duc de Baviere. *Sophie*

GREGOIRE VI. 1045. déposé.

CLEMENT II. évêque de Bamberg 1046. nommé par l'emp. Henri II.

DAMASE II. 1048. nommé encore par l'empereur.

LEON IX. 1048. pape vertueux.

| EMPEREURS. | PAPES. |

mariée à Salomon roi de Hongrie, & depuis à Uladiflas roi de Pologne. *Itha* femme de Leopold marquis d'Autriche. *Adelaïde* abbeffe de Gandersheim.

VICTOR II. 1055. grand réformateur. Infpiré & gouverné par Hildebrand depuis Grégoire VII.

18.

HENRI IV. né le 11. novembre en 1050. emp. 1056. m. 1106. SES FEMMES. *Berthe* fille d'Oton de Savoie qu'on appellait marquis d'Italie. *Adelaïde* de Ruffie veuve d'un margrave de Brandebourg. SES ENFANS DE BERTHE. *Conrad* duc de Lorraine. L'empereur *Henri V*. *Agnès* femme de Fréderic de Suabe. *Berthe* mariée à un duc de Carinthie. *Adelaïde* à Boleflas III. roi de Pologne. *Sophie* à Godefroi duc de Brabant.

ETIENNE X. 1057. frere de Godefroi duc de Lorraine.

NICOLAS II. ex. à main armée 1058. chaffa fon compétiteur Benoît, il foumit le premier la Pouille & la Calabre au St. Siége.

ALEXANDRE II. élû par le parti d'Hildebrand fans confentement de la cour impériale 1061. de fon tems eft l'étonnante avanture de l'épreuve de Pierre igneus, vraie, ou fauffe, ou exagérée.

GRÉGOIRE VII. 1073. c'eft le fameux Hildebrand qui le premier rendit l'églife romaine redoutable. Il fut la victime de fon zele.

VICTOR III. 1086. Gré-

EMPEREURS.	PAPES.
	Gregoire VII. l'avoit recommandé à sa mort.
URBAIN II. de Châtillon sur Marne 1087. Il publia les croisades imaginées par Grégoire VII.
PASCAL II. 1099. il marcha sur les traces de Grégoire VII.
19.
HENRI V. né en 1981. emp. en 1106. m. 1125. le 23. mai. SA FEMME *Mathilde* fille de Henri I. roi d'Angleterre. SES ENFANS. *Christine* femme de Ladislas duc de Silésie.	GELASE II. 1118. traîné immédiatement après en prison par la faction opposée.
CALIXTE I. 1119. finit le grand procès des investitures.
HONORIUS II. 1124.
20.
LOTHAIRE II. duc de Saxe. emp. 1125. m. 1137. SA FEMME *Richeze* fille de Henri le gros duc de Saxe.	INNOCENT II. 1130. presque toutes les élections étaient doubles dans ce siècle, & les Papes n'étaient point maîtres dans Rome.
21.
CONRAD III. né 1092. emp. 1138. m. 1152. 15. février. SA FEMME *Gertrude* fille d'un comte de	CALIXTE II. 1143.
LUCIUS II. 1144. tué d'un coup de pierre en combattant contre les Romains.

b Sultz

EMPEREURS.	PAPES.

Sultzbach. SES ENFANS *Henri* mort en bas-âge. *Fréderic* comte de Rothembourg.

EUGENE III. 1145. maltraité par les Romains, & refugié en France.

22.

FREDERIC I. surnommé Barberousse, duc de Suabe, né en 1121. emp. en 1152. m. 1190. SES FEMMES. *Adelaïde* fille du marquis de Vohembourg, répudiée. *Béatrix* fille de Renauld comte de Bourgogne. SES ENFANS. *Henri* depuis empereur. *Fréderic* duc de Suabe. *Conrad* duc de Spolete. *Philippe* depuis empereur. *Othon* comte de Bourgogne. *Sophie* mariée au marquis de Montferrat. *Béatrix* abbesse de Quedlimbourg.

ANASTASE IV. 1153.
ADRIEN IV. 1154. Anglais, fils d'un mendiant, mendiant lui-même & devenu un grand homme.
*ALEXANDRE III. 1159. qui humilia l'empereur Frédéric Barberousse, & le roi d'Angleterre Henri II.
LUCIUS III. 1181. chassé encore & poursuivi par les Romains qui en reconnaissant l'évêque, ne voulaient pas reconnaître le prince.
URBAIN III. 1185.
GREGOIRE VIII. 1187. passe pour savant, éloquent, & honnête homme.
CLEMENT III. 1188. voulut réformer le clergé.

23.

HENRI VI. né en 1165. emp. 1190. m. en

CELESTIN III. 1191. qui défendit qu'on enterrât l'empereur Henri VI. 1197.

EMPEREURS.	PAPES.
1197. SA FEMME *Constance* fille de Roger roi de Sicile. SES ENFANS. *Fridéric* depuis empereur *Marie* femme de Conrad, marquis de Mahren.	

24.

PHILIPPE, duc de Suabe, fils puîné de Frédéric Barberouffe tuteur de Frédéric II. né en 1181. emp. 1198. m. 1208. le 21. Juin. SA FEMME. *Iréne* fille d'Ifaac empereur de Conftantinople. SES ENFANS. *Béatrix* époufe de Ferdinand III. roi de Caftille. *Cunegonde* époufe de Wenceflas III. roi de Bohême. *Marie* époufe de Henri duc de Brabant. *Béatrix* morte immédiatement après fon mariage avec Othon IV. duc de Brunfwick depuis empereur.	INNOCENT III. 1198. qui jetta un interdit fur la France. Sous lui la croifade contre les Albigeois.

25.

OTHON IV. duc de Brunfwick, emp. 1198. m. 1218. SA SECONDE FEMME. *Marie* fille de

EMPEREURS.	PAPES.
Henri le vertueux duc de Brabant mort sans postérité.	

26.

EMPEREURS.	PAPES.
FREDERIC II. duc de Suabe roi des deux Siciles, né le 26. décembre 1193. emp. 1212. m. 1250. le 13. décembre. SES FEMMES. *Constance* fille d'Alphonse II. roi d'Arragon. *Violente* fille de Jean de Brienne roi de Jérusalem. *Isabelle* fille de Jean roi d'Angleterre. SES ENFANS. *Henri* roi des romains mort en prison en 1236. *Conrad* depuis empereur pere de Conradin, en qui finit la maison de Suabe. *Henri* gouverneur de Sicile. *Marguerite* épouse d'Albert le dépravé, landgrave de Turinge & marquis de Misnie. DE SES MAITRESSES IL EUT *Enzio* roi de Sardaigne, *Manfredo* roi de Sicile, *Frédéric* prince d'Antioche.	HONORIUS III. 1216. commença à s'élever contre Fréderic II. GREGOIRE IX 1227. chassé encore par les Romains, excommunia & crut déposer Fréderic II. CELESTIN IV. 1241. INNOCENT IV. 1243. excommunia encore Fréderic II. & crut le déposer au concile de Lyon.

| EMPEREURS. | PAPES. |

27.

CONRAD. IV. emp. 1250. m. 1254. SA FEMME. *Elisabeth* fille d'Othon comte Palatin. SON FILS. *Conradin* duc de Suabe, héritier du royaume de Sicile, à qui Charles d'Anjou fit couper la tête à l'âge de dix-sept ans le 29. Octob. 1268.

[ALPHONSE X. roi d'Espagne & RICHARD duc de Cornouaille, fils de Jean sans terre, tous deux élus en 1257. mais ils ne sont pas comptés parmi les empereurs.]

28.

RODOLPHE comte de Habsbourg en Suisse, tige de la maison d'Autriche, né 1218. emp. 1273. m. 1291. SES FEMMES. *Anne Gertrude* de Bohenberg. *Agnès*, fille d'Othon comte de Bourgogne. SES ENFANS. *Albert* duc d'Autriche, depuis empereur. *Rodolphe* qu'on a cru duc de

ALEXANDRE IV. 1254. qui protégea les moines mendians contre l'Université de Paris.

URBAIN IV. 1261. il fut d'abord savetier à Troye en Champagne. Il appella le premier Charles d'Anjou à Naples.

CLEMENT IV. 1264. on prétend qu'il conseilla l'assassinat de Conradin & du duc d'Autriche par la main d'un bourreau.

GREGOIRE X. 1271. il donna des règles sévères pour la tenue des conclaves.
INNOCENT V. 1276.
ADRIEN V. 1276.
JEAN XXI. 1276. on dit qu'il était assez bon médecin.
NICOLAS III. 1277. de la maison des Ursins. On dit qu'avant de mou-

Sua-

EMPEREURS.	PAPES.
Suabe. *Hermann* qui se noya dans le Rhin à l'âge de dix-huit ans. *Fréderic* mort sans lignée. *Charles* mort en bas-âge. *Rodolphe* mort aussi dans l'enfance. *Mechtilde* mariée à Louis le Sévère duc de Baviére. *Agnès* qui épousa Albert II. duc de Saxe. *Hedwige* femme d'Othon marquis de Brandebourg. *Gutha* mariée à Wenceslas roi de Bohême fils d'Ottocare. *Clémence*, épouse de Charles-Martel roi de Hongrie, petit-fils de Charles I. roi de Naples & de Sicile. *Marguerite* femme de Théodoric comte de Cléves. *Catherine* mariée à Othon duc de la Baviére inférieure, fils de Henri frére de Louis le sévère. *Euphémie* religieuse.	rir il conseilla les vêpres Siciliennes. MARTIN IV. 1281. dès qu'il fut pape, il se fit élire sénateur de Rome, pour y avoir plus d'autorité. HONORIUS IV. 1285. de la maison de Savelli, prit le parti des Français en Sicile. NICOLAS IV. 1288. sous lui les chrétiens entiérement chassés de la Syrie.
29. ADOLPHE DE NASSAU emp. 1292. m. 1298. le 2. juillet. SA FEMME. *Imagine* fille de Jerlach	CELESTIN V. 1292. Benoît Caïetan lui persuada d'abdiquer. BONIFACE VIII. (Bécom-

EMPEREURS.	PAPES.
comte de Limbourg SES ENFANS. *Henri* mort jeune. *Robert* de Naſſau. *Jerlach* de Naſſau. *Valdrame. Adolphe. Adelaïde. Imagine. Mathilde. Philippe.*	noît Caïetan) 1294. il enferma ſon prédéceſſeur, excommunia Philippe le bel, s'intitula maître de tous les rois, fit porter deux épées devant lui, mit deux couronnes ſur ſa tête, & inſtitua le jubilé.

30.

ALBERT I. d'Autriche, emp. 1298. m. 1308. SA FEMME, *Eliſabeth* fille de Menard duc de Carinthie & Comte de Tirol. SES ENFANS. *Frédéric* le beau depuis empereur. *Albert* le ſage duc d'Autriche.

CLEMENT V. (Bertrand de Gott) Bordelois 1305. pourſuivit les templiers. Il eſt dit qu'on vendait à ſa cour tous les bénéfices.

31.

HENRI VII. de la maiſon de Luxembourg, emp. 1308. m. 1313. SES FEMMES. *Marguerite* fille d'un duc de Brabant. *Catherine* fille d'Albert d'Autriche, fiancée ſeulement avant ſa mort. SES ENFANS. *Jean* roi de Bohême.

32.

LOUIS V. de Bavière empereur 1314. m. 1347.

JEAN XXII. 1310. fils d'un ſavetier de

EMPEREURS. | PAPES.

SES FEMMES. *Béatrix* de Glaugau. *Marguerite* comtesse de Hollande. SES ENFANS. *Louis* l'ancien margrave de Brandebourg. *Etienne* le bouclé duc de Baviére. *Mechtilde* femme de Fréderic le sévère marquis de Misnie. *Elisabeth* mariée à Jean duc de la Basse-Baviére. *Guillaume* comte de Hollande par sa mere, devenu furieux. *Albert* comte de Hollande. *Louis* le Romain marquis de Brandebourg. *Oton* marquis de Brandebourg.

Caors nommé d'Eus qui passa pour avoir vendu encor plus de bénéfices que son prédécesseur, & qui eut un grand crédit dans l'Europe, sans pouvoir en avoir dans Rome. Il résida toujours vers le Rhône. Il écrivit sur la pierre philosophale, mais il l'avait véritablement en argent comptant. Ce fut lui qui ajouta une troisiéme couronne à la tiare.

BENOIT XII. (Jacques Fournier) 1334. réside à Avignon.

CLEMENT VI. (Pierre Roger) 1342. réside à Avignon qu'il acheta de la reine Jeanne.

33.

CHARLES IV. de la maison de Luxembourg né 1316. emp 134 . m. 1 7 . SES FEMMES. *Blanche* de Valois, *Anne* Palatine, *Anne* de Siléfie, *Elisabeth* de Poméranie SES ENFANS. *Wenceslas* depuis empe-

INNOCENT VI. (Etienne Aubert) 1352. rés. à Avignon.

URBAIN V. (Guillaume Grimaud) 1362. rés. à Avignon. Il fit un voïage à Rome, mais n'osa s'y établir.

GREGOIRE XI. (Ro-

EMPEREURS.	PAPES.
reur. *Sigismond* depuis empereur. *Jean* marquis de Brandebourg.	ger de Momon) 1378. remit le S. Siége à Rome, où il fut reçû comme seigneur de la ville.

34.

WENCESLAS né 1361. emp. 1368. déposé en 1400. m. 1419. SES FEMMES. *Jeanne* & *Sophie* de la maison de Baviére : sans postérité.

Grand schisme qui commence en 1378. entre Prignano, URBAIN VI. & Robert de Genève CLEMENT VII. Ce schisme continue de compétiteur en compétiteur jusqu'à 1417.

35.

Robert comte Palatin du Rhin, emp. en 1400. m. 1410. SA FEMME. *Elisabeth* fille d'un burgrave de Nuremberg. SES ENFANS. *Robert* mort avant lui. *Louis* le barbu & l'aveugle, électeur. *Fréderic* comte de Hamberg. *Elisabeth* mariée à un duc d'Autriche. *Agnès* à un comte de Cléves. *Marguerite* à un duc de Lorraine. *Jean* comte Palatin Zimmeren.

| EMPEREURS. | PAPES. |

36.

JOSSE marquis de Brandebourg & de Moravie, emp. 1410. m. trois mois après.

37.

SIGISMOND frere de Winceslas né 1368. emp. 1411. m. 1437. SES FEMMES. *Marie* héritiere de Hongrie & de Bohême *Barba* comtesse de Sillé. SES ENFANS. *Elisabeth* fille de Marie, héritiere de Hongrie & de Bohême, mariée à l'Empereur Albert second d'Autriche.

MARTIN V. (Colonna) 1417. élû par le concile de Constance. Il pacifia Rome & recouvra beaucoup de domaines du St. Siége.

EUGENE IV. (Gondelmere) 1431. on l'a cru fils de Grégoire XII. l'un des papes du grand schisme. Il triompha du concile de Bâle qui le déposa vainement.

38.

ALBERT II. d'Autriche né 1399. emp. 1438. m. 1439. SA FEMME. *Elisabeth* fille de Sigismond, héritiere de Bohême & de Hongrie. SES ENFANS. *George* mort jeune. *Anne* mariée à un duc de Saxe. *Elisabeth* à un prince de Pologne. *Ladislas* Posthume roi de Bohême & de Hongrie.

| EMPEREURS. | PAPES. |

39.

FREDERIC D'AU-TRICHE. né 1415. emp. 1440. m. 1493. SA FEMME. *Eleonore* fille du roi de Portugal. SES ENFANS. *Maximilien depuis empereur. Cunegonde* mariée à un duc de Bavière.

NICOLAS V. (Sarzane) 1447. c'est lui qui fit le concordat avec l'empire.

CALIXTE III. (Borgia) 1455. il envoya le premier des galères contre les Ottomans.

PIE II. (Enéas Silvius Piccolomini) 1458. il écrivit dans le tems du concile de Bâle contre le pouvoir du Saint Siége, & se retracta étant pape.

PAUL II. (Barbo Vénitien) 1464. il augmenta le nombre & les honneurs des cardinaux, institua des jeux publics & des freres Minimes.

SIXTE IV. (de la Rovere) 1471. il encouragea la conjuration des Pazzi contre les Médicis. Il fit réparer le pont antonin, & mit un impôt sur les courtisannes.

INNOCENT VIII. (Cibo) 1484. marié avant d'être prêtre, & ayant beaucoup d'enfans.

| EMPEREURS. | PAPES. |

40.

MAXIMILIEN I. d'Autriche né 1459. roi des rom. 1486. emp. 1493. m. 1519. le 12. janvier. SES FEMMES. *Marie* héritière de Bourgogne & des Païs Bas. *Blanche Marie* Sforce. SES ENFANS. *Philippe le beau* d'Autriche, roi d'Espagne par sa femme. *François* mort au berceau. *Marguerite* promise à Charles VIII. roi de France, gouvernante des Païs Bas, mariée à Jean fils de Ferdinand roi d'Espagne & depuis à Philibert duc de Savoie, il n'eut point d'enfans de Blanche Sforce, mais il eut six bâtards de ses maîtresses.

ALEXANDRE VI. (Borgia) 491. on connait assez sa maîtresse Vanosia, sa fille Lucréce, son fils le duc de Valentinois, & les voies dont il se servit pour l'agrandissement de ce fils, dont le Saint Siége profita.

PIE III. (Piccolomini) 1503. on trompa pour l'élire le cardinal d'Amboise, premier ministre de France, qui se croyait assuré de la tiare.

JULES II (de la Rovere) 1503. il augmenta l'état ecclésiastique. Guerrier auquel il ne manqua qu'une grande armée.

LEON X. (Médicis) 1513. amateur des arts, magnifique, voluptueux. Sous lui la religion chrétienne est partagée en plusieurs sectes.

41.

CHARLES-QUINT né le 24 février 1500. roi d'Espagne 1516.

ADRIEN VI. (Florent Boyens d'Utrecht) 1521. précepteur de Charles-emp.

EMPEREURS.	PAPES.
emp. 1519. abdique le 2. juin 1556. m. le 21 sept. 1558. SA FEMME. *Isabelle* fille d'Emanuel roi de Portugal. SES ENFANS. *Philippe* II. roi d'Espagne, Naples & Sicile, duc de Milan, souverain des Païs-Bas *Jeanne* mariée à Jean infant de Portugal. *Marie* épouse de l'Empereur Maximilien II. son cousin germain. SES BASTARDS RECONNUS SONT. *Dom Jean* d'Autriche, célébre dans la guerre, & *Marguerite* d'Autriche mariée à Alexander duc de Florence, & ensuite à Octave duc de Parme. On a soupçonné ces deux enfans d'être nés d'une princesse qui tenait de près à Charles-Quint.	Quint Haï des romains comme étranger. A sa mort on écrivit sur la porte de son Médecin : *au liberateur de la patrie.* CLEMENT VII. (Medicis) 1523. de son tems Rome est saccagée, & l'Angleterre se détache de l'église romaine. PAUL III. (Farnèse) 1534. il donna Parme & Plaisance à son bâtard, & ce fut un sujet de troubles. Il croyait à l'astrologie judiciaire plus que tous les princes de son tems. JULES III. (Ghiocchi) 1550. c'est lui qui fit cardinal son porte-singe qu'on appela le cardinal *Simia*. Il passait pour fort voluptueux. MARCEL II (Cervin) 1555. ne siége que douze jours. PAUL IV (Caraffa) 1555. élu à près de 80 ans. Ses neveux gouvernérent. L'inquisition fut violente a Rome, & le peuple après sa mort brûla les prisons de ce tribunal.

EMPEREURS.

FERDINAND I. frere de Charles-Quint né le 10 mars 1503. roi des romains 1531. emp. 1556. m. le 25 juillet 1564. SA FEMME. *Anne* sœur de Louis roi de Hongrie & de Bohême. IL EN EUT QUINZE ENFANS. *Maximilien* depuis Empereur. *Elisabeth* mariée à Sigismond Auguste, roi de Pologne. *Anne* au duc de Baviére Albert V. *Marie* à Guillaume duc de Juliers. *Magdelaine* religieuse. *Catherine* qui épousa en premieres nôces François duc de Mantoue, & en secondes Sigismond Auguste roi de Pologne après la mort de sa sœur. *Éléonore* mariée à Guillaume duc de Mantoue. *Marguerite* religieuse. *Barbe* épouse d'Alphonse II. duc de Ferrare. *Hélene* religieuse. *Jeanne* épouse de François duc de Florence. *Ferdinand* duc de Tirol. *Charles* duc de Stirie. *Jeanne* & *Ursule* mortes dans l'enfance.

PAPES.

PIE IV. (Medequino) 1559. Il fit étrangler le cardinal Caraffa neveu de Paul IV. & le népotisme sous lui domina comme sous son prédécesseur.

| EMPEREURS. | PAPES. |

43.

MAXIMILIEN II. d'Autriche né le 1. août 1527. emp. 1564. m. le 12. octobre 1576. S a Femme. *Marie* fille de Charles-Quint. Il en eut quinze Enfans. *Rodolphe* depuis emp. L'archi-duc *Ernest*. *Mathias* depuis emp. L'archiduc *Maximilien Albert* mari de l'infante Claire Eugenie. *Wenceslas* m. à 17 ans. *Anne*, épouse de Philippe second, roi d'Espagne. *Elisabeth*, épouse de Charles IX. roi de France. *Marguerite* religieuse, & six enfans morts au berceau.

44.

RODOLPHE II. né le 18 juillet 1552. emp. 1576. m. 1612. le 10. janvier, sans Femmes, mais il eut cinq enfans naturels.

PIE V. (Gisleri Dominicain) 1566. on lui reprocha d'avoir donné trop de dignités à Jacques Buoncompagno son bâtard, en faveur duquel il ne démembra pourtant pas l'état ecclésiastique, comme ses prédécesseurs.

SIXTE V. fils d'un pauvre vigneron nommé Peretti, 1585. acheva l'église de St. Pierre, embellit Rome, laissa cinq millions d'écus dans le château St. Ange en cinq années de gouvernement.

URBAIN VII. (Castagna) 1590.

GREGOIRE XIV. (Sfondrat) 1590. envoya du secours à la ligue en France.

45. MA-

| EMPEREURS. | PAPES. |

INNOCENT IX.
(Santiquatro) 1591.
CLEMENT VIII (Aldobrandin) 1592. il donna l'abfolution & la difcipline au roi de France Henri IV. fur le dos des cardinaux du Perron & d'Offat. Il s'empara du duché de Ferrare.

PAUL V. (Borghefe) 1605. il excommunia Venife, & s'en repentit. Il éleva le palais Borghefe & embellit Rome.

45.
MATHIAS frere de Rodolphe né 1557. le 24 février. emp. 1612. m. 1619. le 20 Mars. SA FEMME. *Anne* fille de Ferdinand du Tirol: fans poftérité.

46.
FERDINAND II. fils de Charles archi-duc de Stirie & de Carinthie, & petit-fils de l'empereur Ferdinand I. né 1578. le 9 juillet. emp. 1619. m. 1637. le 15 février. SES FEMMES. *Marianne* fille de Guillaume duc de Baviére. *Eléonore* fille de Wincent duc de Mantoue. SES ENFANS D'AN-

GREGOIRE XV. (Ludovifio) 1621. il aida à pacifier les troubles de la Valteline.
URBAIN VIII (Barberino Florentin) 1623. il paffait pour un bon poëte latin, fes neveux gouvernèrent, & firent la guerre au duc de Parme.

EMPEREURS.	PAPES.

NE. *Jean Charles* mort à 14 ans. *Ferdinand* depuis empereur. *Marie Anne*, épouse de Maximilien duc de Baviére. *Cecile Renée* mariée à Uladiflas roi de Pologne. *Léopold Guillaume* qui eut plusieurs évêchés. *Christine* morte jeune.

47.

FERDINAND III. né 1608. 13 juillet. emp. 1637. m. 1657. SES FEMMES. *Marie Anne* fille de Philippe III. roi d'Espagne. *Marie Léopoldine* fille de Léopold archi-duc du Tirol. *Eléonore* fille de Charles II. duc de Mantoue. SES ENFANS. *Ferdinand*, roi des romains, mort à 21 ans *Marie Anne* épouse de Philippe IV. roi d'Espagne. *Philippe Augustin* & *Maximilien Thomas* morts dans l'enfance. *Léopold* depuis empereur. *Marie* morte au berceau. *Charles Joseph* évêque de Paffau. *Thérèse Marie* morte jeune. *Eléonore Marie*, qui étant veuve de Michel roi de Pologne, épousa Charles

INNOCENT X. (Pamphili) 1664. son pontificat fut long-tems gouverné par Donna Olimpia sa belle-sœur.

ALEXANDRE VII. (Chigi) 1655. il fit de nouveaux embellissemens à Rome.

duc

EMPEREURS.	PAPES.
duc de Lorraine. *Marie Anne* femme de l'électeur Palatin. *Ferdinand Joseph* mort dans l'enfance.	

48.

LEOPOLD né en 1640 le 9 juin. emp. 1658. m. 1705. le 5 mai. SES FEMMES. *Marguerite Thérèse* fille de Philippe IV. roi d'Espagne. *Claude Felicité* fille de Ferdinand Charles duc de Tirol. *Eléonore Magdelaine* fille de Philippe Guillaume comte Palatin, duc de Neubourg. SES ENFANS DE MARGUERITE THERESE. *Ferdinand Venceslas* mort au berceau. *Marie Antoinette*, épouse de Maximilien Marie, électeur de Baviére. Trois autres filles mortes dans l'enfance. ENFANS D'ELEONORE MAGDELAINE DE NEUBOURG. *Joseph* depuis empereur. *Marie Elisabeth*, gouvernante des Païs-Bas. *Léopold Joseph* mort dans l'enfance. *Marie Anne* épouse de Jean V. roi de Portugal. *Marie Thérèse* m. à 12 ans. *Charles* depuis em-

CLEMENT IX. (Rospigliosi) 1667. il voulut rétablir à Rome l'ordre dans les finances.

CLEMENT X. (Altieri) 1670. de son tems commença la querelle de la régale en France.

INNOCENT XI. (Odescalchi) 1676. il fut toujours l'ennemi de Louis XIV. & prit le parti de l'Empereur Léopold.

ALEXANDRE VIII. (Ottoboni) 1689.

INNOCENT XII. (Pignattelli) 1691. il conseilla au roi d'Espagne Charles II. son testament en faveur de la maison de France.

CLEMENT XI. (Albano) 1700. il reconnut malgré lui Charles VI. roi d'Espagne.

pereur.

EMPEREURS.

pereur. Et trois filles mortes jeunes.

49.

JOSEPH né en 1678. le 26. juillet. roi des rom. 1690. à l'âge de 12. ans. emp. 1705. m. 1711. le 17. avril. SA FEMME. *Amélie* fille du duc Jean Fréderic de Hanovre. SES ENFANS. *Marie Josephine* mariée à Frédéric-Auguste roi de Pologne élécteur de Saxe. *Léopold-Joseph* mort au berceau. *Marie-Amélie* mariée au prince électoral de Baviére.

50.

CHARLES VI. né en 1685. le 1. octobre. emp. 1711. m. 1740. SA FEMME. *Elisabeth-Christine*, fille de Louis-Rodolphe duc de Brunswick. SES ENFANS. *Léopold* mort dans l'enfance. *Marie-Thérèse* qui épousa François de Lorraine le 12. Février 1736. *Marie-Anne* mariée à Charles de Lorraine. *Marie-Amélie* morte dans l'enfance. CHARLES VI. fut le dernier prince de la maison d'Autriche.

VERS

VERS TECNIQUES

Qui contiennent la suite chronologique des Empereurs, & les principaux événemens depuis Charlemagne.

Neuviéme siécle.

CHarlemagne en huit-cent renouvelle l'empire,
Fait couronner son fils, en quatorze il expire.
Louis en trente-trois par des Prêtres jugé
D'un sac de pénitent dans Soissons est chargé.
Rétabli, toujours faible, il expire en quarante.
Lothaire est moine à Prum cinq ans après cinquante.
On perd après vingt ans le second des Louis.
Le *Chauve* lui succéde, & meurt au mont Cénis.
Le *Begue* fils du Chauve a l'empire une année.
Le *Gros* soumis au Pape; ô dure destinée !
En l'an quatre-vingt-sept dans Tribur déposé
Céde au bâtard Arnoud son thrône méprisé.
Arnoud sacré dans Rome, ainsi qu'en Lombardie,
Finit avec le siécle en quittant l'Italie.

Dixiéme siécle.

LOuis bâtard d'Arnoud quatriéme du nom,
Du sang de Charlemagne avorté rejetton,
Termine en neuf-cent-douze une inutile vie.
On élit en plein champ Conrad de Franconie.
On voit en neuf-cent-vingt le saxon l'Oiseleur.

Henri roi des Germains bien plûtôt qu'empereur,
Oton que ses succès font grand prince & grand
  homme,
En l'an soixante-deux se rend maître de Rome.
Rome au dixiéme siécle en proie à trois Otons,
Gémit dans le scandale & dans les factions.

Onziéme siécle.

Saint Henri de Baviére en l'an trois après mille,
Puis Conrad le salique, Henri trois dit le noir.
Henri quatre, pieds nuds, sans sceptre, sans pouvoir,
Demande au fier Grégoire un pardon inutile :
Meurt en mille cent-six à Liége son asyle,
Déthrôné par son fils, & par lui déterré.

Douziéme siécle.

Le cinquiéme Henri, ce fils dénaturé,
Sur le thrône soutient la cause de son pere.
Le Pape en vingt & deux soumet cet adversaire.
Lothaire le Saxon en vingt-cinq couronné,
Baise les pieds du Pape à genoux prosterné,
Tient l'étrier sacré, conduit la sainte mule.
L'Empereur Conrad trois par un autre scrupule
Va combattre en Syrie & s'en revient battu ;
Et l'empire romain pour son fils est perdu.
C'est en cinquante-deux que Barberousse règne,
Il veut que l'Italie, & le serve, & le craigne.
Détruit Milan, prend Rome, & céde au Pape enfin.
Il court dans les saints lieux combattre Saladin,
Meurt en quatre-vingt-dix, sa tombe est ignorée.
Par Henri six son fils Naple au meurtre est livrée

Il fait périr le sang de ses illustres rois,
Et huit ans à l'empire il impose des Loix.

Treisiéme siécle.

PHilippe le régent se fait bien-tôt élire ;
Mais en douze-cent-huit il meurt assassiné.
Oton quatre à Bovine est vaincu, déthrôné :
C'est en douze-cent-quinze. Il fuit & perd l'empire.
De Fréderic second les jours trop agités,
Par deux Papes hardis longtems persécutés,
Finissent au milieu de ce siécle treiziéme.
Après lui Conrad quatre a la grandeur suprème.
C'est en soixante-huit que la main d'un bourreau
Dans Conradin son fils éteint un sang si beau,
Après les dix-huit ans, qu'on nomme d'anarchie.
Dans l'an soixante & treize Habsbourg plein de vertu
Du bandeau des Césars a le front revêtu.
Il défait Ottocare, il vange la patrie ;
Et de sa race auguste il fonde la grandeur.
Adolphe de Nassau devient son successeur :
En quatre-vingt-dix-huit une main ennemie
Finit dans un combat son Empire & sa vie.

Quatorziéme siécle.

ALbert fils de Habsbourg est cet heureux vainqueur.
Il meurt en trois-cent-huit & par un parricide.
On dit qu'en trois-cent-treize une main plus perfide
Au vin de Jesus-Christ mêlant des sucs mortels,
Fit mourir Henri sept aux pieds des saints autels.

Dépo-

Déposant, déposé, Louis cinq de Baviére,
Fait contre Jean vingt-deux l'antipape Corbiere;
Meurt en quarante-sept. Charles quatre après lui
Fait cette bulle d'or qu'on observe aujourd'hui,
De l'an cinquante-six elle est l'époque heureuse.
De ce pere si sage héritier insensé,
Venceslas est connu par une vie affreuse,
Mais en quatorze-cent il se voit déposé.

Quinziéme siécle.

Robert regne dix ans, Josse moins d'une année.
Venceslas traîne encor sa vie infortunée.
Son frere Sigismond, moins guerrier que prudent,
Dans l'an quinze finit le schisme d'Occident.
Son gendre Albert second, sage, puissant & riche,
Fixe le thrône enfin dans la maison d'Autriche.
Fréderic son parent en quarante est élu :
Mort en quatre-vingt-treize, & jamais absolu.

Seiziéme siécle.

De Maximilien le riche Mariage,
Et de Jeanne à la fin l'Espagne en héritage,
Font du grand Charles-Quint un Empereur puissant ;
Vainqueur heureux des Lys, de Rome & du Croissant,
Il meurt en cinquante-huit, las des grandeurs suprêmes.
Son frere Ferdinand porte trois diadêmes.
Et l'an soixante-quatre il les laisse à son fils :
Rodolphe en quitta deux.

Dix-septiéme siécle.

EN douze après six-cent au thrône de l'Empire, Mathias fut assis
Gustave, Richelieu, la fortune conspire
Contre le puissant Roi second des Ferdinands,
Qui laisse en trente-sept ses états chancelants.
Munster donne la paix à Ferdinand troisiéme.

Dix-huitiéme siécle.

LEopold délivré du fer des Ottomans,
Expire en sept-cent-cinq, & Joseph l'an onziéme;
Charles six en quarante. Un désastre nouveau
Du sang des nations arrosa son tombeau.
Et lorsque dans ce tems Charles sept de Baviére
Finit dans l'infortune une noble carriére,
Dans l'an quarante-cinq le beau sang des Lorrains
A réuni l'Autriche au beau sang des Germains.

ANNA-

ANNALES
DE
L'EMPIRE
DEPUIS
CHARLEMAGNE.

INTRODUCTION.

D E toutes les révolutions qui ont changé la face de la terre, celle qui transféra l'empire des romains à Charlemagne paraît la seule juste, si le mot de *juste* peut être prononcé dans les choses où la force a tant de part.

Charlemagne fut en effet appellé à l'empire par la voix du peuple romain même, qu'il avoit sauvé à la fois de la tyrannie des Lombards & de la négligence des empereurs d'Orient.

A

C'est la grande époque des nations occidentales. C'est à ces temps que commence un nouvel ordre de gouvernement. C'est le fondement de la puissance temporelle ecclésiastique. Car aucun évêque dans l'Orient n'avait jamais été prince, & n'avait eu aucun des droits qu'on nomme régaliens. Ce nouvel empire romain ne ressemble en rien à celui des premiers Césars.

On verra dans ces annales ce que fut en effet cet empire, comment les pontifes romains acquirent leur puissance temporelle qu'on leur a tant reprochée, pendant que tant d'évêques occidentaux, & surtout ceux d'Allemagne, se faisaient souverains ; & comment le peuple romain voulut longtems conserver sa liberté entre les empereurs & les papes qui se sont disputé la domination de Rome.

Tout l'Occident depuis le cinquiéme siécle était ou désolé ou barbare. Tant de nations subjuguées autrefois par les anciens romains avaient du moins vécu jusqu'à ce cinquiéme siécle dans une sujétion heureuse. C'est un exemple unique dans tous les âges, que des vainqueurs aient bâti pour des vaincus ces vastes thermes, ces amphithéâtres, aient construit ces grands chemins qu'aucune nation n'a osé depuis tenter même d'imiter. Il n'y avait qu'un peuple. La langue latine du tems de Théodose se parloit de Cadix à l'Euphrate. On commerçait de Rome à Tréves & à Alexandrie avec plus de facilité que beaucoup de provinces ne trafiquent aujourd'hui avec leurs voisins. Les tributs même quoiqu'onéreux,

l'él'étaient bien moins que quand il fallut payer depuis le luxe & la violence de tant de seigneurs particuliers. Que l'on compare seulement l'état de Paris quand Julien le philosophe le gouvernait, à l'état où il fut cent-cinquante ans après. Qu'on voie ce qu'était Tréves, la plus grande ville des Gaules, appellée du tems de Théodose une seconde Rome, & ce qu'elle devint après l'inondation des barbares. Autun sous Constantin avait dans son enceinte vingt-cinq-mille chefs de famille. Arles était encore plus peuplée. Les barbares apportèrent avec eux la dévastation, la pauvreté & l'ignorance. Les Francs étaient du nombre de ces peuples affamés & féroces qui couraient au pillage de l'empire. Ils subsistaient de brigandage, quoique la contrée où ils s'étaient établis, fût très-belle & très-fertile. Ils ne savaient pas la cultiver. Ce païs est marqué dans l'ancien marbre conservé à Vienne. On y voit les francs établis depuis l'embouchure du Méin jusqu'à la Frise, & dans une partie de la Vestphalie, *franci ceu chamavi.* Ce n'est que par les anciens romains mêmes que nous connaissons bien notre origine.

Les francs étaient donc une partie de ces peuples nommés Saxons qui habitaient la Vestphalie, & quand Charlemagne leur fit la guerre trois-cents ans après, il extermina les descendants de ses peres.

Ces tribus de francs, dont les Saliens étaient les plus illustres, s'étaient peu à peu établies dans les gaules, non pas en alliés du peuple romain, comme on l'a prétendu, mais après avoir pillé les colonies romaines, Tréves, Cologne, Mayence, Tongres, Tournay, Cambrai : battus à la vérité par le célébre Aëtius un des derniers soutiens de la grandeur romaine, mais unis depuis avec lui par nécessité contre Attila, profitant ensuite de l'anarchie où ces incursions des huns, des gots, & des vendales, des lombards & des bourguignons réduisaient l'empire, & se servant contre les empereurs mêmes des droits & des titres de maîtres de la milice & de patrices, qu'ils obtenaient d'eux. Cet empire fut déchiré en lambeaux, chaque horde de ces fiers sauvages saisit sa proie. Une preuve incontestable que ces peuples furent longtems barbares, c'est qu'ils détruisirent beaucoup de villes, & qu'ils n'en fondérent aucune.

Toutes ces dominations furent peu de chose jusqu'à la fin du huitiéme siécle devant la puissance des Califes, qui menaçait toute la terre.

Les premiers successeurs de Mahomet avaient le droit du thrône & de l'autel, du glaive & de l'enthousiasme. Leurs ordres étaient autant d'oracles, leurs soldats autant de fanatiques. Dès l'an 951. ils assiégérent Constantinople, destinée à être un jour Musulmane. Les divisions inévitables parmi les nouveaux chefs de tant de peuples & d'armées, n'arrêtèrent point leurs conquêtes. Les mahométans ressemblèrent en ce point aux anciens romains qui subjuguèrent l'Asie mineure & les gaules parmi leurs guerres civiles.

On les voit en 711. paſſer d'Egypte en Eſpagne ſoumiſe aiſément tour à tour par les carthaginois, par les romains, par les gots & vandales, & enfin par ces arabes, qu'on nomme mores. Ils y établirent le royaume de Cordoue. Le ſultan d'Egypte ſecoue à la vérité le joug du grand calife de Bagdad ; & Abdérame, gouverneur de l'Eſpagne conquiſe, ne connaît plus le ſultan d'Egypte ; cependant tout plie encore ſous les armes muſulmanes.

Cet Abdérame, petit-fils du calife Hesham, prend les royaumes de Caſtille, de Navarre, de Portugal, d'Arragon ; il s'établit dans le Languedoc, il s'empare de la Guienne, & du Poitou ; & ſans Charles-Martel qui lui ôta la victoire & la vie, la France étoit une province mahométane.

A meſure que les mahométans devinrent puiſſans, ils ſe polirent. Ces califes toujours reconnus pour ſouverains de la religion, & en apparence de l'empire, par ceux qui ne reçoivent plus leurs ordres de ſi loin, tranquilles dans leur nouvelle Babylone, y font renaître enfin les arts.

Aaron Rachild, contemporain de Charlemagne, plus illuſtre que ſes prédéceſſeurs, & qui ſut ſe faire reſpecter juſqu'en Eſpagne & au fleuve de l'Inde, ranima toutes les ſciences, cultiva les arts agréables & utiles, attira les gens de lettres, & fit ſuccéder dans ſes vaſtes états la politeſſe à la barbarie. Sous lui les arabes qui adoptaient déja les chiffres Indiens, les apportèrent en Europe. Nous ne connumes faiblement en Allemagne & en France le cours des aftres, que par le moyen de ces mêmes arabes ; le mot feul d'*Almanach* en eft encore un témoignage. Enfin dès le fecond fiécle de mahomet, il fallut que les chrétiens d'occident s'inftruififfent chez les mufulmans.

Plus l'empire de mahomet floriffait, plus Conftantinople & Rome étaient avilies. Rome ne s'était jamais relevée du coup fatal que lui porta Conftantin, en transférant le fiége de l'empire. La gloire, l'amour de la patrie, n'animèrent plus les romains. Il n'y eut plus de fortune à efpérer pour les habitans de l'ancienne capitale. Le courage s'énerva, les arts tombèrent ; on ne vit plus dans le féjour des Scipions & des Céfars que des conteftations entre les juges féculiers & l'évêque. Prife, reprife, faccagée tant de fois par les barbares, elle obéïffait encore aux empereurs; depuis Juftinien, un viceroi fous le nom d'exarque la gouvernait, mais ne daignait plus la regarder comme la capitale de l'Italie. Il demeurait à Ravenne, & de-là il envoyait fes ordres au préfet de Rome. Il ne reftait aux empereurs en Italie que le païs qui s'étend des bornes de la Tofcane jufqu'aux extrémités de la Calabre. Les lombards poffédaient le Piémont, le Milanais, Mantoue, Gènes, Parme, Modène, la Tofcane, Boulogne. Ces états compofaient le royaume de Lombardie. Ces lombards étoient venus, à ce qu'on dit, de la Pannonie, & ils y avaient embraffé l'arianifme, qui était la religion dominante. Ayant pénétré en Italie par le Tirol, ils s'y étaient

éta-

établis, & y avaient affermi leur domination en se soumettant à la religion catholique. Rome dont les murailles étaient abattues, & qui n'était défendue que par les troupes de l'exarque, était souvent menacée de tomber au pouvoir des lombards. Elle était alors si pauvre, que l'exarque n'en retirait, pour toute imposition annuelle, qu'un sou d'or par chaque homme domicilié; & ce tribut paroissait un fardeau pesant. Elle était au rang de ces terres stériles & éloignées qui sont à charge à leurs maitres.

Le diurnal romain du 7e & 8e. siécle, monument précieux dont une partie est imprimée, fait voir d'une maniere authentique ce que le souverain pontife était alors. On l'appelloit le *vicaire de Pierre, évêque de la ville de Rome.* Dès qu'il était élu par les citoyens, le clergé en corps en donnait avis à l'exarque & la formule était: *Nous vous supplions, vous chargé du ministère impérial, d'ordonner la consécration de notre pere & pasteur.* Ils donnaient aussi part de la nouvelle élection au métropolitain de Ravenne & ils lui écrivaient: *St. pere, nous supplions votre béatitude d'obtenir du seigneur exarque l'ordination dont il s'agit.* Ils devaient aussi en écrire aux juges de Ravenne, qu'ils appellaient *Vos Eminences.*

Le nouveau pontife alors était obligé, avant d'être ordonné, de prononcer deux professions de foi, & dans la seconde il condamnait parmi les hérétiques le pape Honorius I. parce qu'à Constantinople cet évêque de Rome Honorius passoit pour n'avoir reconnu qu'une volonté dans Jesus-Christ.

Il y a loin de-là à la tiare. Mais il y a loin aussi du premier moine qui prêcha sur les bords du Rhin, au bonnet électoral ; & du premier chef des Saliens errans à un empereur romain. Toute grandeur s'est formée peu à peu ; & toute origine est petite.

Le pontife de Rome dans l'avilissement de la ville établissait insensiblement sa grandeur. Les romains étaient pauvres, mais l'église ne l'était pas. Constantin avait donné à la seule Basilique de Latran plus de mille marcs d'or, & environ trente mille d'argent, & lui avait assigné quatorze mille sous de rente. Les papes qui nourrissaient les pauvres, & qui envoyaient des missions dans tout l'Occident, ayant eu besoin de secours plus considérables, les avaient obtenus sans peine. Les empereurs & les rois lombards même leur avaient accordé des terres. Ils possédaient auprès de Rome, des revenus & des châteaux qu'on appellait *les justices de St. Pierre*. Plusieurs citoyens s'étaient empressés à enrichir par donation ou par testament une église dont l'évêque était regardé comme le pere de la patrie. Le crédit des papes était très-supérieur à leurs richesses. Il était impossible de ne pas révérer une suite presque non-interrompue de pontifes, qui avaient consolé l'église, étendu la religion, adouci les mœurs des hérules, des gots, des vandales, des lombards & des francs.

Quoique les pontifes romains n'étendissent du tems des exarques leur droit de métropolitain que sur les villes suburbicaires, c'est-à-dire sur

les

les villes foumifes au gouvernement du préfet de Rome ; cependant on leur donnait fouvent le nom de *pape univerfel*, à caufe de la primauté & de la dignité de leur fiége. Grégoire le grand refufa ce titre, mais le mérita par fes vertus ; & fes fuccefleurs étendirent leur crédit dans l'Occident. On ne doit donc pas s'étonner de voir au 8e. fiécle Boniface, archevêque de Mayence, le même qui facra Pepin, s'exprimer ainfi dans la formule de fon ferment : *Je promets à St. Pierre & à fon vicaire le bienheureux Grégoire*, &c.

Enfin le tems vint où les papes conçurent le deffein de délivrer à la fois Rome & des lombards qui la menaçaient fans ceffe, & des empereurs grecs qui la défendaient mal. Les papes virent donc alors, que ce qui dans d'autres tems n'eût été qu'une révolte, & une fédition impuiffante, pouvait devenir une révolution excufable par la néceffité, & refpectable par le fuccès. C'eft cette révolution qui fut commencée fous le fecond Pepin, ufurpateur du Royaume de France, & confommée par Charlemagne fon fils ; dans un temps où tout était en confufion & où il fallait néceffairement que la face de l'Europe changeât.

Le royaume de France s'étendait alors des pirénées & des alpes au Rhin, au Mein, & à la Sâll. La Baviére dépendait de ce vafte royaume, c'était le roi des francs qui donnait ce duché, quand il était affez fort pour le donner. Ce royaume des francs prefque toujours partagé depuis Clovis, déchiré par des guerres inteftines, n'était qu'une vafte province barbare de l'ancien empire romain,

que

que Constantinople comptait toujours parmi des rebelles, mais avec qui elle traittait comme avec un royaume puissant.

742.

Naissance de Charlemagne auprès d'Aix-la-Chapelle le 10. Avril. Il était fils de Pepin, maire du palais, duc des francs, & petit-fils de Charles Martel. Tout ce qu'on connaît de sa mere, c'est qu'elle s'appellait Berthe. On ne sait pas même précisément le lieu de sa naissance. Il naquit pendant la tenue du concile de Germanie, &, grace à l'ignorance de ces siécles, on ne sait pas où ce fameux concile s'est tenu.

La moitié du pays qu'on nomme aujourd'hui Allemagne, était idolâtre, des bords du Veser, & même du Mein & du Rhin jusqu'à la mer baltique, l'autre demi-chrétienne.

Il y avait déja des évêques à Tréves, à Cologne, à Mayence, villes frontiéres fondées par les romains & instruites par les papes. Mais ce pays s'appellait alors l'Austrasie & était du royaume des francs.

Un anglais nommé Villebrod, du tems du pere de Charles-Martel, était allé prêcher aux idolâtres de la Frise le peu de christianisme qu'il savait. Il y eut vers la fin du septiéme siécle un évêque titulaire de Westphalie qui ressuscitait les petits enfans morts. Villebrod prit le vain titre d'évêque d'Utrecht. Il y bâtit une petite église que les Frisons fons payens détruifirent. Enfin au commencement du 8. fiécle un autre anglais qu'on appella depuis Boniface, alla prêcher en Allemagne. On l'en regarde comme l'apôtre. Les anglais étaient alors les précepteurs des allemands. Et c'était aux papes que tous ces peuples, ainfi que les gaulois, devaient le peu de lettres & de chriftianifme qu'ils connaiffaient.

743.

Un fynode à Leftine en Hainaut fert à faire connaître les mœurs du tems. On y régle que ceux qui ont pris les biens de l'églife pour foutenir la guerre, donneront un écu à l'églife par métairie : ce réglement regardait les officiers de Charles-Martel & de Pepin fon fils, qui jouirent jufqu'à leur mort des abbayes dont ils s'étaient emparés. Il était alors également ordinaire de donner aux moines & de leur ôter.

Boniface, cet apôtre de l'Allemagne, fonde l'abbaye de Fuld dans le pays de Heffe. Ce ne fut d'abord qu'une églife couverte de chaume, environnée de cabannes habitées par quelques moines qui défrichaient une terre ingrate. C'est aujourd'hui une principauté ; il faut être gentilhomme pour être moine ; l'abbé eft fouverain depuis longtems, & évêque depuis 753.

744.

Carloman, oncle de Charlemagne, duc d'Auftrafie, réduit les Bavarois vaffaux rebelles du roi de France, & bat les faxons dont il veut faire auffi des vaffaux.

745.

745.

En ce tems Boniface était évêque de Mayence. La dignité de métropole attachée jusques-là au siége de Worms passe à Mayence.

Carloman, frere de Pepin, abdique le duché de l'Austrasie; c'était un puissant royaume qu'il gouvernait sous le nom de maire du palais, tandis que son frere Pepin dominait dans la France occidentale, & que Childeric, roi de toute la France, pouvait à peine commander aux domestiques de la maison. Carloman renonce à sa souveraineté, pour aller se faire moine au Mont-cassin. Les historiens disent encore que Pepin l'aimait tendrement, mais il est vraisemblable que Pepin aimait encore davantage à dominer seul. Le cloître était alors l'asyle de ceux qui avaient des concurrents trop puissans dans le monde.

747. 748.

On renouvelle dans la plûpart des villes de France l'usage des anciens romains connu sous le nom de *patronage* ou de *clientelle*. Les bourgeois se choisissaient des patrons parmi les seigneurs; & cela seul prouve que les peuples n'étaient point partagés dans les gaules, comme on l'a prétendu, en maîtres & en esclaves,

749.

Pepin entreprend enfin ce que Charles Martel son pere n'avait pu faire. Il veut ôter la couronne à la race de Mérovée. Il mit d'abord l'apôtre Boniface

niface dans son parti, avec plusieurs évêques & enfin le pape Zacharie.

750.

Pepin fait déposer son roi Hilderic ou Childerie III. il le fait moine à St. Be...n & se met sur le thrône des francs.

751.

Pepin veut subjuguer les peuples nommés alors *Saxons* qui s'étendaient depuis les environs du Mein jusqu'à la Chersonèse cimbrique, & qui avaient conquis l'Angleterre. Le pape Etienne III. demande la protection de Pepin contre Luitprand, roi de Lombardie, qui voulait se rendre maître de Rome. L'Empereur de Constantinople était trop éloigné & trop faible pour le secourir ; & le premier domestique du roi de France, devenu usurpateur, pouvait seul le protéger.

754.

La premiére action connue de Charlemagne est d'aller de la part de Pepin son pere au-devant du pape Etienne à st. Maurice en Valais & de se prosterner devant lui. C'était un usage d'orient. On s'y mettait souvent à genoux devant les évêques ; & ces évêques fléchissaient les genoux non seulement devant les empereurs, mais devant les gouverneurs des provinces, quand ceux-ci venaient prendre possession.

Pour

Pour la coutume de baifer les pieds, elle n'était point encore introduite dans l'occident. Dioclétien avait le premier exigé cette marque de refpect. Les papes Adrien I. & Léon III. furent ceux qui attirérent au pontificat cet honneur que Dioclétien avait arrogé à l'Empire; après quoi les rois & les empereurs fe foumirent comme les autres à cette cérémonie, pour rendre la religion romaine plus vénérable.

Pepin fe fait facrer roi de France par le pape au mois d'août dans l'abbaye de S Denis; il l'avait été déja par Boniface, mais la main d'un pape rendait aux yeux des peuples fon ufurpation plus refpectable. Eginard. fecretaire de Charlemagne, dit en termes exprès *qu'Hilderic fut depofé par ordre du pape Etienne.* Pepin eft le premier des rois de l'Europe qui ait été facré. Cette cérémonie fut une imitation de l'onction donnée aux rois hébreux: il eut foin de faire facrer en même tems fes deux fils, Charles & Carloman. Le pape avant de le facrer roi, l'abfout de fon parjure envers Hilderic fon Souverain; & après le facre il fulmina une excommunication contre quiconque voudrait un jour entreprendre d'ôter la couronne à la famille de Pepin. Ni Hugues Capet ni Conrad n'ont pas eu un grand refpect pour cette excommunication. Le nouveau roi pour prix de la complaifance du pape, paffe les alpes avec Thaffillon duc de Baviére fon vaffal. Il affiége Aftolphe dans Pavie, & s'en retourne la même année, fans avoir bien fait ni la guerre ni la paix.

755.

755.

A peine Pepin a-t-il repaſſé les alpes, qu'Aſtolphe aſſiége Rome. Le pape Etienne conjure le nouveau roi de France de venir le délivrer. Rien ne marque mieux la ſimplicité de ces tems groſſiers qu'une lettre que le pape fait écrire au roi Franc par S Pierre, comme ſi elle était deſcendue du ciel. Simplicité pourtant qui n'excluait jamais ni les fraudes de la politique, ni les attentats de l'ambition.

Pepin délivre Rome, aſſiége encore Pavie, ſe rend maître de l'exarcat, & le donne, dit-on, au pape. C'eſt le premier titre de la puiſſance temporelle du S. ſiége. Par là Pepin affaibliſſait également les rois lombards & les empereurs d'orient. Cette donation eſt bien douteuſe, car les archevêques de Ravenne prirent alors le titre d'exarques. Il réſulte que les évêques de Rome & de Ravenne voulaient s'aggrandir. Il eſt très probable que Pepin donna quelques terres aux papes, & qu'il favoriſait en Italie ceux qui affermiſſaient en France ſa domination. S'il eſt vrai qu'il ait fait ce préſent aux papes, il eſt clair qu'il donna ce qui ne lui appartenait pas. On ne trouve guère d'autre ſource des premiers droits. Le tems les rend légitimes.

756.

Boniface, archevêque de Mayence, fait une miſſion chez les Friſons idolatres. Il y reçoit le martyre.

tyre. Mais comme les historiens disent qu'il fut martyrisé dans son camp, & qu'il y eut beaucoup de frisons tués, il est à croire que les missionnaires étaient des soldats. Thassillon duc de Bavière fait un hommage de son duché au roi de France, dans la forme des hommages qu'on a depuis appellés *Liges*. Il y avait déja de grands fiefs héréditaires, & la Bavière en était un.

Pepin défait encore les saxons. Il paraît que toutes les guerre de ces peuples contre les francs, n'étaient guère que des incursions de barbares, qui venaient tour à tour enlever des troupeaux, & ravager des moissons. Point de place forte, point de politique, point de dessein formé; cette partie du monde était encore sauvage.

Pepin après ses victoires ne gagna que le payement d'un ancien tribut de 300 chevaux, auquel on ajouta 500 vaches; ce n'était pas la peine d'égorger tant de millions d'hommes.

758. 759. 760.

Didier, successeur du roi Astolphe, reprend les villes données par Pepin à S. Pierre; mais Pepin était si redoutable, que Didier les rendit, à ce qu'on prétend, sur ses seules menaces. Le vasselage héréditaire commençait si bien à s'introduire, que les rois de France prétendaient être seigneurs suzerains du duché d'Aquitaine. Pepin force les armes à la main Gaïfre duc d'Aquitaine à lui prêter serment de fidélité en présence du duc de Bavière; de sorte qu'il eut deux grands Souverains à ses genoux.

genoux. On fent bien que ces hommages n'étaient que ceux de la faibleffe à la force.

762. 763.

Le duc de Baviére qui fe croit affez puiffant & qui voit Pepin loin de lui, révoque fon hommage. On eft prêt de lui faire la guerre, & il renouvelle fon ferment de fidélité.

766. 767.

Erection de l'évêché de Saltzbourg. Le pape Paul I envoie au roi des livres, des chantres, & [une horloge à roues. Conftantin Copronyme lui envoie auffi une orgue & quelques muficiens. Ce ne ferait pas un fait digne de l'hiftoire, s'il ne faifait voir combien les arts étaient étrangers dans cette partie du monde. Les francs ne connaiffaient alors que la guerre, la chaffe & la table.

768.

Les années précédentes font ftériles en événements, & par conféquent heureufes pour les peuples; car prefque tous les grands traits de l'hiftoire font des malheurs publics. Le duc d'Aquitaine révoque fon hommage, à l'exemple du duc de Baviére. Pepin vole à lui, & réunit l'Aquitaine à la couronne.

Pepin furnommé le Bref meurt à Xaintes le 24 feptembre âgé de 54 ans. Avant fa mort il fait fon teftament de bouche, & non par écrit, en préfence des grands officiers de fa maifon, de fes généraux & des poffeffeurs à vie des grandes terres. Il partage tous fes états entre fes deux

B 3   enfans

enfans, Charles & Carloman. Après la mort de Pepin, les seigneurs modifient ses volontés. On donne à Carl que nous avons depuis appellé Charlemagne, la Bourgogne, l'Aquitaine, la Provence avec la Neustrie, qui s'étendait alors depuis la Meuse jusqu'à la Loire, & à l'océan. Carloman eut l'Austrasie, depuis Rheims jusqu'aux derniers confins de la Thuringe. Il est évident que le royaume de France comprenait alors près de la moitié de la Germanie.

770.

Didier, roi des lombards, offre en mariage sa fille Desiderate à Charles; il était déja marié. Il épousa Desiderate, ainsi il paraît qu'il eut deux femmes à la fois. La chose n'était pas rare. Grégoire de Tours dit que les rois Gontram, Caribert, Sigebert, Chilperic, avaient plusieurs femmes.

771.

Son frere Carloman meurt soudainement à l'âge de 20 ans. Sa veuve s'enfuit en Italie avec deux princes ses enfans. Cette mort & cette fuite ne prouvent pas absolument que Charlemagne ait voulu regner seul, & ait eu de mauvais desseins contre ses neveux; mais elles ne prouvent pas aussi qu'il méritât qu'on célébrât sa fête, comme on a fait en Allemagne.

772.

Charles se fait couronner roi d'Austrasie, & réunit tout le vaste royaume des francs, sans rien laisser à ses neveux. La postérité éblouie par l'éclat de de sa gloire semble avoir oublié cette injustice. Il répudie sa femme fille de Didier, pour se venger de l'asyle que le roi lombard donnait à la veuve de Carloman son frere.

Il va attaquer les saxons, & trouve à leur tête un homme digne de le combattre ; c'était Vitikind, le plus grand défenseur de la liberté germanique après Herman que nous nommons Arminius.

Le roi de France l'attaque dans le pays qu'on nomme aujourd'hui le comté de la Lippe. Ces peuples étaient très mal armés. Car dans les capitulaires de Charlemagne on voit une défense rigoureuse de vendre des cuirasses & des casques aux saxons. Les armes & la discipline des francs devaient donc être victorieuses d'un courage féroce. Charles taille l'armée de Vitikind en piéces, il prend la capitale nommée Erresbourgh. Cette capitale était un assemblage de cabannes entourées d'un fossé. On égorge les habitans ; on rase le principal temple du pays élevé autrefois, à ce qu'on dit, au Dieu Tanfana, *principe universel*, si jamais ces barbares ont reconnu un principe universel, mais dédié alors au Dieu *Irminsul*, temple révéré en Saxe, comme celui de Sion chez les Juifs. On y massacra les prêtres sur les débris de l'idole renversée. On pénétra jusqu'au Weser avec l'armée victorieuse. Tous ces cantons se soumirent. Charlemagne les voulut lier à son joug par le christianisme. Tandis qu'il court à l'autre bout de ses états, à d'autres conquêtes, il leur laisse des missionnaires pour les persuader, & des soldats pour les forcer. Presque tous ceux qui habitaient vers le Weser se trouvent en un an chrétiens & esclaves.

773.

Tandis que le roi des francs contient les faxons fur le bord du Wefer, l'Italie le rappelle. Les querelles des lombards & du pape fubfiftaient toujours ; & le roi en fecourant l'églife pouvait envahir l'Italie qui valait mieux que les pays de Brême, d'Hanover, & de Brunfwick. Il marche donc contre fon beaupere Didier, qui était devant Rome. Il ne s'agiffait pas de venger Rome, mais il s'agiffait d'empêcher Didier de s'accommoder avec le pape, pour rendre aux deux fils de Carloman le royaume qui leur appartenait. Il court attaquer fon beaupere, & fe fert de la piété pour fon ufurpation. Il eft fuivi de foixante & dix mille hommes de troupes réglées ; chofe inoüie dans ces tems-là. On affemblait auparavant des armées de cent & de deux cent mille hommes ; mais c'étaient des païfans, qui allaient faire leurs moiffons après une bataille perdue ou gagnée. Charlemagne les retenait plus longtems fous le drapeau, & c'eft ce qui contribua à fes victoires.

774.

L'armée françaife affiége Pavie. Le roi va à Rome, renouvelle la donation de Pepin, & l'augmente, il en met lui-même une copie fur le tombeau qu'on prétend renfermer les cendres de St. Pierre. Le pape Adrien le remercie par des vers qu'il fait pour lui.

La tradition de Rome eft que Charles donna la Corfe, la Sardaigne & la Sicile. Il ne donna
fans

sans doute aucun de ces païs qu'il ne possédait pas. Mais il existe une lettre d'Adrien à l'impératrice Iréne, qui prouve que Charles donna des terres, que cette lettre ne spécifie pas. *Charles, duc des francs & patrice, nous a*, dit-il, *donné des provinces & restitué les villes que les perfides lombards retenaient à l'église*, &c.

On sent qu'Adrien ménage encore l'empire, en ne donnant que le titre de duc & de patrice à Charles, & qu'il veut fortifier sa possession du nom de restitution.

Le roi retourne devant Pavie. Didier se rend à lui. Le roi le fait moine, & l'envoie en France dans l'abbaye de Corbie. Ainsi finit ce royaume des lombards, qui avaient détruit en Italie la puissance romaine, & substitué leurs loix à celles des empereurs. Tout roi déthrôné devient moine dans ces temps-là.

Charlemagne se fait couronner roi d'Italie à Pavie d'une couronne où il y avait un cercle de fer, qu'on garde encore dans la petite ville de Monza.

La justice était toujours administrée dans Rome au nom de l'empereur grec. Les papes même recevaient de lui la confirmation de leur élection. On avait ôté à l'empereur le vrai pouvoir, on lui laissait quelques apparences. Charlemagne prenait seulement, ainsi que Pepin, le titre de *patrice*, que Théodoric & Attila avaient daigné prendre. Ainsi le nom d'empereur, qui dans son origine ne désignait qu'un général d'armée, signifiait

fiait encore le maître de l'Orient & de l'Occident. Tout vain qu'il était, on le respectait, on craignait de l'usurper : on n'affectait que celui de *patrice*, qui autrefois voulait dire sénateur romain, & qui alors signifiait un lieutenant indépendant d'un empereur sans pouvoir.

Cependant on frappait alors de la monnoie à Rome au nom d'Adrien Que peut-on en conclure sinon que le pape délivré des lombards & n'obéissant plus aux empereurs, était le maître dans Rome. Il est indubitable que les pontifes romains se saisirent des droits régaliens dès qu'ils le purent, comme ont fait les évêques francs & germains ; toute autorité veut toujours croître : & par cette raison-là même on ne mit plus que le nom de Charlemagne sur les nouvelles monnoies de Rome, lorsqu'en 880 le pape & le peuple romain le nommèrent empereur.

775.

Second effort des saxons contre Charlemagne, pour leur liberté, qu'on appelle révolte. Ils sont encore vaincus dans la Westphalie; & après beaucoup de sang répandu, ils donnent des bœufs & des ôtages, n'ayant autre chose à donner.

776.

Tentative du fils de Didier, nommé Adalgife, pour recouvrer le royaume de Lombardie. Le pape Adrien la qualifie horrible conspiration. Charles court la punir. Il revole d'Allemagne en Italie, fait couper la tête à un duc du Frioul qui était du complot, & tout se soumet.

Pendant ce tems-là même les Saxons reviennent encore en Westphalie ; il revient les battre. Ils se soumettent, & promettent encore de se faire chrétiens. Charles bâtit des forts dans leur pays avant d'y bâtir des églises.

777.

Il donne des loix aux Saxons, & leur fait jurer qu'ils seront esclaves, s'ils cessent d'être chrétiens & soumis. Dans une grande diéte tenue à Paderborn sous des tentes, un émir Musulman qui commandait à Sarragosse vint conjurer Charles d'appuyer sa rébellion contre Abdérame roi d'Espagne.

778.

Charles marche de Paderborn en Espagne, prend le parti de cet émir, assiége Pampelune & s'en rend maître. Il est à remarquer que les dépouilles des Sarrazins furent partagées entre le roi, les officiers & les soldats, selon l'ancienne coutume de ne faire la guerre que pour du butin, & de
le

le partager également entre tous ceux qui avaient une égale part au danger. Mais tout ce butin eft perdu en repaffant les pirénées. L'arriere-garde de Charlemagne eft taillée en piéces à Roncevaux par les Arabes & par les Gafcons. C'eft là que périt, dit-on, Roland fon neveu, fi célébre par fon courage & par fa force incroyable.

Comme les Saxons avaient repris les armes pendant que Charles était en Italie, ils les reprennent tandis qu'il eft en Efpagne. Vitikind retiré chez le duc de Dannemarck fon beaupere, revient ranimer fes compatriotes. Il les raffemble, il trouve dans Brême, capitale du pays qui porte ce nom, un évêque, une églife, & fes Saxons défefperés qu'on traîne à des autels nouveaux ; il chaffe l'évêque qui a le tems de fuir & de s'embarquer. Charlemagne accourt, & bat encore Vitikind.

780.

Vainqueur de tous côtés, il part pour Rome avec une de fes femmes nommée Ildegarde & deux enfans puînés, Pepin & Louis. Le pape Adrien baptife ces deux enfans, facre Pepin roi de Lombardie, & Louis roi d'Aquitaine. Ainfi l'Aquitaine fut érigée en royaume pour quelque tems.

781. 782.

Le roi de France tient fa cour à Worms, à Ratisbonne, à Cuierci. Alcuin archevêque d'Yorck d'Yorck vient l'y trouver. Le roi qui à peine favait figner fon nom, voulait faire fleurir les fciences, parce qu'il voulait être grand en tout. Pierre de Pife lui enfeignait un peu de grammaire. Il n'était pas étonnant que des italiens inftruififfent des gaulois & des germains, mais il l'était, qu'on eût toujours befoin des anglais pour apprendre ce qui n'eft pas même honoré aujourd'hui du nom de fcience.

On tient devant le roi des conférences qui peuvent être l'origine des académies, & furtout de celles d'Italie, dans lesquelles chaque académicien prend un nouveau nom. Charlemagne fe nommait *David*, Alcouin *Albinus*, & un jeune homme nommé Ilgeberd, qui faifait des vers en langue romance, prenait hardiment le nom d'*Homère*.

783.

Cependant Vitikind qui n'apprenait point la grammaire, fouléve encore les faxons. Il bat les généraux de Charles fur le bord du Wefer. Charles vient réparer cette défaite. Il eft encore vainqueur des Saxons; ils mettent bas les armes devant lui. Il leur ordonne de livrer Vitikind.

C Les

Les saxons lui répondent qu'il s'est sauvé en Dannemark. *Ses complices sont encore ici*, répondit Charlemagne ; & il en fit massacrer quatre mille cinq cent à ses yeux. C'est ainsi qu'il disposait la Saxe au christianisme.

784.

Ce massacre fit le même effet que fit long-tems après la St. Barthelemi en France. Tous les saxons reprennent les armes avec une fureur désespérée. Les danois & les peuples voisins se joignent à eux.

785.

Charles marche avec son fils du même nom que lui, contre cette multitude. Il r'emporte une victoire nouvelle & donne encore des loix inutiles. Il établit des marquis, c'est-à-dire des commandants de milices sur les frontieres de ses royaumes.

786.

Vitikind céde enfin. Il vient avec un duc de Frise se soumettre à Charlemagne dans Attigni sur l'Aine.

l'Aine. Alors le royaume de France s'étend jusqu'au Holstein. Le roi de France repasse en Italie & rebâtit Florence; c'est une chose singuliére que dès qu'il est à un bout de ses royaumes, il y a toujours des révoltes à l'autre bout ; c'est une preuve que le roi n'avait pas sur toutes les frontieres de puissants corps d'armée. Les anciens Saxons se joignent aux Bavarois : le roi repasse les alpes.

787.

L'impératrice Irène qui gouvernait encore l'empire grec, alors le seul empire, avait formé une puissante ligue contre le roi de France. Elle était composée de ces mêmes saxons, & de ces bavarois, des Huns si fameux autrefois sous Attila, & qui occupaient, comme aujourd'hui, les bords du Danube & de la Drave, une partie même de l'Italie y était entrée. Charles vainquit les huns vers le Danube, & tout fut dissipé.

Depuis 788. jusqu'à 792.

Pendant ces quatre années paisibles, il institue des écoles chez les évêques & dans les monastères. Le chant romain s'établit dans les églises de France. Il fait dans la diéte d'Aix-la-Chapelle des loix qu'on nomme *capitulaires*. Ces loix tenoient beaucoup de la barbarie dont on voulait fortir, & dans laquelle on fut longtems plongé. Voici quels étaient les ufages, les mœurs, les loix, l'efprit qui regnaient alors.

COUTUMES
DU TEMS DE CHARLEMAGNE.

DEs ducs, dont les uns étaient amovibles, & les autres des vaffaux héréditaires, gouvernaient les provinces, & levaient les troupes, à peu près comme font aujourd'hui les beglierbeis des Turcs. Ces ducs avaient été inftitués en Italie par Dioclétien. Les comtes, dont l'origine paraît du tems de Théodofe, commandaient fous les ducs & affemblaient les troupes chacun dans fon canton. Les métairies, les bourgs, les villages, fourniffaient un nombre de foldats proportionné à leurs forces ; douze métairies donnaient un cavalier armé d'un cafque & d'une cuiraffe. Les autres foldats n'en portaient point,
mais

mais tous avaient le bouclier quarré long, la hache d'arme, le javelot & l'épée. Ceux qui se servaient de fléches, étaient obligés d'en avoir au moins douze dans leur carquois. La province qui fournissait la milice, lui distribuait du bled & les provisions nécessaires pour six mois. Le roi en fournissait pour le reste de la campagne. On faisait les revûes au premier de mars, & au premier de mai. C'est d'ordinaire dans ces tems qu'on tenait les parlemens. Dans les siéges des villes on employait le belier, la baliste, la tortue, & la plupart des machines des romains. Car de tous leurs arts celui de la guerre fut presque le seul qui subsista, & ce fut pour leur ruine.

Les seigneurs nommés barons, Leudes, Richomés composaient avec leurs suivans le peu de cavalerie qu'on voyait alors dans les armées. Les musulmans d'Afrique & d'Espagne avaient plus de cavaliers. Il paraît qu'on prit depuis chez eux l'usage de couvrir de fer les hommes, & les chevaux, & de combattre avec les lances.

Charles avait des forces navales aux embouchures de toutes les grandes rivieres de son empire, depuis l'Elbe jusqu'au Tibre. Avant lui on ne les connaissait pas chez les barbares, &

après lui on les ignora longtems. Par ce moyen & par la police guerriére qu'il fit obferver fur toutes les côtes, il arrêta ces inondations des peuples du nord, qui alors exerçaient le métier de pirates; il les contint dans leurs climats glacés; mais fous fes faibles defcendans, ils fe répandirent dans l'Europe:

Les affaires générales fe réglaient dans des affemblées, qui repréfentaient la nation felon l'ufage des anciens romains, des gaulois, & des peuples du nord. Sous lui les parlemens n'avaient d'autre volonté que celle du maître qui favait commander & perfuader.

Il fit un peu fleurir le commerce dans fes vaftes états, parce qu'il était le maître des mers. Ainfi les marchands des côtes de Tofcane allaient trafiquer à Conftantinople chez les Chrétiens, & au port d'Alexandrie chez les Mufulmans, qui es recevaient, & dont il tiraient les richeffes de l'Afie.

Venife & Gènes, fi puiffantes depuis par le négoce, n'attiraient pas encore à elles les richeffes des nations, mais Venife commençait à s'enrichir & à s'agrandir.

Rome,

Rome, Ravenne, Lyon, Arles, Tours, avaient beaucoup de manufactures d'étoffes de laine. On damasquinait le fer, on fabriquait le verre, mais les étoffes de soie n'étaient tissues dans aucune ville d'occident.

Les Vénitiens commençaient à les tirer de Constantinople, où elles n'étaient connues que depuis l'empereur Justinien; mais ce ne fut que près de 400 ans après Charlemagne, que les maures travaillèrent la soie à Cordoue, & que les princes normands qui conquirent le royaume de Naples & de Sicile établirent ensuite à Palerme une manufacture de soie. Presque tous les ouvrages d'industrie & de recherche se faisaient dans l'empire d'orient. Le linge était peu commun. S. Boniface dans une lettre écrite à un évêque établi en Allemagne lui mande, qu'il lui envoie du drap à longs poils pour se laver les pieds. Probablement ce manque de linge étoit la cause de toutes ces maladies de la peau, connues sous le nom de lépres si générales alors, car les hopiraux nommés *léproseries* étaient déja très nombreux.

On dit que du tems de Charlemagne on avait déja de grandes vûes pour le commerce, puisqu'on commença le fameux canal qui devait joindre le Rhin au Danube, & ouvrir ainsi une comunication de la mere Noire à l'Océan. L'esprit de conquête y pouvait avoir autant de part que l'utilité publique.

La monnoie avait à peu près la même valeur que celle de l'empire romain depuis Constantin. Le sol d'or étoit le *solidum Romanum* que les Barbares nommaient *sol* par cette habitude qu'ils avaient de contracter tous les noms. Ainsi d'*Augustus* ils ont fait *Août* ; de *forum Julii*, Fréjus ; & ce sol d'or équivalait à quarante deniers d'argent dans toute l'étendue des terres de Charlemagne.

SUITE

Des Usages du tems de CHARLEMAGNE.

EGLISE.

Les Eglises de France étaient riches, celles d'Allemagne commençaient à l'être, & devaient un jour le devenir davantage, parce qu'on leur donnait plus de territoire.

Les

Les évêques & les abbés avaient beaucoup d'esclaves. On reproche à l'abbé Alcuin, précepteur de Charlemagne, d'en avoir eu jusqu'à vingt mille. Ce nombre n'est pas incroyable. Alcuin avait trois abbayes dont les terres pouvaient être habitées par vingt mille hommes; tous appartenaient au seigneur. Ces esclaves connus sous le nom de *serfs* ne pouvaient se marier, ni changer de demeure sans la permission de l'abbé. Ils étaient obligés de marcher 50. lieues avec leurs charettes quand il l'ordonnait. Ils travaillaient pour lui trois jours de la semaine, & il partageait tous les fruits de la terre.

En France & en Allemagne plus d'un évêque allait au combat avec ses *serfs*. Charlemagne dans une lettre à une de ses femmes, nommée Frastade, lui parle d'un évêque qui a vaillamment combattu auprès de lui dans une bataille contre les Avares, peuples descendus des Scites, qui habitoient vers les pays qu'on nomme aujourd'hui l'Autriche.

On voit de son tems 14. monastères, qui doivent fournir des soldats. Pour peu qu'un abbé fût guerrier, rien ne l'empêchait de les conduire lui-même; il est vrai qu'en 803. un parlement se se plaignit à Charlemagne du trop grand nombre de prêtres qu'on avait tués à la guerre. Il fut alors défendu aux ministres de l'autel, d'aller aux combats, mais l'usage fut une loi plus forte.

Il est indubitable qn'alors les prêtres se mariaient, car le cinquiéme titre du premier capitulaire de Charlemagne prive des fonctions sacerdotales, tout prêtre qui a plus d'une femme.

Il n'étoit pas permis de se dire clerc sans l'être, de porter la tonsure sans appartenir à un évêque. De tels clercs s'appellaient acéphales; on les punissait comme vagabonds. On ignorait cet état aujourd'hui si commun, qui n'est ni séculier ni ecclésiastique; le titre d'abbé, qui signifie *pere*, n'appartenait qu'aux chefs des monastères, ou même à des séculiers constitués en dignité : on donna par exemple ce titre au chef de la république de Gènes.

Les abbés avaient dès-lors le bâton pastoral que portaient les évêques, & qui avait été la marque de la dignité augurale dans Rome payenne. Telle était la puissance de ces abbés sur les moines, qu'ils condamnaient quelquefois aux peines afflictives les plus cruelles. Ils furent les premiers

qui

qui prirent le barbare ufage des empereurs grecs, de faire brûler les yeux, & il fallut qu'un concile leur défendît cet attentat qu'ils commençaient à regarder comme un droit.

Quant aux cérémonies de l'églife, la meffe était différente de ce qu'elle eft aujourd'hui; & encore plus de ce qu'elle fut aux premiers fiécles; on n'en difoit qu'une dans chaque églife. Les rois fe faifoient dire rarement des meffes privées.

La premiére confeffion auriculaire qu'on nomme confeffion générale, eft celle de St. Eloy au fixiéme fiécle. Les ennemis de l'églife romaine, qui fe font élevés contre une inftitution fi falutaire, femblent avoir ôté aux hommes le plus grand frein qu'on pût mettre à leurs crimes fecrets. Les fages de l'antiquité en avaient eux-mêmes fenti l'importance: s'ils n'avaient pu en faire un devoir à tous les hommes; ils en avaient établi la pratique chez ceux qui prétendoient à une vie plus pure; c'était la premiére expiation des initiés chez les anciens Egyptiens, & aux myftères de Cérès Eleufine. Ainfi la religion Chrétienne a confacré des chofes dont Dieu avait

per-

permis que la sagesse humaine entrevît & embrassât les ombres.

La religion ne s'était point encore étendue au Nord plus loin que les conquêtes de Charlemagne. Le Dannemark & tout le pays des Normands étaient plongés dans une idolâtrie grossiére. Les habitans adoraient Odin ; ils se figuraient qu'après leur mort, le bonheur de l'homme consiste à boire dans la salle d'Odin de la biére dans le crâne de ses ennemis. On a encore de leurs anciennes chansons traduites, qui expriment cette idée. C'était beaucoup pour eux de croire une autre vie. La Pologne n'était ni moins barbare, ni moins idolâtre. Les Moscovites plus sauvages que le reste de la grande Tartarie, en savaient à peine assez pour être payens. Mais tous ces peuples vivaient en paix dans leur ignorance ; heureux d'être inconnus à Charlemagne, qui vendait si cher la connoissance du Christianisme.

SUITE

SUITE

Des Usages du tems de CHARLEMAGNE.

LOIX & COUTUMES.

La justice se rendait ordinairement par les comtes, que le roi nommait : ils avaient leurs districts assignés, ils devaient être instruits des loix, qui n'étaient ni si obscures ni si nombreuses que les nôtres, la procédure était simple, chacun plaidait sa cause en France & en Allemagne.

Rome seule, & ce qui en dépendait avait encore retenu beaucoup de loix & de formalités de l'empire romain ; les loix lombardes avaient lieu dans le reste de l'Italie citérieure.

Chaque comte avait sous lui un lieutenant nommé Viguier, sept assesseurs, *Scabini*, pris dans la cité. A l'exemple des anciens sénateurs romains, ils étaient à la fois guerriers & juges. Il leur était même ordonné de ne paraître jamais dans leur tribunal sous leur bouclier ; mais il n'était permis sous Charlemagne, ni aux autres citoyens, ni aux soldats même d'être armés en tems de paix. Cette loi si sage, conforme à celle des romains & des musulmans, prévenait ces querelles & ces duels continuels, qui depuis désolerent l'Europe quand la coutume s'introduisit de ne jamais quitter l'épée, d'aller armés chez ses amis, aux tribunaux, aux églises ; abus porté si loin, qu'en Espagne, en Allemagne, en Flandre le juge, l'avocat, le procureur, le médecin marchent aujourd'hui l'épée au côté, comme s'ils allaient se battre.

Ces comtes publiaient dans leur jurisdiction l'ordre de marcher pour la guerre, enrollaient les soldats sous des centeniers, les menaient au rendez-vous des troupes, & laissaient alors leurs lieutenants faire les fonctions de juges dans les bourgades, que je n'ose appeler villes.

Les rois envoyaient des commissaires avec lettres expresses, *missi dominici*, qui examinaient la conduite des comtes ; ni ces commissaires ni ces comtes ne condamnaient presque jamais à la mort, ni à aucun supplice. Car si on excepte la Saxe, où Charlemagne fit des loix de sang, presque tous les délits se rachetaient dans le reste de son empire ; le seul crime de rébellion était puni de mort : & les rois s'en réservaient le jugement.

gement. La loi Salique, celle des Lombards, celle des Ripuaires avaient évalué à prix d'argent la plupart des autres attentats, qu'on punit aujourd'hui par la perte de la vie, ou par de grandes peines. Leur jurisprudence qui paraît humaine, était en effet plus cruelle que la nôtre. Elle laissait la liberté de mal faire à quiconque pouvait la payer : la plus douce loi est celle qui mettant le frein le plus terrible à l'iniquité, prévient ainsi le plus de crimes.

Par les anciennes loix rédigées sous le roi des francs Dagobert, il en coutait cent sols pour avoir coupé une oreille à un homme, & si la surdité ne suivait pas la perte de l'oreille, on était quite pour cinquante sols.

Le meurtre d'un diacre était taxé à quatre cens sols, celui d'un prêtre desservant la paroisse à six cens.

Le troisiéme chapitre de la loi Ripuaire permet au meurtrier d'un évêque de racheter son crime avec autant d'or, qu'en pouvait peser une tunique de plomb, de la hauteur du coupable, & d'une épaisseur déterminée.

La loi Salique, remise en vigueur sous Charlemagne, fixe le prix de la vie d'un évêque à 400. sols. Il est si vrai qu'on rachetait ainsi sa vie, que beaucoup de ces loix sont exprimées ainsi : « *Componat tercentum, ducentum, centum solidis,* » que le coupable compose pour 300. 200. ou » 100. sols.

On donnait la question, mais seulement aux esclaves ; & celui qui avait fait mourir dans les tourments de la question l'esclave innocent d'un autre maître, était obligé de lui en donner deux pour toute satisfaction.

Charlemagne, qui corrigea les loix Saliques & Lombardes, ne fit que hausser le prix des crimes : ils étaient tous spécifiés ; on distinguait ce que valait un coup qui avait ôté seulement un os de la tête. Le premier était évalué à 45. sols, le second à 20.

Une sorciere convaincue d'avoir mangé de la chair humaine était condamnée à 200. sols ; & cet article est un témoignage bien humiliant pour la nature humaine, des excès où la superstition l'entraîne.

Tous

Tous les outrages à la pudicité avaient aussi leur prix fixe. Le rapt d'une femme mariée ne coûtait que 200. sols. Si on avait violé une fille sur le grand chemin, on ne payait que 40. sols. Si on enlevait une fille de condition servile, l'amende était de 4. sols, & on la rendait à son maître. De ces loix barbares la plus sévère était précisément celle qui devait être la plus douce. Charlemagne lui-même au 6e. livre de ses capitulaires dit que d'épouser sa commere est un crime digne de mort, & qui ne peut se racheter qu'en passant toute sa vie en pélerinage.

Parmi les loix Saliques, il s'en trouva une qui marque bien précisément dans quel mépris étaient tombés les Romains chez les peuples barbares : le Franc qui avait tué un citoyen Romain, ne payait que 1050 deniers, & le Romain payait pour le sang d'un Franc 2500. deniers.

Dans les causes criminelles indécises on se purgeait par serment : il fallait non seulement que la partie accusée jurât, mais elle était obligée de produire un certain nombre de témoins qui juraient avec elle. Quand les deux partis opposaient serment à serment, on permettait quelquefois le combat.

Ces combats étaient appellés, comme on fait, le jugement de Dieu. C'est aussi le nom qu'on donnait à une des plus déplorables folies de ces gouvernements barbares : les accusés étaient soumis à l'épreuve de l'eau froide, de l'eau bouillante, ou du fer ardent. Le célébre Etienne Baluze a rassemblé toutes les anciennes cérémonies de ces épreuves. Elles commençaient par la messe, on y excommuniait l'accusé, on bénissait l'eau froide, on l'exorcisait, ensuite il était jetté garotté dans l'eau : s'il tombait au fond, il était réputé innocent ; s'il surnageait, il était jugé coupable. Mr. de Fleuri dans son histoire ecclésiastique dit, que c'était une manière sûre de ne trouver personne criminel. J'ose croire que c'était une maniere de faire périr beaucoup d'innocens ; il y a bien des hommes qui ont la poitrine assez large, & les poumons assez légers, pour ne point enfoncer, lorsqu'une grosse corde, qui les lie avec plusieurs tours, fait avec leurs corps, un volume moins pesant qu'une pareille quantité d'eau. Cette malheureuse coutume, proscrite depuis dans les grandes villes, s'est conservée jusqu'à nos jours dans beaucoup de provinces : on y a très souvent assujetti, même par sentence de juges, ceux qu'on faisait passer pour sorciers. Car rien ne dure si longtems que
la

la superstition, & il en a coûté la vie à plus d'un malheureux.

Le jugement de Dieu par l'eau chaude s'exécutait en faisant plonger le bras nud de l'accusé dans une cuve d'eau bouillante, il fallait prendre au fond de la cuve un anneau béni. Le juge en présence des prêtres & du peuple enfermait dans un sac le bras du patient, & scellait le sac de son cachet. Si trois jours après il ne paraissait aucune marque de brûlure, ou si la marque était jugée légère, l'innocence était reconnue. On voit aisément, que les juges pouvaient plier à leur volonté ces étranges loix, puisqu'ils étaient les maîtres de décider si la cicatrice était assez grande pour constater le crime.

793.

Charles devenu voisin des Huns, devient par conséquent leur ennemi naturel. Il léve des troupes contre eux, & ceint l'épée à son fils Louis qui n'avait que quatorze ans. Il le fait ce qu'on appellait alors *miles*, c'est-à-dire, il lui fait apprendre la guerre ; mais ce n'est pas le créer chevalier, comme quelques auteurs l'ont cru. La chevalerie ne s'établit que longtems après.

Il défait encore les Huns fur le Danube & fur le Raab.

Charles affemble des évêques pour juger la doctrine d'Elipand archevêque de Toléde. On peut s'étonner de trouver dans ce tems-là un archevêque de Toléde, lorfque les Mufulmans étaient maîtres de l'Efpagne. Mais il faut favoir que les Mufulmans vainqueurs laiffèrent leur religion aux vaincus ; qu'ils ne croyaient pas les Chrétiens dignes d'être Mufulmans, & qu'ils fe contentaient de leur impofer un léger tribut.

Cet Elipand s'imaginait, avec un Felix d'Urgel, que Jefus-Chrift, en tant qu'homme, était fils adoptif de Dieu, & en tant que Dieu, fils naturel. Il eft difficile de favoir par foi-même, ce qui en eft. Il faut s'en rapporter aux juges, & les juges le condamnerent.

Pendant que Charles remporte des victoires, fait des loix, affemble des évêques, on confpire contre lui. Il avait un fils d'une de fes femmes ou concubines, qu'on nommait Pepin le boffu, pour le diftinguer de fon autre fils Pepin roi d'Italie. Les enfans qu'on nomme aujourd'hui bâtards, & qui n'héritent point, pouvaient hériter alors, &
n'é-

n'étaient point réputés bâtards. Le boſſu qui était l'aîné de tous, n'avait point d'appanage; & voilà l'origine de la conſpiration. Il eſt arrêté à Ratisbonne avec ſes complices, jugé par un parlement, tondu & mis dans le monaſtère de Prum dans les Ardennes. On créve les yeux à quelques-uns de ſes adhérents, & on coupe la tête à d'autres.

794.

Les Saxons ſe revoltent encore, & ſont encore facilement battus. Vitikind n'était plus à leur tête.

Célébre concile de Francfort. On y condamne le ſecond concile de Nicée, dans lequel l'impératrice Irène venait de rétablir le culte des images.

Charlemagne fait écrire les livres Carolins contre ce culte des images. Rome ne penſait pas comme le royaume des Francs; & cette différence d'opinions ne brouilla point Charlemagne avec le pape, qui avait beſoin de lui.

795.

Le duc de Frioul vaſſal de Charles eſt envoyé contre les Huns, & s'empare de leurs tréſors,
ſup-

supposé qu'ils en eussent. Mort du pape Adrien le 25. décembre. On prétend que Charlemagne lui fit une épitaphe en vers latins. Il n'est guère croyable que ce roi Franc, qui ne savait pas écrire, sût faire des vers latins.

796.

Léon III. succéde à Adrien. Charles lui écrit, « Nous nous réjouissons de votre élection, & de » ce qu'on nous rend l'obéissance & la fidélité » qui nous est dûe. » Il parlait ainsi en patrice de Rome, comme son pere avait parlé aux Francs en maire du palais.

797. 798.

Pepin roi d'Italie est envoyé par son pere contre les Huns ; preuve qu'on n'avait remporté que de faibles victoires. Il en remporte une nouvelle. La célébre impératrice Irène est mise dans un cloître par son fils Constantin V. Elle remonte sur le thrône ; fait créver les yeux à son fils ; il en meurt ; elle pleure sa mort. C'est cette Irène l'ennemie naturelle de Charlemagne, & qui avait voulu s'allier avec lui.

799.

799.

Dans ce tems-là les Normands, c'est-à-dire, les *hommes du nord*, les habitans des côtes de la mer baltique étaient des pirates. Charles équippe une flotte contre eux, & en purge les mers.

Le nouveau pape Léon III. irrite contre lui les Romains. Ses chanoines veulent lui crever les yeux & lui couper la langue. On le met en fang, mais il guérit. Il vient à Paderborn demander juftice à Charles, qui le renvoie à Rome avec une efcorte. Charles le fuit bientôt. Il envoie fon fils Pepin fe faifir du duché de Bénévent, qui relevait encore de l'empereur de Conftantinople.

800.

Il arrive à Rome. Il déclare le pape, innocent des crimes qu'on lui imputait ; & le pape le déclare empereur aux acclamations de tout le peuple. Charlemagne affecta de cacher la joie fous de la modeftie, & de paraître étonné de fa gloire. Il agit en fouverain de Rome, & renouvelle l'empire des Céfars. Mais pour rendre cet empire durable, il fallait refter à Rome.

801.

801.

Les historiens disent que dès qu'il fut empereur, Irène voulut l'épouser. Le mariage eût été entre les deux empires plutôt qu'entre Charlemagne & le vieille Irène.

802.

Charlemagne exerce toute l'autorité des anciens empereurs. Nul pays depuis Bénévent jusqu'à Bayonne, & de Bayonne jusqu'en Baviere, exempt de sa puissance législative. Le duc de Venise Jean ayant assassiné un évêque, est accusé devant Charles, & ne le recuse pas pour juge.

Nicéphore, successeur d'Irène, reconnaît Charles pour empereur, sans convenir des limites des deux empires.

803. 804.

L'empereur s'applique à policer ses états, autant qu'on le pouvait alors. Il dissipe encore des factions des Saxons, & transporte enfin une partie de ce peuple dans la Flandre, dans la Provence, en Italie, à Rome même.

805.

Il dicte son testament qui commence ainsi; *Charles empereur César, roi très-invincible des Francs,*

francs, &c. Il donne à Louis tout le pays depuis l'Espagne jusqu'au Rhin. Il laisse à Pepin l'Italie & la Baviere ; à Charles la France depuis la Loire jusqu'à Ingolstadt , & toute l'Austrasie depuis l'Escaut jusqu'aux confins du Brandebourg. Il y avait dans ces trois lots de quoi exciter des divisions éternelles. Charlemagne crut y pourvoir en ordonnant que s'il arrivait un différend sur les limites des royaumes, qui ne pût être décidé par témoins, le jugement *de la croix* en déciderait. Ce jugement *de la croix* consistait à faire tenir aux avocats les bras étendus ; & le plutôt las , perdait sa cause. Le bon sens naturel d'un si grand conquérant ne pouvait prévaloir sur les coutumes de son siécle.

Charlemagne retint toujours l'empire & la souveraineté ; & il était le roi des rois ses enfans. C'est à Thionville que se fit ce fameux testament avec l'approbation d'un parlement. Ce parlement était composé d'évêques , d'abbés , d'officiers du palais & de l'armée , qui n'étaient-là que pour attester ce que voulait un maître absolu. Les diétes n'étaient pas ce qu'elles sont aujourd'hui ; & cette vaste république de princes, de seigneurs, & de villes libres sous un chef, n'était pas établie.

E   806.

806.

Le fameux Aaron calife de Bagdad nouvelle Babylone, envoie des ambaſſadeurs & des préſents à Charlemagne. Les nations donnérent à cet Aaron un titre ſupérieur à celui de Charlemagne. L'empereur d'Occident était ſurnommé *le grand*, mais le calife était ſurnommé *le juſte*.

Il n'eſt pas étonnant qu'Aaron Rachild envoyât des ambaſſadeurs à l'empereur français. Ils étaient tous deux ennemis de l'empereur d'Orient : mais ce qui ſerait étonnant, c'eſt qu'un calife eût, comme diſent nos hiſtoriens, propoſé de céder Jéruſalem à Charlemagne. C'eût été dans le calife une profanation, de céder à des chrétiens une ville remplie de moſquées, & cette profanation lui aurait coûté le throne & la vie. De plus, l'enthouſiaſme n'appellait point alors les chrétiens d'Occident à Jéruſalem.

Charles convoque un concile à Aix-la-Chapelle. Ce concile ajoûte au ſymbole, que *le St. Eſprit procéde du pere & du fils*. Cette addition n'était point encore reçue à Rome: elle le fut bientôt après. Ainſi quelques dogmes ſe ſont établis peu-à-peu.

Dans ce tems les peuples appellés normans, danois,

danois, & scandinaves, fortifiés d'anciens saxons retirés chez eux, osaient menacer les côtes du nouvel empire. Charles traverse l'Elbe ; & Godefroi le chef de tous ces barbares, pour se mettre à couvert, tire un large fossé entre l'océan & la mer baltique, aux confins du Holstein, l'ancienne Chersonèse cimbrique. Il revêtit ce fossé d'une forte palissade. C'est ainsi que les romains avaient tiré un retranchement entre l'Angleterre & l'Ecosse ; faibles imitations de la fameuse muraille de la Chine.

807. 808. 809.

Traités avec les danois. Loix pour les saxons. Police dans l'empire. Petites flottes établies à l'embouchure des fleuves.

810.

Pepin, ce fils de Charlemagne, à qui son pere avait donné le royaume d'Italie, meurt de maladie au mois de juillet. Il laisse un bâtard, nommé Bernard. L'empereur donne sans difficulté l'Italie à ce bâtard, comme à l'héritier naturel, selon l'usage de ce tems-là.

811.

Flotte établie à Boulogne sur la Manche. Fâre

de Boulogne relevé. Wurtzbourg bâti. Mort du prince Charles destiné à l'empire.

813.

L'empereur associe à l'empire son fils Louis au mois de mars à Aix-la-Chapelle. Il fait donner à tous les assistans leurs voix pour cette association. Il donne la ville d'Ulm à des moines qui traitent les habitans en esclaves. Il donne des terres à Eginard qu'on a cru l'amant de sa fille Emma. Les légendes sont pleines de fables dignes de l'achevêque Turpin sur cet Eginard, & cette prétendue fille de l'empereur. Mais par malheur jamais Charlemagne n'eut de fille qui s'appellât Emma.

814.

Il meurt d'une pleurésie après sept jours de fiévre, le 28. janvier à trois heures du matin. Il n'avait point de médecin auprès de lui qui sût ce que c'était qu'une pleurésie. La médecine, ainsi que la plûpart des arts, n'était connue alors que des arabes, & des grecs de Constantinople.

LOUIS

LOUIS LE DEBONNAIRE ou LE FAIBLE, SECOND EMPEREUR.

814.

Louis accourt de l'Aquitaine à Aix-la-Chapelle, & se met de plein droit en possession de l'empire. Il était né en 778. de Charlemagne, & d'une de ses femmes, nommée Ildegarde, fille d'un duc allemand. On dit qu'il avait de la beauté, de la force, de la santé, de l'adresse à tous les exercices, qu'il savait le latin & le grec ; mais il était faible, & il fut malheureux. Son empire avait pour bornes au septentrion la mer baltique & le Dannemarck, l'océan au couchant, la méditerranée & la mer adriatique & les pirénées au midi ; à l'orient la Vistule & la Tæisse. Le duc de Bénévent était son feudataire, & lui payait sept mille écus d'or tous les ans pour son duché. C'était une somme très-considérable alors. Le territoire de Bénévent s'étendoit beaucoup plus loin qu'aujourd'hui, & il faisait les bornes des deux empires.

815.

La premiere chose que fit Louis, fut de mettre au couvent toutes ses sœurs, & en prison tous leurs amants : ce qui ne le fit aimer ni dans sa famille, ni dans l'état. La seconde, d'augmenter les priviléges de toutes les églises ; & la troisiéme, d'irriter Bernard roi d'Italie, son neveu, qui vint lui prêter serment de fidélité, & dont il exila les amis.

816.

Etienne IV. est élu évêque de Rome, & pape par le peuple romain, sans consulter l'empereur ; mais il fait jurer obéissance & fidélité par le peuple à Louis, & apporte lui-même ce serment à Rheims. Il couronne l'empereur & sa femme Ermengarde. Il retourne à Rome au mois d'octobre, avec un décret que dorénavant les élections des papes se feraient en présence des ambassadeurs de l'empereur.

817.

Louis associe à l'empire son fils aîné Lothaire. C'était bien se presser. Il fait son second fils Pepin, roi d'Aquitaine ; & érige la Baviére avec quelques pays voisins, en royaume pour son dernier fils Louis. Tous trois sont mécontens ; Lothaire d'être empereur sans pouvoir : les deux autres d'avoir de si petits états ; & Bernard roi d'Italie, neveu de l'empereur, plus mécontent qu'eux tous.

808.

L'empereur Louis se croyait empereur de Rome, & Bernard, petit-fils de Charlemagne, ne voulait point de maître en Italie. Il est évident que Charlemagne dans tant de partages, avait agi en pere, plus qu'en homme d'état, & qu'il avait préparé des guerres civiles à sa famille. L'empereur & Bernard lévent des armées. Ils se rencontrent à Châlons-sur-Sône. Bernard plus ambitieux apparemment que guerrier, perd une partie de son armée sans combattre. Il se remet à la clémence de Louis le débonnaire. Ce prince fait crever les yeux à Bernard son neveu, & à ses partisans. L'opération fut mal faite sur Bernard; il en mourut au bout de trois jours. Cet usage de crever les yeux aux princes, était fort pratiqué par les empereurs grecs, ignoré chez les Califes, & défendu par Charlemagne.

819.

L'empereur perd sa femme Ermengarde. Il ne sait s'il se fera moine, ou s'il se remariera. Il épouse la fille d'un comte Bavarois, nommée Judith. Il appaise quelques troubles en Pannonie, & tient des diétes à Aix-la-Chapelle.

820.

820.

Ses généraux reprennent la Carniole & la Carinthie sur des barbares qui s'en étaient emparés.

821.

Plusieurs ecclésiastiques donnent des remords à l'empereur Louis sur le supplice du roi Bernard son neveu, & sur la captivité monacale où il avait réduit trois de ses propres freres nommés Drogon, Thierri & Hugues, malgré la parole donnée à Charlemagne d'avoir soin d'eux. Ces ecclésiastiques avaient raison. C'est une consolation pour le genre humain qu'il y ait par-tout des hommes qui puissent au nom de la divinité inspirer des remords aux princes ; mais il faudrait s'en tenir-là, & ne les poursuivre, ni les avilir.

822.

Les évêques & les abbés imposent une pénitence publique à l'empereur. Il paraît dans l'assemblée d'Attigni couvert d'un cilice. Il donne des évêchés & des abbayes à ses freres, qu'il avait fait moines malgré eux. Il demande pardon à Dieu de la mort de Bernard : cela pouvait se faire sans le cilice, & sans la pénitence publique qui rendait l'empereur ridicule.

823.

823.

Ce qui était plus dangereux, c'est que Lothaire était associé à l'empire, qu'il se faisait couronner à Rome par le pape Pascal, que l'impératrice Judith sa belle-mere lui donnait un frere, & que les romains n'aimaient ni n'estimaient l'empereur. Une des grandes fautes de Louis était de ne point établir le siége de son empire à Rome. Le pape Pascal faisait crever les yeux sans rémission à ceux qui prêchaient l'obéïssance aux empereurs; ensuite il jurait devant Dieu qu'il n'avait point de part à ces exécutions, & l'empereur ne disait mot.

L'impératrice Judith accouche à Compiegne d'un fils qu'on nomme Charles. Lothaire était revenu alors de Rome: l'empereur Louis son pere exige de lui un serment, qu'il consentira à laisser donner quelque royaume à cet enfant: espéce de serment dont on devait prévoir la violation.

824.

Le pape Pascal meurt. Les romains ne veulent pas l'enterrer. Lothaire de retour à Rome fait informer contre sa mémoire. Le procès n'est pas poursuivi. Lothaire, comme empereur & souverain de Rome, fait des ordonnances pour protéger les papes ; mais dans ces ordonnances mêmes il nomme le pape avant lui : inattention bien dangereuse.

Le pape Etienne II. fait serment de fidélité aux deux empereurs, mais il y est dit que c'est de son plein gré. Le clergé & le peuple romain jurent de ne jamais souffrir qu'un pape soit élu sans le consentement de l'empereur. Ils jurent fidélité aux seigneurs Louis & Lothaire ; mais ils y ajoûtent, *sauf la foi promise au seigneur pape.*

Il semble que dans tous les serments de ce temslà, il y ait toujours des clauses qui les annullent.

L'armorique ou la Bretagne ne voulait pas alors reconnaître l'empire. Ce peuple n'avait d'autre droit, comme tous les hommes, que celui d'être libre ; mais en moins de quarante jours il fallut céder au plus fort.

825.

Un *Heriolt*, duc des Danois, vient à la cour de Louis embrasser la religion chrétienne ; mais c'est qu'il était chassé de ses états. L'empereur envoie Anschaire, moine de Corbie, prêcher le christianisme dans les déserts où Stokolm est actuellement bâti. Il fonde l'évêché de Hambourg pour cet

cet Anschaire ; & c'est de Hambourg que doivent partir des missionnaires pour aller convertir le nord.

La nouvelle Corbie fondée en Westphalie pour le même usage. Son abbé, au lieu d'être missionnaire, est aujourd'hui prince de l'empire.

826.

Pendant que Louis s'occupait à Aix-la-Chapelle des missions du nord, les rois maures d'Espagne envoient des troupes en Aquitaine, & la guerre se fait vers les pirénées entre les musulmans & les chrétiens ; mais elle est bientôt terminée par un accord.

827.

L'empereur Louis fait tenir des conciles à Mayence, à Paris, & à Toulouse. Il s'en trouve mal. Le concile de Paris lui écrit à lui & à son fils Lothaire : « Nous prions vos Excellences de vous » souvenir, à l'exemple de Constantin, que les » Evêques ont droit de vous juger, & que les Evê- » ques ne peuvent être jugés par les hommes.

Louis donne à son jeune fils Charles au berceau, ce qu'on appellait alors l'Allemagne ; c'est-à-dire, ce qui est situé entre le Mein, le Rhin, le Necker

Necker & le Danube. Il y ajoûte la Bourgogne Trans-jurane; c'eſt le pays de Genève & de Suiſſe.

Les trois autres enfans de Louis ſont indignés de ce partage, & excitent d'abord les cris de tout l'empire.

828.

Judith mere de Charles cet enfant, nouveau roi d'Allemagne, gouvernait l'empereur ſon mari, & était gouvernée par un comte de Barcelonne ſon amant, nommé Bernard, qu'elle avait mis à la tête des affaires.

829.

Tant de faibleſſes forment des factions. Un abbé nommé Vala, parent de Louis, commence la conjuration contre l'empereur. Les trois enfans de Louis, Lothaire aſſocié par lui à l'empire, Pepin à qui il a donné l'Aquitaine, Louis qui lui doit la Baviére, ſe déclarent tous contre leur pere.

Un abbé de St. Denis, qui avait à la fois St. Médard de Soiſſons, & St. Germain, promet de lever des troupes pour eux. Les évêques de Vienne, d'Amiens, & de Lyon déclarent *rebelles à Dieu & à l'égliſe ceux qui ne ſe joindront pas à eux*. Ce n'était pas la premiere fois qu'on avait

avait vu la guerre civile ordonnée au nom de Dieu ; mais c'était la premiere fois qu'un pere avait vu trois enfans foulevés à la fois, & dénaturés au nom de Dieu.

830.

Chacun des enfans rebelles a une armée ; & le pere n'a que peu de troupes, avec lefquelles il fuit d'Aix-la-Chapelle à Boulogne en Picardie. Il part le mercredi des cendres : circonftance inutile par elle-même, devenue éternellement mémorable, parce qu'on lui en fit un crime, comme fi c'eût été un facrilége.

D'abord un refte de refpect pour l'autorité paternelle impériale, mêlé avec la révolte, fait qu'on écoute Louis *le faible* dans une affemblée à Compiegne. Il y promet au roi Pepin fon fils de fe conduire par fon confeil, & par celui des prêtres, & de faire fa femme religieufe. En attendant qu'on prenne une réfolution décifive, Pepin fait crever les yeux, felon la méthode ordinaire, à Bernard cet amant de Judith, laquelle fe croyait en fûreté ; & au frere de cet amant.

Les amateurs des recherches de l'antiquité croient que Bernard conferva fes yeux, & que fon frere paya pour lui. La vraie fcience ne
consiste

consiste pas à savoir ces choses ; mais à savoir quels usages barbares regnaient alors, combien le gouvernement était faible, les nations malheureuses, le clergé puissant.

Lothaire arrive d'Italie. Il met l'empereur son pere en prison entre les mains des moines. Un moine plus adroit que les autres, nommé Gombaud, sert adroitement l'empereur : il le fait délivrer. Lothaire demande enfin pardon à son pere à Nimégue. Les trois freres sont délivrés, & l'empereur à la merci de ceux qui le gouvernent, laisse tout l'empire dans la confusion.

831.

On assemble des diétes, & on léve de toutes parts des armées. L'empire devient une anarchie. Louis de Baviére entre dans le pays, nommé Allemagne, & fait sa paix à main armée.

Pepin est fait prisonnier. Lothaire rentre en grace, & dans chaque traité on médite une révolte nouvelle.

832.

L'impératrice Judith profite d'un moment de bonheur, pour faire dépouiller Pepin du royaume d'Aquitaine, & le donner à son fils Charles, c'est-à-dire, à elle-même sous le nom de son fils.

Si l'empereur Louis le *faible* n'eût pas donné tant de royaumes, il eût gardé le sien.

Lothaire prend le prétexte du détrônement de Pepin son frere, pour arriver d'Italie avec une armée, & avec cette armée il améne le pape Grégoire IV. pour inspirer plus de respect & plus de trouble.

833.

Quelques évêques attachés à l'empereur Louis, & sur-tout les évêques de Germanie, écrivent au pape: *Si tu es venu pour excommunier, tu t'en retourneras excommunié*. Mais le parti de Lothaire, des autres enfants rebelles & du pape prévaut. L'armée rebelle & papale s'avance auprès de Basle contre l'armée impériale. Le pape écrit aux évêques: *Sachez que l'autorité de ma chaire est au-dessus de celle du thrône de Louis*. Pour le prouver, il négocie avec cet empereur, & le trompe. Le champ où il négocia, s'appella le *champ du mensonge*. Il séduit les officiers & les soldats de l'empereur. Ce malheureux pere se rend à Lothaire, & à Louis de Baviére, ses enfans rebelles, à cette seule condition qu'on ne crévera pas les yeux à sa femme, & à son fils Charles, qui était avec lui.

Le rebelle Lothaire envoie sa belle-mere Judith prisonniere à Tortone, son pere dans l'abbaye de St. Médard, & son frere Charles dans le monastère de Prum. Il assemble une diéte à Compiegne, & de-là à Soissons.

Un archevêque de Rheims, nommé Ebbon, tiré de la condition servile malgré les loix, élevé à cette dignité par Louis même, dépose son souverain, & son bienfaiteur. On fait comparaître le monarque devant ce prélat, entouré de trente évêques, de chanoines, de moines, dans l'église de Notre-Dame de Soissons. Lothaire son fils est présent à l'humiliation de son pere. On fait étendre un cilice devant l'autel. L'archevêque ordonne à l'empereur d'ôter son baudrier, son épée, son habit, & de se prosterner sur ce cilice. Louis, le visage contre terre, demande lui-même la pénitence publique, qu'il ne méritait que trop en s'y soumettant. L'archevêque le force de lire à haute voix la liste de ses crimes, parmi lesquels il est spécifié, qu'il avait fait marcher ses troupes le mercredi des cendres & indiqué un parlement un jeudi saint. On dresse un procès-verbal de toute cette action, monument encore subsistant d'insolence & de bassesse. Dans ce procès-verbal on ne daigne pas seulement nommer Louis du nom d'empereur.

Louis *le faible* reste enfermé un an dans une cellule du couvent de St. Médard de Soissons, vêtu d'un sac de pénitent, sans domestiques, sans consolation. S'il n'avait eu qu'un fils, il était perdu pour toujours ; mais ses trois enfans se disputaient ses dépouilles. Leur dissension rendit bientôt au pere sa liberté & sa couronne.

Dans ce tems d'anarchie les Normans, c'est à-dire, ce ramas de norvégiens, de suédois, de danois, de poméraniens, de livoniens, infestaient les côtes de l'empire. Ils brûlaient le nouvel évêché de Hambourg ; ils saccageaient la Frise ; ils faisaient prévoir les malheurs qu'ils devaient causer un jour ; & on ne put les chasser qu'avec de l'argent, ce qui les invitait à revenir encore.

834.

Louis, roi de Baviére, Pepin, roi d'Aquitaine, veulent délivrer leur pere, parce qu'ils sont mécontents de Lothaire leur frere. Lothaire est forcé d'y consentir. On réhabilite l'empereur dans St. Denis auprès de Paris. Mais il n'ose reprendre la couronne qu'après avoir été absous par les évêques.

835.

Dès qu'il est absous, il peut lever des armées.

Lothaire lui rend sa femme Judith, & son fils Charles. Une assemblée à Thionville anathématise celle de Soissons. Il n'en coûte à l'archevêque Ebbon que la perte de son siége : encore ne fut-il déposé que dans la sacristie. L'empereur l'avait été aux pieds de l'autel.

836.

Toute cette année se passe en vaines négociations, & est marquée par des calamités publiques.

837.

Louis le *faible* est malade. Une cométe paraît : *Ne manquez pas*, dit l'empereur à son astrologue, *de me dire ce que cette cométe signifie*. L'astrologue répondit qu'elle annonçait la mort d'un grand prince. L'empereur ne douta pas que ce ne fût la sienne. Il se prépara à la mort, & guérit. Dans la même année la cométe eut son effet sur le roi Pepin son fils. Ce fut un nouveau sujet de trouble.

838.

L'empereur Louis n'a plus que deux enfans à craindre au lieu de trois. Louis de Baviére se révolte encore, & lui demande encore pardon.

839.

Lothaire demande aussi pardon, afin d'avoir
l'Aqui-

l'Aquitaine. L'empereur fait un nouveau partage de ses états. Il ôte tout aux enfans de Pepin dernier mort. Il ajoûte à l'Italie, que possédait le rebelle Lothaire, la Bourgogne, Lyon, la Franche-Comté, une partie de la Lorraine, du Palatinat, de Tréves, de Cologne, l'Alsace, la Franconie, Nuremberg, la Thuringe, la Saxe & la Frise. Il donne à son bien-aimé Charles, le fils de Judith, tout ce qui est entre la Loire, le Rhône, la Meuse, & l'océan. Il trouve encore par ce partage le secret de mécontenter ses enfans, & ses petits enfans. Louis de Baviére arme contre lui.

840.

L'empereur Louis meurt enfin de chagrin. Il fait avant sa mort des présents à ses enfans. Quelques partisans de Louis de Baviére lui faisant un scrupule de ce qu'il ne donnait rien à ce fils dénaturé: *Je lui pardonne*, dit-il, *mais qu'il sache qu'il me fait mourir.*

Son testament confirme la donation de Pepin & de Charlemagne à l'église de Rome, laquelle doit tout aux rois des Francs. On est étonné en lisant la charte appellée *Charta divisionis*, qu'il ajoûte à ces présents, la Corse, la Sardaigne & la Sicile. La Sardaigne & la Corse étaient disputées entre les musulmans, & quelques aventuriers chrétiens. Ces aventuriers avaient recours aux papes, qui leur donnaient des bulles & des aumônes. Ils confentaient à relever des papes ; mais alors pour acquérir ce droit de mouvance, il fallait que les papes le demandaffent aux empereurs. Refte à favoir fi Louis le faible leur céda en effet le domaine fuprême de la Sardaigne & de la Corfe. Pour la Sicile, elle appartenait aux empereurs d'orient.

Louis expire le 20. juin 840.

LOTHAIRE,
TROISIEME EMPEREUR.
841.

Bientôt après la mort du fils de Charlemagne, fon empire éprouva la deftinée de celui d'Alexandre, & de la grandeur des Califes. Fondé avec précipitation, il s'écroula de même ; & les guerres inteftines le diviférent.

Il n'eft pas furprenant que des princes qui avaient detrôné leur pere, fe vouluffent exterminer l'un l'autre. C'était à qui dépouillerait fon frere. L'empereur Lothaire voulait tout. Louis de Baviere, & Charles, fils de Judith, s'uniffent contre

contre lui. Ils défolent l'empire, ils l'épuifent de foldats. Les deux rois livrent à Fonteney dans l'Auxerrois une bataille fanglante à leur frere. On a écrit qu'il y périt cent mille hommes, Lothaire fut vaincu. Il donne alors au monde l'exemple d'une politique toute contraire à celle de Charlemagne. Le vainqueur des Saxons & des Frifons les avait affujettis au chriftianifme, comme à un frein néceffaire. Lothaire pour les attacher à fon parti, leur donne une liberté entiere de confcience, & la moitié du pays redevient idolâtre.

842.

Les deux freres, Louis de Baviére & Charles d'Aquitaine, s'uniffent par ce fameux ferment, qui eft prefque le feul monument que nous ayons de la langue Romance.

Pro Deo amur & pro chriftian poblo, & noftro commun falvament dinft di in avant, in quant Deos favir & podir me dunat &c... On parle encore cette langue chez les Grifons, dans la vallée d'Engadina.

843. 844.

On s'affemble à Verdun pour un traité de partage entre les trois freres. On fe bat, & on négocie

gocie depuis le Rhin jufqu'aux Alpes. L'Italie tranquille attend que le fort des armes lui donne un maître.

845.

Pendant que les trois freres déchirent le fein de l'empire, les normans continuent à défoler fes frontieres impunément. Les trois freres fignent enfin le fameux traité de partage, terminé à Coblentz par cent-vingt députés. Lothaire refte empereur. Il poffède l'Italie, une partie de la Bourgogne, le cours du Rhin, de l'Efcaut, & de la Meufe. Louis de Baviére a tout le refte de la Germanie. Charles, furnommé depuis le *chauve*, eft roi de France. L'empereur renonce à toute autorité fur fes deux freres. Ainfi il n'eft plus qu'empereur d'Italie, fans être le maître de Rome. Tous les grands officiers, & feigneurs des trois royaumes, reconnaiffent par un acte authentique le partage des trois freres, & l'hérédité affurée à leurs enfans.

Le pape Sergius II. eft élu par le peuple romain, & prend poffeffion fans attendre la confirmation de l'empereur Lothaire. Ce prince n'eft pas affez puiffant pour fe venger, mais il l'eft affez pour envoyer fon fils Louis confirmer à Rome l'élection du pape, afin de conferver fon droit, &
pour

pour le couronner roi des Lombards ou d'Italie. Il fait encore régler à Rome dans une assemblée d'évêques, que jamais les papes ne pourront être consacrés sans la confirmation des empereurs.

Cependant Louis en Germanie est obligé de combattre tantôt les huns, tantôt les normands, tantôt les bohêmes. Ces bohêmes avec les siléfiens & les moraves étaient des idolâtres barbares qui courraient sur des chrétiens barbares avec des succès divers.

L'empereur Lothaire & Charles le *chauve* ont encore plus à souffrir dans leurs états. Les provinces depuis les Alpes au Rhin ne savent plus à qui elles doivent obéir.

Il s'éléve un parti en faveur d'un fils de ce malheureux Pepin, roi d'Aquitaine, que Louis le *faible* son pere avait dépouillé. Plusieurs tyrans s'emparent de plusieurs villes. On donne par-tout de petits combats, dans lesquels il y a toujours des moines, des abbés, des évêques tués les armes à la main. Hugues, ce fils de Charlemagne, forcé à être moine, & depuis abbé de St. Quentin, est tué devant Toulouse avec l'abbé de Ferriere. Deux évêques y sont prisonniers. Les normands ravagent

gent les côtes de France. Charles le *chauve* ne s'oppose à eux qu'en s'obligeant à leur payer quatorze mille marcs d'argent : ce qui était encore les inviter à revenir.

847.

L'empereur Lothaire non moins malheureux céde la Frise aux normans à titre d'hommage. Cette funeste coutume d'avoir ses ennemis pour vassaux, prépare l'établissement de ces pirates dans la Normandie.

848.

Pendant que les normans ravagent les côtes de la France, les sarrasins entraient en Italie. Ils s'étaient emparés de la Sicile. Ils s'avancent vers Rome par l'embouchure du Tibre. Ils pillent la riche église de saint Pierre hors des murs.

Le pape Léon IV. prenant dans ces dangers une autorité que les généraux de l'empereur Lothaire paraissaient abandonner, se montra digne, en défendant Rome, d'y commander en souverain. Il avait employé les richesses de l'église à réparer les murailles, à élever des tours, à tendre des chaînes sur le Tibre. Il arma les milices à ses dépens, engagea les habitans de Naples & de Gaïette à venir défendre les côtes & le port d'Ostie, sans manquer à la sage précaution de prendre

prendre d'eux des ôtages, sachant bien que ceux qui sont assez puissants pour nous secourir, le sont assez pour nous nuire. Il visita lui-même tous les postes, & reçut les Sarrasins à leur descente, non pas en équipage de guerrier, ainsi qu'en usa Goslin évêque de Paris dans une occasion encore plus pressante, mais comme un pontife qui exhortait un peuple chrétien, & comme un roi qui veillait à la sûreté de ses sujets. Il était né Romain : le courage des premiers âges de la république revivait en lui dans un tems de lâcheté & de corruption, tel qu'un beau monument de l'ancienne Rome, qu'on trouve quelquefois dans les ruines de la nouvelle.

Les Arabes sont défaits, & les prisonniers employés à bâtir la nouvelle enceinte autour de Saint Pierre, & à agrandir la ville qu'ils venaient détruire.

Lothaire fait associer son fils Louis à son faible empire. Les Musulmans sont chassés de Bénévent, mais ils restent dans le Guarillan & dans la Calabre.

849.

Nouvelles discordes entre les trois freres, entre les évêques & les seigneurs. Les peuples n'en sont que plus malheureux. Quelques évêque

Francs & Germains déclarent l'empereur Lothaire déchu de l'empire. Ils n'en avaient le droit, ni comme évêques, ni comme Germains & Francs; puisque l'empereur n'était qu'empereur d'Italie. Ce ne fut qu'un attentat inutile. Lothaire fut plus heureux que son pere.

850. 851. 852.

Raccommodement des trois freres. Nouvelles incursions de tous les barbares voisins de la Germanie.

Au milieu de ces horreurs le missionnaire Ans-chaire, évêque de Hambourg, persuade un Erick, chef, ou duc, ou roi du Dannemarck, de souffrir la religion chrétienne dans ses états. Il obtient la même permission en Suéde. Les Suédois & les Danois n'en vont pas moins en course contre les Chrétiens.

853. 854.

Dans ces désolations de la France & de la Germanie, dans la faiblesse de l'Italie menacée par les Musulmans, dans le mauvais gouvernement de Louis d'Italie fils de Lothaire, livré aux débauches à Pavie, & méprisé dans Rome, l'empereur de Constantinople négocie avec le pape, pour recouvrer Rome; mais cet empereur était Michel,

Michel, plus débauché encore, & plus méprisé que Louis d'Italie ; & tout cela ne contribue qu'à rendre le pape plus puissant.

855.

L'empereur Lothaire qui avait fait moine l'empereur Louis *le faible* son pere, se fait moine à son tour, par lassitude des troubles de son empire, par crainte de la mort, & par superstition. Il prend le froc dans l'abbaye de Prum, & meurt imbécille le 28. septembre, après avoir vécu en tyran.

LOUIS SECOND
QUATRIEME EMPEREUR.

856.

Après la mort de ce troisiéme empereur d'Occident, il s'éléve de nouveaux royaumes en Europe. Louis l'Italique, son fils aîné, reste à Pavie avec le vain titre d'empereur d'Occident. Le second fils, nommé Lothaire comme son pere, a le royaume de Lotharinge appellé ensuite Lorraine : ce royaume s'étendait depuis Genève jusqu'à Strasbourg & jusqu'à Utrecht. Le troisiéme nommé Charles eut la Savoye, le Dauphiné, une partie du Lyonnais, de la Provence & du Languedoc. Cet état composa le royaume d'Arles, du nom de la capitale, ville autrefois opulente & embellie par les Romains, mais alors petite & pauvre, ainsi que toutes les villes en deçà des Alpes. Dans les tems florissants de la république & des Césars, les Romains avaient agrandi & décoré les villes qu'ils avaient soumises; mais rendues à elles-mêmes, ou aux barbares, elles dépérirent toutes, attestant par leurs ruines la supériorité du génie des Romains.

Un barbare nommé Salomon se fit bientôt après roi de la Bretagne, dont une partie était encore payenne; mais tous ces royaumes tomberent presque aussi promptement, qu'ils furent élevés.

857.

Louis le Germanique commence par enlever l'Alsace au nouveau roi de Lorraine. Il donne des priviléges à Strasbourg, ville déja puissante, lorsqu'il n'y avait que des bourgades dans cette partie du monde au-delà du Rhin. Les Normands désolent la France. Louis le Germanique prend ce tems pour venir accabler son frere, au lieu de le secourir contre les barbares. Il le défait vers Orléans. Les évêques de France ont beau l'excommunier. Il veut s'emparer de la
France

France: des restes des Saxons & d'autres barbares, qui se jettent sur la Germanie, le contraignent de venir défendre ses propres états.

Depuis 858. jusqu'à 865.

Louis second, fantôme d'empereur en Italie, ne prend point de part à tous ces troubles; laisse les papes s'affermir, & n'ose résider à Rome.

Charles le Chauve de France & Louis le Germanique font la paix, parce qu'ils ne peuvent se faire la guerre. L'événement de ces tems-là, qui est le plus demeuré dans la mémoire des hommes, concerne les amours du roi de Lorraine, Lothaire : ce prince voulut imiter Charlemagne, qui répudiait ses femmes, & épousait ses maîtresses. Il fait divorce avec sa femme nommée Thietberge, fille d'un seigneur de Bourgogne. Il l'accuse d'adultère. Elle s'avoue coupable. Il épouse sa maîtresse nommée Valdrade qui lui avait été auparavant promise pour femme. Il obtient qu'on assemble un concile à Aix-la-Chapelle, dans lequel on approuve son divorce avec Thietberge. Le décret de ce concile est confirmé dans un autre à Metz en présence des légats du pape. Le pape Nicolas I. casse les conciles de Metz & d'Aix-la-Chapelle, & exerce une autorité jufqu'alors inouie. Il excommunie & & dépofe quelques évêques, qui ont pris le parti du roi de Lorraine. Et enfin ce roi fut obligé de quitter la femme qu'il aimait, & de reprendre celle qu'il n'aimait pas.

Il eft à fouhaiter fans doute, qu'il y ait un tribunal facré, qui avertiffe les fouverains de leurs devoirs, & les faffe rougir de leurs violences. Mais il paraît que le fecret du lit d'un monarque pouvait n'être pas foumis à un évêque étranger ; & que les Orientaux ont toujours eu des ufages plus conformes à la nature, & plus favorables au repos intérieur des familles, en regardant tous les fruits de l'amour comme légitimes, & en rendant ces amours impénétrables aux yeux du public.

Pendant ce tems les defcendans de Charlemagne font toujours aux prifes les uns contre les autres. Leurs royaumes toujours attaqués par les barbares.

Le jeune Pepin arriere-petit-fils de Charlemagne, fils de ce Pepin roi d'Aquitaine, dépofé, & mort fans états, ayant quelque tems traîné une vie errante & malheureufe, fe joignit aux Normands, & renonça à la religion chrétienne ; il
finit

finit par être pris & enfermé dans un couvent où il mourut.

866.

C'est principalement à cette année qu'on peut fixer le schisme qui dure encore entre les églises Grecque & Romaine. La Germanie ni la France n'y prirent aucun intérêt. Les peuples étaient trop malheureux pour s'occuper de ces disputes, qui sont si intéressantes dans le loisir de la paix.

Charles roi d'Arles meurt sans enfans. L'empereur Louis & Lothaire partagent ses états.

C'est la destinée de la maison de Charlemagne que les enfans s'arment contre leurs peres. Louis le Germanique avait deux enfans. Louis le plus jeune, mécontent de son appanage, veut le détrôner. Sa révolte n'aboutit qu'à demander grace.

867. 868.

Louis roi de Germanie bat les Moraves & les Bohêmes par les mains de ses enfans. Ce ne sont pas-là des victoires qui augmentent un état, & qui le fassent fleurir. Ce n'était que repousser des sauvages dans leurs montagnes & dans leurs forêts.

869.

L'excommunié roi de Lorraine va voir le nouveau

veau pape Adrien à Rome, dîne avec lui ; lui promet de ne plus vivre avec sa maîtresse ; il meurt à Plaisance à son retour.

Charles le chauve s'empare de la Lorraine, & même de l'Alsace, au mépris des droits d'un bâtard de Lothaire, à qui son pere l'avoit donnée. Louis le germanique avait pris l'Alsace à Lothaire; mais il la rendit ; Charles le chauve la prit , & ne la rendit point.

870.

Louis de Germanie veut avoir la Lorraine. Louis d'Italie empereur veut l'avoir aussi , & met le pape Adrien dans ses intérêts. On n'a égard ni à l'empereur ni au pape. Louis de Germanie, & Charles le chauve , partagent tous les états compris sous le nom de Lorraine en deux parts égales. L'Occident est pour le roi de France, l'Orient pour le roi de Germanie. Le pape Adrien menace d'excommunication. On commençait déja à se servir de ces armes. Mais elles furent méprisées. L'empereur d'Italie n'était pas assez puissant pour les rendre terribles.

871.

Cet empereur d'Italie pouvait à peine prévaloir contre un duc de Bénévent , qui étant à la fois vassal des empires d'Orient & d'Occident,
ne

ne l'était en effet ni de l'un ni de l'autre, & tenait entre eux la balance égale.

L'empereur Louis se hazarde d'aller à Bénévent, & le duc le fait mettre en prison. C'est précisément l'aventure de Louis XI. avec le duc de Bourgogne.

872. 873.

Le pape Jean VIII. successeur d'Adrien II. voyant la santé de l'empereur Louis II. chancelante, promet en secret la couronne impériale à Charles le chauve roi de France, & lui vend cette promesse. C'est ce même Jean VIII. qui ménagea tant le patriarche Photius, & qui souffrit qu'on nommât Photius avant lui, dans un concile à Constantinople.

Les Moraves, les Huns, les Danois continuent d'inquiéter la Germanie, & ce vaste état ne peut encore avoir de bonnes loix.

874.

La France n'était pas plus heureuse. Charles le chauve avait un fils nommé Carloman qu'il avait fait tonsurer dans son enfance, & qu'on avait ordonné diacre malgré lui. Il se réfugia enfin à Metz dans les états de Louis de Germanie son oncle. Il léve des troupes, mais ayant été pris, son pere lui fit crever les yeux, suivant la nouvelle coutume.

875.

875.

L'empereur Louis II. meurt à Milan. Le roi de France Charles le chauve son frere passe les Alpes, ferme les passages à son frere Louis de Germanie, court à Rome, répand de l'argent, se fait proclamer par le peuple roi des Romains, & couronner par le pape.

Si la loi Salique avait été en vigueur dans la maison de Charlemagne, c'était à l'ainé de la maison Louis le germanique qu'appartenait l'empire ; mais quelques troupes, de la célérité, de la condescendance & de l'argent, firent les droits de Charles le chauve. Il avilit sa dignité pour en jouir. Le pape Jean VIII. donna la couronne en souverain, le Chauve la reçut en vassal, confessant qu'il tenait tout du pape, laissant aux successeurs de ce pontife le pouvoir de conférer l'empire, & promettant d'avoir toujours près de lui un vicaire du saint siége pour juger toutes les grandes affaires ecclésiastiques. L'archevêque de Sens fut en cette qualité primat de Gaule & de Germanie : titre devenu inutile.

Certes les papes eurent raison de se croire en droit de donner l'empire, & même de le vendre, puisqu'on le leur demandait, & qu'on l'achetait : & puisque Charlemagne lui-même avait reçu le
titre

titre d'empereur du pape Léon III. mais auſſi on avait raiſon de dire que Léon III. en déclaran Charlemagne empereur, l'avait déclaré ſon maître que ce prince avait pris les droits attachés à ſa dignité, & que c'était à ſes ſucceſſeurs à confirmer les papes, non à être choiſis par eux. Le tems, l'occaſion, l'uſage, la preſcription, la force font tous les droits.

CHARLES LE CHAUVE,
CINQUIEME EMPEREUR.

Charles ſe fait couronner à Pavie roi de Lombardie par les évêques, les comtes, & les abbés de ce pays. *Nous vous éliſons*, eſt-il dit dans cet acte, *d'un commun conſentement, puiſque vous avez été élevé au thrône impérial par l'interceſſion des apôtres S. Pierre & S. Paul, & par leur vicaire Jean ſouverain pontife*, &c.

876.

Louis de Germanie ſe jette ſur la France pour ſe venger d'avoir été prévenu par ſon frere, dans l'achat de l'empire. La mort le ſurprend dans ſa vengeance.

La coutume qui gouverne les hommes, était
alors

alors d'affaiblir ses états, en les partageant entre ses enfans. Trois fils de Louis le germanique partagent ses états. Carloman a la Baviere, la Carinthie, la Pannonie. Louis la Frise, la Saxe, la Thuringe, la Franconie. Charles *le gros*, depuis empereur, la moitié de la Lorraine, avec la Suabe, & les pays circonvoisins, qu'on appellait alors l'Allemagne.

877.

Ce partage rend l'empereur Charles le chauve plus puissant. Il veut saisir la moitié de la Lorraine qui lui manque. Voici un grand exemple de l'extrême superstition qu'on joignait alors à la rapacité & à la fourberie. Louis de Germanie & de Lorraine envoie trente hommes au camp de Charles le chauve, pour lui prouver au nom de Dieu que sa partie de la Lorraine lui appartient. Dix de ces trente confesseurs ramassent dix bagues & dix caillous dans une chaudiere d'eau bouillante sans s'échauder : dix autres portent chacun un fer rouge l'espace de neuf pieds sans se brûler ; dix autres liés avec des cordes, sont jettés dans de l'eau froide, & tombent au fond, ce qui marquait la bonne cause, car l'eau repoussait en haut les parjures.

L'histoire est si pleine de ces épreuves, qu'on ne

ne peut guère les nier toutes. L'usage qui les rendait communes, rendait aussi communs les secrets qui font la peau insensible pour quelque tems à l'action du feu, comme l'huile de vitriol & d'autres corrosifs. A l'égard du miracle d'aller au fond de l'eau, quand on y est jetté, ce serait un plus grand miracle de surnager.

Louis ne s'en tint pas à cette cérémonie. Il battit auprès de Cologne l'empereur son oncle. L'empereur battu repasse en Italie, poursuivi par les vainqueurs.

Rome alors était menacée par les Musulmans toujours cantonnés dans la Calabre. Carloman, ce roi de Baviére ligué avec son frere le Lorrain, poursuit en Italie son oncle le Chauve, qui se trouve pressé à la fois par son neveu, par les Mahométans, par les intrigues du pape, & qui meurt au mois d'octobre dans un village près du mont Cenis.

Les historiens disent qu'il fut empoisonné par son médecin un juif nommé Sédécias. Il est seulement constant que l'Europe chrétienne était alors si ignorante, que les rois étaient obligés de prendre pour leurs médecins des Juifs ou des Arabes.

C'est à l'empire de Charles le chauve que commence le grand gouvernement féodal, & la décadence

cadence de toutes choses. C'est sous lui que plusieurs possesseurs des grands offices militaires, des duchés, des marquisats, des comtés veulent les rendre héréditaires.

LOUIS III. ou LE BEGUE,
SIXIEME EMPEREUR.

878.

Le pape Jean VIII. qui se croit en droit de nommer un empereur, se soûtient à peine dans Rome. Il promet l'empire à Louis le Bégue, roi de France, fils du Chauve. Il le promet à Carloman de Baviére. Il s'engage avec un Lambert duc de Spoléte, vassal de l'empire.

Ce Lambert de Spoléte, joué par le pape, se joint à un marquis de Toscane, entre dans Rome, & se saisit du pape; mais il est ensuite obligé de le relâcher. Un Boson duc d'Arles prétend aussi à l'empire.

Les Mahométans étaient plus près de subjuguer Rome que tous ces compétiteurs. Le pape se soumet à leur payer un tribut annuel de vingt-cinq mille marcs d'argent. L'anarchie est au
comble

comble dans la Germanie, dans la France & dans l'Italie.

Louis le Bégue meurt à Compiegne le 10. avril. On ne l'a mis au rang des empereurs, que parce qu'il était fils d'un prince qui l'était.

CHARLES III. ou LE GROS,
SEPTIEME EMPEREUR.

879.

Il s'agit alors de faire un empereur & un roi de France. Louis le Bégue laissait deux enfans de quatorze à quinze ans. Il n'était pas alors décidé si un enfant pouvait être roi. Plusieurs nouveaux seigneurs de France offrent la couronne à Louis de Germanie. Il ne prit que la partie occidentale de la Lorraine qu'avait eu Charles le Chauve en partage. Les deux enfans du Bégue, Louis & Carloman, sont reconnus rois de France, quoiqu'ils ne soient pas reconnus unanimement pour enfans légitimes ; mais Boson se fait sacrer roi d'Arles, augmente son territoire, & demande l'empire. Charles le Gros, roi du pays qu'on nommait encore Allemagne, presse le pape de le couronner empereur. Le pape répond qu'il qu'il donnera la couronne impériale à celui qui viendra le secourir le premier contre les Chrétiens & contre les Mahométans.

880.

Charles le Gros, roi d'Allemagne, Louis roi de Baviere & de Lorraine, s'unissent avec le roi de France contre ce Boson nouveau roi d'Arles, & lui font la guerre. Ils assiégent Vienne en Dauphiné, mais Charles le Gros va de Vienne à Rome.

881.

Charles est couronné & sacré empereur par le pape Jean VIII. dans l'église de St. Pierre le jour de Noël.

Le pape lui envoie une palme selon l'usage; mais ce fut la seule que Charles remporta.

882.

Son frere Louis roi de Baviere, de la Pannonie, de ce qu'on nommait la France orientale & des deux Lorraines, meurt le 20. Janvier de la même année. Il ne laissait point d'enfans. L'empereur Charles le Gros était l'héritier naturel de ses états; mais les Normands se présentaient pour les partager. Ces fréquents troubles du Nord achevaient de rendre la puissance impériale très-problématique dans Rome, où l'ancienne liberté repoussait toujours des racines; on ne savait qui dominerait dans cette ancienne capitale de l'Europe, si ce serait ou un évêque, ou le peuple, ou un empereur étranger.

Les Normands pénétrent jusqu'à Metz, ils vont

vont brûler Aix-la-Chapelle, & détruire tous les ouvrages de Charlemagne; Charles le gros ne se délivre d'eux qu'en prenant toute l'argenterie des églises, & en leur donnant quatre mille cent soixante marcs d'argent, avec lesquels ils allerent préparer des armements nouveaux.

883.

L'empire était devenu si faible, que le pape Martin second, successeur de Jean VIII, commence par faire un décret solemnel, par lequel on n'attendra plus les ordres de l'empereur pour l'élection des papes. L'empereur se plaint en vain de ce décret. Il avait ailleurs assez d'affaires.

Un duc Zuentibold à la tête des payens Moraves, dévastait la Germanie. L'empereur s'accommoda avec lui comme avec les Normands. On ne sait pas s'il avait de l'argent à lui donner, mais il le reconnut prince & vassal de l'empire.

884.

Une grande partie de l'Italie est toujours dévastée par le duc de Spoléte & par les Sarrasins. Ceux-ci pillent la riche abbaye de Mont-Cassin, & enlévent tous ses trésors; mais un duc de Bénévent les avait déja prévenus.

Charles

Charles le Gros marche en Italie pour arrêter tous ces défordres A peine était-il arrivé, que les deux jeunes rois de France ses neveux étant morts, il repasse les Alpes pour leur succéder.

885.

Voilà donc Charles le Gros qui réunit sur sa tête toutes les couronnes de Charlemagne ; mais elle ne fut pas assez forte pour les porter.

Un bâtard de Lothaire nommé Hugues, abbé de St. Denis, s'était depuis longtems mis en tête d'avoir la Lorraine pour son partage. Il se ligue avec un Normand auquel on avait cédé la Frise, & qui épousa sa sœur. Il appelle d'autres Normands.

L'empereur étouffa cette conspiration. Un comte de Saxe nommé Henri, & un archevêque de Cologne, se chargerent d'assassiner ce Normand duc de Frise dans une conférence. On se saisit de l'abbé Hugues, sous le même prétexte en Lorraine, & l'usage de crever les yeux se renouvella pour lui.

Il eût mieux valu combattre les Normands avec de bonnes armées. Ceux-ci voyant qu'on ne les attaquait que par des trahisons, pénétrent de la Hollande en Flandre ; ils passent la Somme & l'Oise, l'Oise sans résistance, prennent & brûlent Pontoise, & arrivent par eau & par terre à Paris. Cette ville, aujourd'hui immense, n'était ni forte, ni grande, ni peuplée. La tour du grand Châtelet n'était pas encore entiérement élevée quand les Normands parurent. Il fallut se hâter de l'achever avec du bois, de sorte que le bas de la tour était de pierre, & le haut de charpente.

Les Parisiens qui s'attendaient alors à l'irruption des Barbares, n'abandonnerent point la ville, comme autrefois. Le comte de Paris Odon, ou Eudes, que sa valeur éleva depuis sur le thrône de France, mit dans la ville un ordre qui anima les courages, & qui leur tint lieu de tours & de remparts. Sigefroi, chef des Normands, pressa le siége avec une fureur opiniâtre, mais non destituée d'art. Les Normands se servirent du bélier pour battre les murs. Ils firent bréche, & donnerent trois assauts. Les Parisiens les soûtinrent avec un courage inébranlable. Ils avaient à leur tête non seulement le comte Eudes, mais leur évêque Goslin, qui chaque jour, après avoir donné la bénédiction, se mettait sur la bréche le casque en tête, un carquois sur le dos, une hache à la ceinture, & ayant planté la croix sur le rempart, combattait à sa vûe. Il paraît que cet évêque avait dans la ville autant d'autorité pour le moins que le comte Eudes, puisque ce fut à

lui

lui que Sigefroi, le chef des Normands, s'était d'abord adressé pour entrer par sa permission dans Paris. Ce prélat mourut de ses fatigues au milieu du siége, laissant une mémoire respectable & chère ; car s'il arma des mains que sa religion réservait seulement au ministère de l'autel, il les arma pour cet autel même, & pour ses citoyens, dans la cause la plus juste, & pour la défense la plus nécessaire, qui est toujours au-dessus des loix.

Ses confreres ne s'étaient armés que dans des guerres civiles, & contre des Chrétiens. Peut-être si l'apothéose est dû à quelques hommes, eût-il mieux valu mettre dans le ciel ce prélat, qui combattit & mourut pour son pays, que beaucoup d'hommes obscurs, dont la vertu, s'ils en ont eu, a été inutile au monde.

886.

Les Normands tinrent Paris assiégé une année & demie. Les Parisiens éprouverent toutes les horreurs qu'entraînent dans un long siége la famine & la contagion ; & ne furent point ébranlés. Au bout de ce tems l'empereur Charles *le Gros* roi de France parut enfin à leur secours sur le mont de Mars, qu'on appelle aujourd'hui Mont-Martre; mais il n'oſa pas attaquer les Normands, il ne vint que pour acheter encore une tréve honteuſe. Ces barbares quitterent Paris, pour aller aſſiéger Sens, & piller la Bourgogne, tandis que Charles allait en Allemagne aſſembler des diétes qui lui ôterent un thrône dont il était ſi indigne.

Les Normands continuerent leurs dévaſtations, mais quoiqu'ennemis du nom Chrétien, il ne leur vint jamais en penſée de forcer perſonne à renoncer au Chriſtianiſme. Ils étaient à-peu-près tels que les Francs, les Gots, les Alains, les Huns, les Hérules, qui en cherchant au quatriéme ſiécle de nouvelles terres, loin d'impoſer une religion aux Romains vaincus, s'accommoderent aiſément de la leur; ainſi les Turcs en pillant l'empire des Califes, ſe ſont ſoumis à la religion Mahométane.

887.

Il ne manquait à Charles le Gros que d'être malheureux dans ſa maiſon: mépriſé dans l'empire, il paſſa pour l'être de ſa femme l'impératrice Richarde. Elle fut accuſée d'infidélité. Il la répudia, quoiqu'elle offrît de ſe juſtifier par le juge-

jugement de Dieu. Il l'envoya dans l'abbaye d'Andelau qu'elle avait fondée en Alsace.

On fit ensuite adopter à Charles pour son fils (ce qui était alors absolument hors d'usage) le fils de Boson, ce roi d'Arles son ennemi. On dit qu'alors son cerveau était affaibli. Il l'était sans doute, puisque possédant autant d'états que Charlemagne, il se mit au point de tout perdre sans résistance. Il est détrôné dans une diéte auprès de Mayence.

888.

La déposition de Charles *le Gros* est un spectacle qui mérite une grande attention. Fut-il déposé par ceux qui l'avaient élu ? Quelques seigneurs Thuringiens, Saxons, Bavarois, pouvaient-ils dans un village appelé Tribur disposer de l'empire Romain & du royaume de France ? non, mais ils pouvaient renoncer à reconnaître un chef indigne de l'être. Ils abandonnent donc le petit-fils de Charlemagne pour un bâtard de Carloman fils de Louis le Germanique : *ils déclarent ce bâtard nommé Arnoud roi de Germanie.* Charles le Gros meurt sans secours auprès de Constance le 8. janvier 888.

Le sort de l'Italie, de la France & de tant d'états était alors incertain.

Le

Le droit de la succession était par-tout très-peu reconnu. Charles le Gros lui-même avait été couronné roi de France au préjudice d'un fils posthume de Louis le Bégue. Et au mépris des droits de ce même enfant les seigneurs Français élisent pour roi Eudes comte de Paris.

Un Rodolphe, fils d'un autre comte de Paris, se fait roi de la Bourgogne transjurane.

Ce fils de Boson roi d'Arles, adopté par Charles le Gros, devient roi d'Arles par les intrigues de sa mere.

L'empire n'était plus qu'un fantôme, mais on ne voulait pas moins saisir ce fantôme, que le nom de Charlemagne rendait encore vénérable. Ce prétendu empire, qui s'appellait Romain, devait être donné à Rome. Un Gui duc de Spoléte, un Bérenger duc de Frioul se disputaient le nom & le rang des Césars. Gui de Spoléte se fait couronner à Rome. Bérenger prend le vain titre de roi d'Italie; & par une singularité digne de la confusion de ces tems-là, il vient à Langres se faire couronner roi d'Italie en Champagne.

C'est dans ces troubles que tous les seigneurs se cantonnent, que chacun se fortifie dans son château, que la plûpart des villes sont sans police, que des troupes de brigands courent d'un bout de l'Europe à l'autre, & que la chevalerie
s'éta-

s'établit, pour réprimer ces brigands & pour défendre les dames, ou pour les enlever.

889.

Plusieurs évêques de France, & sur-tout l'archevêque de Rheims, offrent le royaume de France au bâtard Arnoud, parce qu'il descendait de Charlemagne, & qu'ils haïssaient Eudes, qui n'était du sang de Charlemagne que par les femmes.

Le roi de France Eudes va trouver Arnoud à Worms; lui céde une partie de la Lorraine dont Arnoud était déja en possession, lui promet de le reconnaître empereur, & lui remet dans les mains le sceptre & la couronne de France, qu'il avoit apportés avec lui. Arnoud les lui rend & le reconnaît roi de France. Cette soumission prouve que les rois se regardaient encore comme vassaux de l'empire Romain. Elle prouve encore plus combien Eudes craignait le parti qu'Arnoud avait en France.

890. 891.

Le regne d'Arnoud en Germanie est marqué par des événements sinistres. Des restes de Saxons mêlés aux Slaves, nommés Abodrites, cantonnés vers la mer Baltique, entre l'Elbe & l'Oder, ravagent le nord de la Germanie; les Bohêmes, les Moraves, d'autres Slaves désolent le midi, &

battent

battent les troupes d'Arnoud : les huns font des incurfions : les normands recommencent leurs ravages, tant d'invafions n'établiffent pourtant aucune conquête Ce font des dévaftations paffagéres, mais qui laiffent la Germanie dans un état trés-pauvre & trés malheureux.

A la fin il défait en perfonne les normands auprès de Louvain ; & l'Allemagne refpire.

892.

La décadence de l'empire de Charlemagne enhardit le faible empire d'Orient. Un patrice de Conftantinople réprend le duché de Benevent avec quelques troupes, & menace Rome. Mais comme les grecs ont à fe déffendre des farrafins, le vainqueur de Benevent ne peut aller jufqu'à l'ancienne capitale de l'empire.

On voit combien Eudes roi de France avoit eu raifon de mettre fa couronne aux pieds d'Arnoud. Il avoit befoin de ménager tout le monde. Les feigneurs & les évêques de France rendent la couronne à Charles le Simple ce fils pofthume de Louis le begue, qu'on fit alors revenir d'Angleterre où il étoit refugié.

893.

Comme dans ces divifions le roi Eudes avait imploré la protection d'Arnaud, Charles le fimple vient l'implorer à fon tour à la diette de Worms.

Arnoud ne fait rien pour lui ; il le laisse disputer le royaume de France, & marche en Italie, pour y disputer le nom d'empereur à Gui de Spolete, la Lonbardie à Berenger, & Rome au pape.

894

Il assiége Pavie où était cet empereur de Spolete, qui fuit. Il s'assure de la Lonbardie. Berenger se cache ; mais on voit dès lors combien il est difficile aux empereurs de se rendre maîtres de Rome. Arnoud au lieu de marcher vers Rome, va tenir un concile auprès de Mayence.

895.

Arnoud après son concile tenu pour s'attacher les évêques, tient une diétte à Worms pour avoir de nouvelles trouppes & de l'argent, & pour faire couronner son fils Zuentibold roi de Lorraine.

896.

Alors il retourne vers Rome. Les romains ne voulaient plus d'empereur : mais ils ne savaient pas se déffendre. Arnoud attaque la partie de la ville appellée Léonine, du nom du célebre pontife Léon IV. qui l'avoit faite entourer de murailles. Il la force. Le reste de la ville au-delà du Tibre se rend ; & le pape Formose sacre Arnoud

empereur dans l'Eglife de St. Pierre. Les fena-
teurs (car il y avait encor un fénat) lui font le
lendemain ferment de fidélité dans l'églife de
St. Paul C'eft l'ancien ferment équivoque,
*je jure que je ferai fidéle à l'empereur, fauf ma
fidélité pour le pape.*

ARNOUD
Huitieme Empereur.

896.

Une femme d'un grand courage nommée Agil-
trude, mere de ce prétendu empereur Gui de
Spolete, laquelle avait envain armé Rome contre Arnoud, fe déffend encor contre lui. Arnoud
l'affiége dans la ville de Fermo. Les auteurs prétendent que cette héroïne lui envoia un breu-
vage empoifonné, pour adoucir fon efprit, &
difent que l'empereur fut affez imbecille pour le
prendre. Ce qui eft inconteftable, c'eft qu'il leva
le fiége, qu'il était malade, qu'il repaffa les Alpes
avec une armée délabrée, qu'il laiffa l'Italie dans
une plus grande confufion que jamais, & qu'il
retourna dans la Germanie où il avoit perdu toute
fon autorité pendant fon abfence.

897. 898. 899.

La Germanie eft alors dans la même anarchie

que la France. Les seigneurs s'étaient cantonnés dans la Lorraine, dans l'Alsace, dans le païs appellé aujourd'hui la Saxe, dans la Baviére dans la Franconie. Les évêques & les abbés s'emparent des droits régaliens : ils ont des avoués, c'est à dire des capitaines qui leur prêtent serment, auxquels ils donnent des terres, & qui tantôt combattent pour eux, & tantôt les pillent. Ces avoués étaient auparavant les avocats des monastéres, & les couvents étant devenus des principautés, les avoués devinrent des seigneurs.

Les évêques & les abbés d'Italie ne furent jamais sur le même pied. Premierement parce que les Seigneurs italiens étaient plus habiles ; les villes plus puissantes & plus riches que les bourgades de Germanie & de France ; & enfin parce que l'église de Rome, quoique trés mal conduite, ne souffrait pas que les autres églises d'Italie fussent puissantes.

La chevalerie & l'esprit de chevalerie s'étendent dans tout l'occident. On ne décide presque plus des procez que par des champions. Les prétres bénissent leurs armes, & on leur fait toûjours jurer avant le combat que leurs armes ne sont point enchantées, & qu'ils n'ont fait point de pacte avec le diable.

Arnoud empereur sans pouvoir, meurt en Baviére

viére en 899. Des autheurs le font mourir de poifon, d'autres d'une maladie pédiculaire ; mais la maladie pédiculaire eft une chimere : & le poifon en eft fouvent une autre.

900.

La confufion augmente. Berenger regne en Lonbardie, mais au milieu des factions. Ce fils de Bofon roi d'Arles par les intrigues de fa mere, eft par les mêmes intrigues reconnu empereur à Rome. Les femmes alors difpofaient de tout, elles faifaient des empereurs & des papes, mais qui n'en avaient que le nom.

Louis IV. eft reconnu roi de Germanie. Il y joint la Lorraine après la mort de Zuentibold fon frere, & n'en eft guères plus puiffant.

Depuis 901. jufqu'à 907.

Les huns & les hongrois réunis viennent ravager la Baviére de Suabe & la Franconie, où il femblait qu'il n'y eut plus rien à prendre.

Un *Moïmir* qui s'était fait duc de Moravie & chretien, va à Rome demander des évêques.

Un marquis de Tofcane Adelbert, célèbre par fa femme Théodora, eft défpotique dans Rome. Berenger s'affermit dans la Lonbardie, fait alliance avec les huns, afin d'empêcher le nouveau roi germain de venir en Italie ; fait la guerre au prétendu empereur d'Arles, le prend prifonnier, &

lui fait créver les yeux, entre dans Rome & force le pape Jean IX. à le couronner empereur. Le pape après l'avoir sacré, s'enfuit à Ravennes, & sacre un autre empereur nommé Lambert, fils du duc de Spolete errant & pauvre qui prend le titre *d'invincible & toujours auguste.*

908. 909. 910. 911.

Cependant Louis IV. roi de Germanie fils d'Arnoud & d'une concubine s'intitule aussi empereur, parce que de bâtard en bâtard il était descendant de Charlemagne; & il faut bien le compter, puis que tant d'autheurs le comptent.

LOUIS IV.
Neuvieme Empereur.

Sous cet étrange empereur l'Allemagne est dans la derniére désolation. Les huns paiés par Berenger, pour venir ravager la Germanie, sont ensuite paiés par Louis IV. pour s'en retourner. Deux factions celle d'un duc de Saxe & d'un duc de Franconie, s'élevent, & font plus de mal que les huns. On pille toutes les églises; les hongrois reviennent pour y avoir part. L'empereur Louis IV. s'enfuit à Ratisbonne où il meurt à l'age de 20. ans. C'est ainsi que finit la race de Charlemagne en Germanie.

CONRAD PREMIER
DIXIEME EMPEREUR.
912.

Les seigneurs Germains s'assemblent à Worms pour élire un roi. Ces seigneurs étaient tous ceux, qui aiant le plus d'interêt à choisir un prince selon leur goût, avaient assez de pouvoir & assez de crédit pour se mettre au rang des électeurs. On ne reconnoissait guères dans ce siécle le droit d'hérédité en Europe. Les élections ou libres ou forcées prévalaient presque par-tout, témoins celles d'Arnoud en Germanie, de Gui de Spolete, & de Berenger en Italie, de Don Sanche en Arragon, d'Eudes, de Robert, de Raoul, de Hugues Capet en France, & des empereurs de Constantinople; car tant de vassaux, tant de princes voulaient avoir le droit de choisir un chef, & l'espérance de pouvoir l'être.

On prétend qu'Oton duc de la nouvelle Saxe fut choisi par la diétte, mais que se voiant trop vieux, il proposa lui-même Conrad duc de Franconie son ennemi, parce qu'il le croiait digne du trône. Cette action n'est guères dans l'esprit de ces tems presque sauvages. On y voit de l'ambition, de la fourberie, du courage comme dans tous les autres siécles: mais à commencer par Clovis on ne voit pas une action de magnanimité.

Conrad ne fut jamais reconnu empereur ni en Italie ni en France. Les germains feuls accoutumés à voir des empereurs dans leurs rois depuis Charlemagne, lui donnérent dit-on ce titre.

Depuis 913. jufqu'à 919.

Le régne de Conrad ne change rien à l'état où il a trouvé l'Allemagne. Il a des guerres contre fes vaffaux, & particuliérement contre le fils de ce duc de Saxe, auquel on a dit qu'il devait la couronne.

Les hongrois font toûjours la guerre à l'Allemagne, & on n'eft occupé qu'à les repouffer. Les français pendant ce tems s'emparent de la Lorraine. Si Charles le *fimple* avait fait cette conquête, il ne méritait pas le nom de *fimple*; mais il avoit des miniftres & des généraux qui ne l'étoient pas. Il crée un duc de Lorraine.

Les évêques d'Allemagne s'affermiffent dans la poffeffion de leurs fiefs. Il meurt en 919. dans la petite ville de Veilbourg. On prétend qu'avant fa mort il défigna Henri duc de Saxe pour fon fucceffeur, au préjudice de fon propre frere. Il n'eft guères vraifemblable qu'il eût cru être en droit de fe choifir un fucceffeur, ni qu'il eût choifi fon ennemi.

Le nom de ce prétendu empereur fut ignoré en Italie pendant son regne. La Lonbardie était en proie aux divisions. Rome aux plus horribles scandales, & Naples & Sicile aux dévastations des sarrasins.

C'est dans ce tems que la prostituée Théodora plaçoit à Rome sur le trône de l'église Jean X. non moins prostitué qu'elle.

HENRI L'OISELEUR.
ONZIEME EMPEREUR.

920.

Il est important d'observer que dans ces tems d'anarchie, plusieurs bourgades d'Allemagne commencérent à jouir des droits de la liberté naturelle, à l'exemple des Villes d'Italie. Les unes achetérent ces droits de leurs seigneurs, les autres les avoient soutenu les armes à la main. Les députés de ces villes concourent avec les évêques & les Seigneurs, pour choisir un empereur, & sont au rang des électeurs. Ainsi Henri I. dit l'Oiseleur duc de Saxe, est élu par les trois états. Rien n'est plus conforme à la nature, que tous ceux qui ont intérêt d'être bien gouvernés, concourent à établir le gouvernement.

Depuis 921 jusqu'à 930.

Un des droits des rois de Germanie comme des rois de France, fut toujours de nommer à tous les évêchés vacants.

L'empereur Henri a une courte guerre avec le duc de Baviere, & la termine en lui cédant ce droit de nommer les évêques dans la Baviére.

Il y a dans ces années peu d'évenemens qui intéressent le sort de la Germanie. Le plus important est l'affaire de la Lorraine. Il était toujours indécis si elle resteroit à l'Allemagne ou à la France.

Henri l'Oiseleur soumet toute la haute & basse Lorraine en 925. & l'enleve au duc Giselbert, à qui les rois de France l'avaient donnée. Il la rend ensuite à ce duc, pour le mettre dans la dépendance de la Germanie. Cette Lorraine n'était plus qu'un démembrement du roiaume de Lotharinge. C'était le Brabant, c'était une partie du païs de Liége disputée ensuite par l'évêque de Liége, c'était les terres entre Metz & la Franche-Comté, disputées aussi par l'évêque de Metz. Ce païs revint après a la France, il en fut ensuite séparé.

Henri fait des Loix plus intéressantes, que les
évene-

évenemens & les révolutions dont se surcharge l'histoire. Il tire de l'anarchie féodale ce qu'on peut en tirer. Les vassaux, les arriere-vassaux se soumettent à fournir des milices, & des grains pour les faire subsister. Il change en villes les bourgs dépeuplés que les huns, les bohémes, les moraves, les normands avaient dévastés. Il bâtit Brandebourg. Misnie, Sleswich. Il y établit des marquis pour garder les marches de l'Allemagne. Il rétablit les abbayes d'Herfort & de Corbie ruinées. Il construit quelques villes, comme Gotha, Herfort, Goslar.

Les anciens saxons, les slaves, abodrites, les vandales leurs voisins sont repoussés. Son prédécesseur Conrad s'était soumis à payer un tribut aux hongrois, & Henri l'Oiseleur le payait encor. Il affranchit l'Allemagne de cette honte.

Depuis 930 jusqu'à 936.

On dit que des députés des hongrois étant venu demander leur tribut, Henri leur donna un chien galeux. C'était une punition des chevaliers allemands quand ils avaient commis des crimes, de porter un chien l'espace d'une lieuë. Cette grossiéreté digne de ces tems-là, n'ôte rien à la grandeur du courage. Il est vrai que les
hom-

hongrois viennent faire plus de dégât que le tribut n'eût coûté : mais enfin ils font repoussés & vaincus.

Alors il fait fortifier des villes pour tenir en bride les barbares. Il léve le neuviéme homme dans quelques provinces, & les met en garnison dans ces villes. Il éxerce la noblesse par des joûtes & des especes de tournois : il en fait un, à ce qu'on dit, où près de mille gentilshommes entrent en lice.

Ces tournois avaient été inventés en Italie par les rois Lonbards, & s'appellaient *batagliolé*.

Aïant pourvû à la défense de l'Allemagne, il veut enfin passer en Italie, à l'exemple de ses prédécesseurs, pour avoir la couronne impériale.

Les troubles & les scandales de Rome étaient augmentés. Marosie fille de Theodora, avaient placé sur la chaire de St. Pierre le jeune Jean onze né de son adultere avec le pape Sergius III. & gouvernait l'église sous le nom de son fils. Quelques tirans qui accablassent l'Italie, les allemands étaient ce que Rome haïssait le plus.

Henri l'Oiseleur comptant sur ses forces crut profiter de ces troubles, mais il mourut en chemin dans la Turinge en 936. On ne l'a appellé empereur que parce qu'il avoit eu envie de l'être ; & l'usage de le nommer ainsi a prévalu.

OTON

OTON I. *surnommé* LE GRAND.
DOUZIEME EMPEREUR.

936.

Voici enfin un empereur véritable. Les ducs & les comtes, les évêques, les abbés & tous les seigneurs puissants qui se trouvent à Aix-la-Chapelle, élisent Oton, fils de Henri l'Oiseleur. Il n'est pas dit que les députés des bourgs aient donné leur voix. Il se peut faire que les grands seigneurs devenus plus puissants sous Henri l'Oiseleur, leur eussent ravi ce droit.

L'archevêque de Mayence annonce au peuple cette élection, le sacre, & lui met la couronne sur la tête. Ce qu'on peut remarquer, c'est que les prélats dînent à la table de l'empereur, & que les ducs de Franconie, de Suabe, de Baviére, & de Lorraine servirent à table : le duc de Franconie par exemple en qualité de maître d'hôtel, & le duc de Suabe en qualité d'échanson. Cette cérémonie se fit dans une galerie de bois, au milieu des ruines d'Aix-la-Chapelle, brûlée par les huns, & non encor rétablie.

Les huns & les hongrois viennent encor troubler la fête. Ils s'avancent jusqu'en Westphalie, mais on les repousse.

937.

La Bohéme était alors entierement barbare, & à moitié chrétienne. Heureusement pour Oton elle est troublée par des guerres civiles. Il en profite aussitôt. Il rend la Bohéme tributaire de la Germanie, & y établit le christianisme.

938. 939. 740.

Oton tâche de se rendre despotique, & les seigneurs des grands fiefs, de se rendre indépendans. Cette grande querelle, tantôt ouverte, tantôt cachée, subsiste dans les esprits depuis plus de huit cent années, ainsi que la querelle de Rome & de l'Empire.

Cette lutte du pouvoir roial qui veut toujours croître, & de la liberté qui ne veut point céder, a longtems agité toute l'Europe chrétienne. Elle subsista en Espagne tant que les chrétiens y eurent les maures à combattre, après quoi l'autorité souveraine prit le dessus. C'est ce qui troubla la France jusqu'au milieu du regne de Louis XI. ce qui a enfin établi en Angleterre le gouvernement mixte auquel elle doit sa grandeur; ce qui a cimenté en Pologne la liberté du noble & l'esclavage du peuple. Ce même esprit a troublé la Suéde & le Dannemarck, a fondé les républiques de Suisse & de Hollande. La même cause a produit par tout différens effets.

Le

Le duc de Baviere refuse de faire homage. Oton entre en Baviére avec une armée. Il reduit le duc à quelques terres allodiales. Il crée un des freres du duc, comte palatin en Baviére, & un autre, comte palatin vers le Rhin. Cette dignité de *comte palatin* est renouvellée des comtes du palais des empereurs romains, & des comtes du palais des francs.

Il donne la même dignité à un duc de Franconie. Ces palatins sont d'abord des juges suprémes. Ils jugent en dernier ressort au nom de l'empereur. Ce ressort supréme de justice est, après une armée, le plus grand appui de la souveraineté.

Oton dispose à son gré des dignités & des terres. Le premier marquis de Brandebourg étant mort sans enfans, il donne le marquisat à un comte Gerard, qui n'était point parent du mort.

Plus Oton affecte le pouvoir absolu, plus les seigneurs des grands fiefs, s'y opposent : & dès lors s'établit la coutume d'avoir recours à la Franc pour soutenir le gouvernement féodal en Germanie, contre l'autorité des rois allemands.

Les ducs de Franconie, de Lorraine, le prince de Brunswick s'adressent à Louis d'Outremer roi de France. Louis d'Outremer entre dans la Lorraine & dans l'Alsace, & se joint aux alliés.

Oton

Oton prévient le roi de France : il défait vers le Rhin auprès de Brisach les ducs de Franconie & de Lorraine qui sont tués.

Il ôte le titre de *palatin* à la maison de Franconie. Il en pourvoit la maison de Baviére : il attache à ce titre des terres & des châteaux. C'est de là que se forme le Palatinat du Rhin d'aujourd'hui.

941.

Comme les seigneurs des grands fiefs germains, avaient appellé le roi de France à leur secours, les seigneurs de France appellent pareillement Oton. Il poursuit Louis d'Outremer dans toute la Champagne. Mais des conspirations le rappellent en Allemagne.

942. 943. 944.

Le despotisme d'Oton aliénait tellement les esprits, que son propre frere Henri, duc dans une partie de la Lorraine, s'était uni avec plusieurs seigneurs, pour lui ôter le trône & la vie. Il repasse donc en Allemagne, étouffe la conspiration, & pardonne à son frere, qui apparemment était assez puissant pour se faire pardonner.

Il augmente les priviléges des évêques & des abbés, pour les opposer aux seigneurs. Il donne à l'évêque de Tréves, le titre de Prince, & tous les droits régaliens. Il donne le duché de Ba-

viére à fon frere Henri qui avait confpiré contre
lui, & l'ôte aux héritiers naturels. C'eft la plus
grande preuve de fon autorité abfoluë.

945. 946.

En ce tems la race de Charlemagne, qui régnait
encor en France, était dans le dernier aviliffe-
ment. On avait cédé en 912. la Neuftrie proprement dite aux normands, & même la Bretagne,
devenue alors arriere-fief de la France.

Hugues duc de l'île de France, du fang de
Charlemagne par les femmes, pere de Hugues
Capet, gendre en premieres nôces d'Edouard I.
roi d'Angleterre, beau-frere d'Oton par un fecond
mariage, était un des plus puiffants feigneurs de
l'Europe, & le roi de France alors un des plus
petits. Ce Hugues avait rappellé Louis d'Outremer pour le couronner & pour l'affervir, & on
l'appelloit Hugues le grand, parce qu'il s'étoit
rendu puiffant aux dépens de fon maître.

Il s'était lié avec les normans, qui avaient fait
le malheureux Louis d'Outremer prifonnier. Ce
roi délivré de prifon, reftait prefque fans villes
& fans domaine Il étoit auffi beau-frere d'Oton,
dont il avait époufé la fœur. Il lui demande fa
protection, en cédant tous fes droits fur la Lorraine.

Oton marche jufqu'auprés de Paris. Il affiége
Rouen,

Rouen, mais étant abandonné par le comte de Flandre, il s'en retourne dans ses états, après une expédition inutile.

947. 948.

Oton n'aïant pû battre Hugues le grand, le fait excommunier. Il convoque un concile à Tréves, où un legat du pape prononce la sentence, à la requisition de l'aumonier d'Oton, Hugues n'en est pas moins le maître en France.

Il y avoit, comme on a vû, un margrave à Sléeswich dans la Cherfonese-Cimbrique, pour arrêter les courses des danois. Ils tuent le margrave. Oton y court en personne, reprend la ville, assure les frontiéres. Il fait la paix avec le Dannemark, à condition qu'on y prêchera le christianisme.

949.

De là Oton va tenir un concile auprès de Mayence à Ingelheim. Louis d'Outremer qui n'avait point d'armée, avoit demandé au pape Agapet ce concile ; faible ressource contre Hugues le grand.

Des évêques germains, & Marin le legat du pape, y parurent comme juges, Oton comme protecteur, & Louis roi de France en suppliant. Le roi Louis y demanda justice, & dit ; " J'ai
  " été

» été reconnu roi par les suffrages de tous les
» seigneurs. Si on prétend que j'ai commis
» quelque crime qui mérite les traitemens que
» je souffre, je suis prêt de m'en purger au ju-
» gement du concile, suivant l'ordre d'Oton, ou
» par un combat singulier.

Ce triste discours, prouve l'usage des duels, l'état déplorable du roi de France, la puissance d'Oton, & les élections des rois. Le droit du sang semblait n'être alors qu'une recommandation pour obtenir des suffrages. Hugues le grand est cité à ce vain concile : on se doute bien qu'il n'y comparut point.

950.

Oton donne l'investiture de la Suabe, d'Augsbourg, de Constance, du Wirtemberg à son fils Ludolfe, *sauf les droits des évêques.*

951.

Oton retourne en Bohéme. Bat le duc Bol qu'on appelle Boleslas. Le mot de *slas* chez ces peuples, désignait un chef. C'est de là qu'on leur donna d'abord le nom de slaves, & qu'ensuite on apelle esclaves ceux qui furent conquis par eux. L'empereur confirme le vasselage de la Bohéme, & y établit la réligion chrétienne. Tout ce qui était au delà, était encore païen, excepté quelques marches de la Germanie. Il pensait dès
lors

lors à renouveller l'empire de Charlemagne. U[ne]
femme lui en fraïa les chemins.

Adelaïde sœur d'un petit roi de la Bourgog[ne]
trans-juranne, veuve d'un roi, ou d'un usurpa[-]
teur du roïaume d'Italie, opprimée par un autr[e]
usurpateur, Berenger second, assiégée dans Ca[-]
nosse, appelle Oton à son secours. Il y marche[,]
la délivre, & étant veuf alors, il l'épouse. [Il]
entre dans Pavie en triomphe, avec Adelaïd[e.]
Mais il fallait du tems, & des soins pour assujetti[r]
le reste du roïaume, & sur tout Rome qui ne vou[-]
lait point de lui.

952.

Il laisse son armée à un prince nommé Conrad
qu'il a fait duc de Lorraine, & son gendre : [&]
ce qui est assez commun dans ces tems-là, [il]
va tenir un concile à Augsbourg, au lieu de pour[-]
suivre ses conquétes. Il y avait des évêques ita[-]
liens à ce concile : il est vraisemblable qu'il ne [le]
tint que pour disposer les esprits à le recevoir e[n]
Italie.

953.

Son mariage avec Adelaïde qui semblait devo[ir]
lui assurer l'Italie, semble bientôt la lui faire pe[r-]
dre.

Son fils Ludolphe auquel il avait donné ta[nt]
d'états, mais qui craignait qu'Adelaïde sa belle[-]
mé[re]

OTON I. DIT LE GRAND. 117

...erc ne lui donnât un maître, son gendre Conrad, à qui il avait donné la Lorraine, mais à qui ôte le commandement d'Italie, conspirent contre lui ; un archevêque de Mayence, un évêque d'Augsbourg se joignent à son fils & à son gendre ; il marche contre son fils, & au lieu de se faire empereur à Rome, il soutient une guerre civile en Allemagne.

9(5)

Son fils dénaturé appelle les hongrois à son secours, & on a bien de la peine à les repousser des bord du Rhin & des environs de Cologne, où ils s'avancent.

Oton avait un frere ecclésiastique nommé Brunon, il le fait élire archevêque de Cologne, & lui donne la Lorraine.

955.

Les armes d'Oton prévalent. Ses enfans & les conjurés viennent demander pardon ; l'archevêque de Mayence rentre dans le devoir. Le fils du roi en sort encor. Il vient enfin pieds nuds se jetter aux pieds de son pere. Les hongrois appellés par lui ne demandent point grace comme lui ; ils désolent l'Allemagne. Oton leur livre bataille dans Ausbourg. Et les défait. Il paraît qu'il était assez fort pour le battre, non pas as-

sez

sez pour les poursuivre & les détruire ; quoique son armée fut composée de légions à peu près selon le modele des anciennes legions romaines.

Ce que craignait le fils d'Oton arrive. Adélaïde acouche d'un prince, c'est Oton second.

Depuis 956. jusqu'à 960.

Les desseins sur Rome se murissent, mais les affaires d'Allemagne les empêchent encor d'éclore. Les slaves & d'autres barbares, inondent le nord de l'Allemagne, encor trés mal assurée, malgré tous les soins d'Oton. Des petites guerres vers le Luxembourg & le Hainaut, qui étaient de la basse Lorraine, ne laissent pas de l'occuper encor.

Ludolphe ce fils d'Oton envoyé en Italie contre Berenger, y meurt ou de maladie, ou de débauche, ou de poison.

Berenger alors est maitre absolu de l'ancien roïaume de Lonbardie, & non de Rome. Mais il avait nécessairement mille differends avec elle comme les anciens rois lonbards.

Un fils de Marozie, nommé Octavien Sporco fut élu pape à l'âge de dix-huit ans par le crédit de sa famille. Il prit le nom de Jean XII. en mémoire de Jean XI. son oncle. C'est le premier pape qui ait changé son nom à son avénement au pontificat. Il n'était point dans les ordres quand sa famille le fit pontife. C'était un jeune homme, qui vivait en prince aimant les armes & les plaisirs.

On s'étonne que sous tant de papes scandaleux, l'église romaine ne perdit ni ses prérogatives, ni ses prétensions; mais alors presque toutes les autres églises étaient ainsi gouvernées; les évèques aïant toujours à demander à Rome ou des ordres, ou des graces, n'abandonnaient pas leurs intérêts pour quelques scandales de plus; & leurs intérêts étaient d'être toujours unis à l'église romaine, parce que cette uuion les rendait plus respectables aux peuples, & plus considérables aux yeux des souverains. Le clergé d'Italie pouvait alors mépriser les papes, mais il reverait la papauté, d'autant plus qu'il y aspiroit; enfin dans l'opinion des hommes, la place était sacrée quand la personne était condamnable.

Les Italiens appellent enfin Oton à leur secours. Ils voulaient, comme dit Luitprend contemporain, avoir deux maitres pour n'en avoir réellement aucun. C'est là une des principales causes des longs malheurs de l'Italie.

960.

Oton avant de partir pour l'Italie a soin de faire

élire son fils Oton âgé de sept ans né d'Adélaïde, roi de Germanie : nouvelle preuve que le droit de succession n'existait pas. Il prend la précaution de le faire couronner à Aix-la-Chapelle par les archevêques de Cologne, de Mayence & de Tréves à la fois. L'archevêque de Cologne fait la premiere fonction. C'était Brunon frere d'Oton.

691.

Il passe les Alpes du Tirol. Entre encor dans Pavie, qui est toujours aux premiers occupans. Il reçoit à Monsa la couronne de Lonbardie.

962.

Pendant que Berenger fuit avec sa famille, Oton marche à Rome ; on lui ouvre les portes. Jean XII. le couronne empereur. Il confirme les donations de Pepin, de Charlemagne, de Louis le *faible*. Il se fait prêter serment de fidélité par le pape sur le corps de St. Pierre Il ordonne qu'il y aura toujours des commissaires de l'empereur à Rome.

Cet acte écrit en lettres d'or, souscrit par sept évêques d'Allemagne, cinq comtes, deux abbés, & plusieurs prélats italiens, est gardé encor au château St. Ange. La date est du 1j. février 962. on dit, que Lothaire roi de France

& Hugues Capet depuis roi, affiftérent à ce couronnement. Les rois de France étaient en effet fi faibles qu'ils pouvaient fervir d'ornement au facre d'un empereur : Mais les noms de Lothaire, & de Hugues Capet ne fe trouvent pas dans les fignatures de cet acte.

Tout ce qu'on fait alors à Rome concernant les églifes d'Allemagne, c'eft d'ériger Magdebourg en archevêché, Merfbourg en évêché, pour convertir, dit-on, les flaves; c'eft-à-dire ces peuples qui habitaient la Moravie, une partie du Brandebourg, de la Siléfie &c.

A peine le pape s'était donné un maître, qu'il s'en repentit. Il fe ligue avec ce même Berenger, refugié chez des mahométans cantonnés fur les côtes de Provence. Il follicite les hongrois d'entrer en Allemagne ; c'eft ce qu'il falloit faire auparavant.

963.

L'empereur Oton qui a achevé de foumettre la Lonbardie, retourne à Rome. Il affemble un concile. Le pape Jean XII. fe câche. On l'accufe en plein concile dans l'églife de St. Pierre d'avoir joui de plufieurs femmes, & fur-tout d'une nommée *Etiennette* concubine de fon pere; d'avoir fait évêque de Lodi un enfant de dix ans, d'avoir vendu les ordinations & les bénéfices, d'avoir crevé les yeux à son parrain, d'avoir châtré un cardinal, & ensuite de l'avoir fait mourir ; enfin de ne pas croire en Jesus-Christ, & d'avoir invoqué le diable : deux choses qui semblent se contredire.

Ce jeune pontife qui avait alors vingt sept ans, parut-être déposé pour ses incestes, & pour ses scandales, & le fut en effet pour avoir voulu, ainsi que tous les romains, détruire la puissance allemande dans Rome.

On élit à sa place un nouveau pape nommé Léon VIII. Oton ne peut se rendre maître de la personne de Jean XII. ou s'il le put, il fit une grande faute.

964.

Le nouveau pape Léon VIII. si l'on en croit le discours d'Arnoud évêque d'Orléans, n'était ni ecclésiastique, ni même chrétien.

Jean XII. pape débauché, mais prince entreprenant, souleve les romains du fond de sa retraite, & tandis qu'Oton va faire le siége de Camerino, le pontife aidé de sa maîtresse rentre dans Rome. Il dépose son compétiteur, fait couper la main droite au cardinal Jean qui avait
écrit

écrit la déposition contre lui, oppose concile à concile, & fait statuer *que jamais l'inférieur ne poura ôter le rang au supérieur* ; cela veut dire que jamais empereur ne poura déposer un pape. Il se promet de chasser les allemands d'Italie ; mais au milieu de ce grand dessein, il est assassiné dans les bras d'une de ses maîtresses.

Il avait tellement animé les romains & relevé leur courage qu'ils osèrent même après sa mort soutenir un siège, & ne se rendirent à Oton qu'à l'extrémité.

Oton deux fois vainqueur de Rome, fait déclarer dans un concile *qu'à l'exemple du bienheureux Adrien, qui donna à Charlemagne le droit d'élire les papes & d'investir tous les évêques, on donne les mêmes droits à l'empereur Oton*. Ce titre qui existe dans le recueil de Gratien est suspect ; mais ce qui ne l'est pas, c'est le soin qu'eut l'empereur victorieux de se faire assurer tous ses droits.

Après tant de serments, il fallait que les empereurs résidassent à Rome pour les faire garder.

965.

Il retourne en Allemagne. Il trouve toute la Lorraine soulevée contre son frere Brunon archevêque rêque de Cologne qui gouvernoit la Lorraine alors. Il eſt obligé d'abandonner Trêve, Metz, Toul, Verdun à leurs évêques. La haute Lorraine paſſe dans la main d'un comte de Bar, & c'eſt ce ſeul païs qu'on appelle aujourd'hui toûjours *Lorraine*. Brunon ne ſe réſerve que les provinces du Rhin, de la Meuſe, & de l'Eſcaut. Ce Brunon était un ſavant auſſi détaché de la grandeur, que l'empereur Oton ſon frere était ambitieux.

La maiſon de Luxembourg prend ce nom du château de Luxembourg, dont un abbé de Saint Maximin de Tréves fait un échange avec elle.

Les polonais commencent à devenir chrétiens.

966

A peine l'empereur Oton était-il en Allemagne, que les romains voulurent être libres. Ils chaſſent le pape Jean XIII. attaché à l'empereur. Le préfet de Rome, les tribuns, le ſenat penſent faire revivre l'ancienne république. Mais ce qui dans un tems eſt une entrepriſe de héros, devient dans d'autres une révolte de ſéditieux. Oton revole en Italie, fait pendre une partie du ſénat. Le préfet de Rome qui avoit voulu être un Brutus, fut fouetté dans les carrefours, promené nud ſur un âne, & jetté dans un cachot où il mourut

rut de misére. Ces exécutions ne rendent pas la domination allemande chere aux italiens.

967

L'empereur fait venir son jeune fils Oton à Rome, & l'associe à l'empire.

968.

Il négocie avec Nicephore Phocas empereur des grecs le mariage de son fils avec la fille de cet empereur. Le grec le trompe. Oton lui prend la Pouille & la Calabre pour dot de la jeune princesse Théophanie qu'il n'a point.

969.

C'est à cette année que presque tous les cronologistes placent l'avanture d'Oton archevêque de Mayence assiégé dans une tour au milieu du Rhin par une armée de souris qui passent le Rhin à la nage, & viennent le dévorer. Apparemment que ceux qui chargent encor l'histoire de ces inepties, veulent seulement laisser subsister ces anciens monumens d'une superstition imbecille, pour montrer de quelles ténebres l'Europe est à peine sortie.

970.

Jean Zimissés qui détrone l'empereur Nicephore, envoie enfin la princesse Theophanie à Oton pour son fils; tous les auteurs ont écrit qu'Oton avec cette princesse eut la Pouille & la Calabre. Le savant & éxact Giannoné a prouvé que cette riche dot ne fut point donnée.

971. 972. 973.

Oton retourne victorieux dans la Saxe sa patrie.

Le duc de Bohéme vassal de l'empire envahit la Moravie, qui devient un annexe de la Bohéme.

On établit un évêque de Prague. C'est le duc de Bohéme qui le nomme, & l'Archevêque de Mayence qui le sacre.

En ce tems les archevêques de Magdebourg fondaient leur puissance. Le titre de métropolitains du nord avec de grandes terres en devaient faire un jour de grands princes.

Oton meurt à Minleben le 7. mai 973. avec la gloire d'avoir rétabli l'empire de Charlemagne en Italie. Mais Charles fut le vangeur de Rome; Oton en fut le vainqueur & l'oppresseur & son empire n'eut pas des fondemens aussi vastes & aussi fermes que celui de Charlemagne.

OTON SECON
TREIZIEME EMPEREUR.

974.

Il est clair que les empereurs & les rois l'étaient alors par élection. Oton second aiant été déja élu empereur & roi de Germanie, se contente de se faire proclamer à Magdebourg par le clergé & la noblesse du païs; ce qui composait une médiocre assemblée.

Le despotisme du pere, la crainte du pouvoir absolu perpétué dans une famille, mais sur-tout l'ambition du duc de Baviére Henri, cousin d'Oton, soulévent le tiers de l'Allemagne.

Henri de Baviére se fait couronner empereur par l'évêque de Frisingue. La Pologne, le Dannemark entrent dans son parti, non comme membres de l'Allemagne & de l'empire, mais comme voisins, qui ont intérêt à le troubler.

975.

Le parti d'Oton II. arme le premier, & c'est ce qui lui conserve l'empire. Ses troupes franchissent ces retranchements qui séparaient le Dannemark de l'Allemagne, & qui ne servaient qu'à montrer que le Dannemark était devenu faible.

On entre dans la Bohéme qui s'était déclarée pour Henri de Baviére. On marche au duc de

Pologne, on prétend qu'il fit serment de fidélité a Oton comme vassal.

Il est à remarquer que tous ces serments se faisaient à genoux, les mains jointes, & que c'est ainsi que les évêques prêtaient serment aux rois.

976.

Henri de Baviére abandonné, est mis en prison à Quedlimbourg : de là envoié en éxil à Elrik avec un évêque d'Augsbourg son partisan.

977.

Les limites de l'Allemagne & de la France étaient alors fort incertaines. Il n'étoit plus question de France orientale, & occidentale. Les rois d'Allemagne étendaient leur supériorité territoriale jusqu'aux confins de la Champagne & de la Picardie. On doit entendre par supériorité territoriale non le domaine direct, non la possession des terres, mais la supériorité des terres, droit de paramont, droit de suzeraineté, droit de relief. On a ensuite uniquement par ignorance des termes appliqué cette expression de supériorité territoriale à la possession des domaines mêmes qui relévent de l'empire, ce qui est au contraire une infériorité territoriale.

Les ducs de Lorraine, de Brabant, de Hainaut avaient fait hommage de leurs terres aux derniers rois

rois d'Allemagne. Lothaire roi de France fait revivre ses prétensions sur ces païs. L'autorité roïale prenait alors un peu de vigueur en France ; & Lothaire profitait de ces moments pour attaquer à la fois la haute & la basse Lorraine.

978.

Oton assemble près de soixante mille hommes ; désole toute la Champagne, & va jusqu'à Paris. On ne savoit alors ni fortifier les frontieres, ni faire la guerre dans le plat païs. Les expéditions militaires n'étaient que des ravages.

Oton est battu à son retour au passage de la riviere d'Aine. Geoffroi comte d'Anjou, surnommé *Grisegonelle*, le poursuit sans relâche dans la forêt des Ardennes, & lui propose, selon les régles de la chevalerie, de vuider la querelle par un duel. L'empereur refusa le défi, soit qu'il crut sa dignité au dessus d'un combat avec Grisegonnelle, soit qu'étant cruel, il ne fut point courageux.

979.

L'empereur & le roi de France font la paix, & par cette paix Charles frere de Lothaire reçoit la basse Lorraine de l'empereur, avec quelque partie de la haute. Il lui fait hommage à genoux,

& c'est, dit-on, ce qui a couté le roiaume de France à sa race; du moins Hugues Capet se servit de ce prétexte, pour le rendre odieux.

980.

Pendant qu'Oton II. s'affermissait en Allemagne, les romains avaient voulu soustraire l'Italie au joug Allemand. Un nommé *Cencius* s'était fait déclarer consul. Lui & son parti avaient fait un pape qui s'appellait Boniface VII. Un comte de Toscanelle ennemi de sa faction, avait fait un autre pape; & Boniface VII. était allé à Constantinople inviter les empereurs grecs, Basile & Constantin, à venir reprendre Rome. Les empereurs grecs n'étaient pas assez puissants. Le pape leur joignit les arabes d'Afrique, aimant mieux rendre Rome mahometane, qu'allemande. Les chrétiens grecs & les musulmans afriquains, unissent leurs flottes, & s'emparent ensemble du païs de Naples.

Oton second passe en Italie & marche à Rome.

981.

Comme Rome était divisée, il y fut reçu. Il se loge dans le palais du pape, il invite à dîner plusieurs senateurs & des partisans de Cencius. Des soldats entrent pendant le repas, & massacrent

rent les convives. C'était renouveller les tems de Marius, & c'étoit tout ce qui restait de l'ancienne Rome. Mais le fait est-il bien vrai ? Geofroi de Viterbe le rapporte deux cent ans après.

982.

Au sortir de ce repas sanglant, il faut aller combattre dans la Pouille les grecs & les sarrazins, qui venaient venger Rome, & l'asservir. Il avait beaucoup de troupes italiennes dans son armée, elles ne savaient alors que trahir.

Les allemands sont entierement défaits. L'évêque d'Augsbourg, l'abbé de Fuld sont tués les armes à la main. L'empereur s'enfuit déguisé ; il se fait recevoir comme un passager dans un vaisseau grec. Ce vaisseau passe près de Capouë. L'empereur se jette à la nage, gagne le bord, & se refugie dans Capouë.

983.

On touchait au moment d'une grande révolution. Les allemands étaient prêts de perdre l'Italie. Les grecs & les musulmans allaient se disputer Rome : mais Capouë est toujours fatale aux vainqueurs des romains. Les grecs & les arabes ne pouvaient être unis, leur armée était peu nombreuse, ils donnent le tems à Oton de ras-
sem-

sembler les débris de la sienne, de faire déclarer empereur à Verone son fils Oton qui n'avait pas dix ans.

Un Oton duc de Baviere avait été tué dans sa bataille. On donne la Baviére à son fils. L'empereur repasse par Rome avec sa nouvelle armée.

Après avoir saccagé Benevent infidéle, il fait élire pape son chancelier d'Italie. On croirait qu'il va marcher contre les arabes & contre les grecs. Mais point. Il tient un concile. Tout cela fait voir évidemment que son armée était faible, que les vainqueurs l'étaient aussi, & les romains davantage. An lieu donc d'aller combattre, il fait confirmer l'érection de Hambourg & de Brême en archevêché. Il fait des reglemens pour la Saxe ; & il meurt dans Rome, le 7. decembre, sans gloire, mais il laisse son fils empereur. Les grecs & les Sarrazins s'en retournent après avoir ruiné la Pouille & la Calabre, aïant aussi mal fait la guerre qu'Oton, & aïant soulevé contre eux tout le païs.

OTON III.

QUATORZIEME EMPEREUR.

983.

Comment reconnaitre en Allemagne un empereur & un roi de Germanie âgé de dix ans, qui n'avoit été reconnu qu'à Verone, & dont le pere venait d'être vaincu par les farrazins ? Ce même Henri de Baviére qui avait difputé la couronne au pere, fort de la prifon de Maftricht où il était renfermé, & fous prétexte de fervir de tuteur au jeune empereur Oton trois fon petit neveu, qu'on avait ramené d'Allemagne, il fe faifit de fa perfonne, & il le conduit à Magdebourg,

984.

L'Allemagne fe divife en deux factions. Henri de Baviére a dans fon parti la Bohéme & la Pologne. Mais la plupart des feigneurs de grands fiefs & des évêques, efpérant être plus maîtres fous un prince de dix ans, obligent Henri à mettre le jeune Oton en liberté & à le reconnaitre, moiennant quoi on lui rend enfin la Baviére.

Oton trois eft donc folemnellement proclamé à Weiffemftadt.

Il eft fervi à dîner par les grands officiers de l'empire. Henri de Baviére fait les fonctions de maître d'hôtel, le comte palatin de grand échanfon, le duc de Saxe de grand écuier, le duc de Franconie de grand chambellan. Les ducs de Bohéme & de Pologne y affiftent, comme grands vaffaux.

L'éducation de l'empereur est confiée à l'archevêque de Mayence & à l'évêque d'Ildesheim.

Pendant ces troubles, le roi de France Lothaire essaie de reprendre la haute Lorraine. Il se rendit maitre de Verdun.

986.

Après la mort de Lothaire, Verdun est rendu à l'Allemagne.

987.

Louis V. dernier roi en France de la race de Charlemagne, étant mort après un an de régne, Charles duc Lorraine son oncle & son heritier naturel, prétend en vain à la couronne de France. Hugues Capet prouve par l'adresse, & par la force, que le droit d'élire était alors en vigueur.

988.

L'abbé de Verdun obtient à Cologne la permission de ne point porter l'épée, & de ne point commander en personne les soldats qu'il doit, quand l'empereur léve des troupes.

Oton III. confirme tous les privileges des évêques & des abbés. Leur privilege & leur devoir était donc de porter l'épée, puisqu'il fallut une dispense particuliere à cet abbé de Verdun.

989.

989.

Les danois prennent ce tems pour entrer par l'Elbe & par le Veser. On commence alors à sentir en Allemagne qu'il faut négocier avec la Suéde contre le Dannemark ; & l'évêque de Slées-wich est chargé de cette négociation.

Les suédois battent les danois sur mer. Le nord de l'Allemagne respire.

990.

Le reste de l'Allemagne ainsi que la France, est en proie aux guerres particulieres des seigneurs ; & ces guerres que les souverains ne peuvent apaiser, montrent qu'ils avaient plus de droits que de puissance. C'était bien pis en Italie.

Le pape Jean XV. fils d'un prêtre, tenait alors le St. Siége, & était favorable à l'empereur. Crescence nouveau consul fils du consul Crescence, dont Jean dix fut le pere, voulait maintenir l'ombre de l'ancienne république ; il avoit chassé le pape de Rome. L'Impératrice Theophanie mere d'Oton III. était venue avec des troupes commandées par le marquis de Brandebourg, soûtenir dans l'Italie l'autorité impériale.

Pendant que le marquis de Brandebourg est à Rome, les slaves s'emparent de son marquisat.

De-

Depuis 991. jusqu'à 996.

Les slaves avec un ramas d'autres barbares assiégent Magdebourg. On les repousse avec peine. Ils se retirent dans la Pomeranie, & cédent quelques villages de Brandebourg, qui arrondissent le marquisat.

L'Autriche était alors un marquisat aussi, & non moins malheureux que le Brandebourg, étant frontiere des hongrois.

La mere de l'empereur était revenue d'Italie sans avoir beaucoup remédié aux troubles de ce païs, & était morte à Nimegue. Les villes de Lombardie ne reconnaissaient point l'empereur.

Oton III. leve des troupes, fait le siége de Milan, s'y fait couronner, fait élire pape Grégoire V. son parent, comme il aurait fait un évêque de Spire, & est sacré dans Rome par son parent avec sa femme l'imperatrice Marie fille de Don Garcie roi d'Aragon & de Navarre.

997.

Il est étrange que des auteurs de nos jours & Maimbourg, & tant d'autres, rapportent encor la fable des amours de cette imperatrice avec un comte de Modéne, & du suplice de l'amant & de la maitresse. On prétend que l'empereur plus irrité contre la maitresse que contre l'amant fit
bru-

brûler fa femme toute vive, & condamna feulement fon rival à perdre la tête, que la veuve du comte aïant prouvé l'innocence de fon mari eut quatre beaux châteaux en dédommagement. Cette fable avait été déja imaginée fur une Andaberte femme de l'empereur Louis II. ce font des romans dont le fage & favant Muratori prouve la fauffeté.

L'empereur reconnu à Rome retourne en Allemagne, il trouve les flaves maîtres de Bernbourg; & on ôte à l'Archevêque de Magdebourg le gouvernement de ce païs pour s'être laiffé battre par les flaves.

998.

Tandis qu'Oton III. eft occupé contre les barbares du nord, le conful Crefcence chaffe de Rome Gregoire V. qui va l'excommunier à Pavie. Et Oton repaffe en Italie pour le punir.

Crefcence foutient un fiége dans Rome, il rend la ville au bout de quelques jours, & fe retire dans le mole d'Adrien appellé alors le mole de Crefcence, & depuis le château St. Ange. Il y meurt en combattant, fans qu'on fache le genre de fa mort; mais il femblait mériter le nom de conful qu'il portoit. L'empereur prend fa veuve pour maîtreffe & fait couper la langue, & arracher les yeux au pape de la nomination de Crefcence,

cence. Mais aussi on dit qu'Oton & sa maîtresse firent pénitence, qu'ils allerent en pelerinage à un monastére, qu'ils coucherent même sur une natte de jonc.

999.

Il fait un décret par lequel les allemands seuls auront le droit d'élire l'empereur romain, & les papes seront obligés de le couronner. Grégoire V. son parent ne manqua pas de signer le décret, & les papes suivants de le reprouver.

1000.

Oton retourne en Saxe, & passe en Pologne. Il donne au duc le titre de roi; mais non à ses descendants. On verra dans la suite que les empereurs créaient des ducs & des rois à brevet. Boleslas reçoit de lui la couronne, fait hommage à l'empire, & s'oblige à une legére redevence annuelle.

Le pape Silvestre II. quelques années après, lui conféra aussi le titre de roi, prétendant qu'il n'appartenoit qu'au pape de le donner. Il est étrange que des souverains demandent des titres à d'autres souverains, mais l'usage est le maître de tout. Les historiens disent qu'Oton allant ensuite à Aix-la-Chapelle fit ouvrir le tombeau de Charlemagne, & qu'on trouva cet empereur encor

tout

tout frais, assis sur un trône d'or, une couronne de pierreries sur sa tête, & un grand sceptre d'or à la main. Si on avait enterré ainsi Charlemagne, les normands qui détruisirent Aix-la-Chapelle ne l'auraient pas laissé sur son trône d'or.

1001.

Les grecs alors abandonnaient le païs de Naples, mais les sarrazins y revenaient souvent. L'empereur repasse les Alpes pour arrêter leurs progrès, & ceux des déffenseurs de la liberté italique, plus dangereux que les sarrazins.

1002.

Les romains assiégent son palais dans Rome, & tout ce qu'il peut faire, c'est de s'enfuir avec le pape, & avec sa maîtresse la veuve de Crescence. Il meurt à Paterno petite ville de la campagne de Rome à l'age de près de 30. ans Plusieurs auteurs disent que sa maîtresse l'empoisonna, parce qu'il n'avoit pas voulu la faire imperatrice. D'autres qu'il fut empoisonné par les romains, qui ne voulaient point d'empereur. Ce fait est peut-être vraisemblable, mais il n'est nullement prouvé. Sa mort laissa plus indécis que jamais ce long combat de la papauté contre l'empire, des romains contre l'un & l'autre, & de la liberté italienne
con-

contre la puissance allemande. C'est ce qui tient l'Europe toûjours attentive; c'est là le fil qui conduit dans le labirinthe de l'histoire de l'Allemagne.

Ces trois Otons qui ont rétabli l'empire, ont tous trois assiégé Rome & y ont fait couler le sang, & Arnoud avant eux l'avoit saccagée.

1003.

Oton III. ne laissait point d'enfans. Vingt seigneurs prétendirent à l'empire; un des plus puissants étoit Henri duc de Baviére : le plus opiniatre de ses rivaux était Ekard marquis de Turinge. On assassine le marquis pour faciliter l'élection du bavarois, qui à la tête d'une armée se fait sacrer à Mayence le 19. Juillet.

HENRI SECOND
QUINZIEME EMPEREUR.

1003.

A peine Henri de Baviére est-il couronné, qu'il fait déclarer Ermand duc de Suabe & d'Alsace son compétiteur, ennemi de l'empire. Il met Strasbourg dans ses intérêts : c'était déja une ville puissante. Il ravage la Suabe. Il marche

che en Saxe ; il se fait prêter serment par le duc de Saxe , par les archevêques de Magdebourg, & de Brême, par les comtes palatins , & même par Boleslas roi de Pologne. Les slaves habitans de la Pomeranie le reconnurent.

Il épouse Cunegonde fille du premier comte de Luxembourg. Il parcourt des provinces : il reçoit les hommages des évêques de Liége & de Cambrai, qui lui font serment à genoux. Enfin le duc de Saxe le reconnait, & lui prête serment comme les autres.

Les efforts de la faiblesse italienne contre la domination allemande se renouvellent sans cesse. Un marquis d'Ivrée, nommé Ardouin, entreprend de se faire roi d'Italie. Il se faire élire par les Seigneurs , & prend le titre de *César*. Alors les archevêques de Milan commençaient à prétendre qu'on ne pourrait faire un roi de Lombardie sans leur consentement , comme les papes prétendoient qu'on ne pouvait faire un empereur sans eux. Arnolphe archevêque de Milan s'adresse au roi Henri ; car ce sont toujours les italiens qui appellent les allemands dont ils ne peuvent se passer, & qu'ils ne peuvent soufrir.

Henri envoie des troupes en Italie sous un Othon Duc de Carinthie. Le roi Ardouin bat ces troupes vers le Tirol. L'empereur Henri ne pouvait quitter l'Allemagne, où d'autres troubles l'arrêtaient.

1004.

Le nouveau roi de Pologne chrétien, profite de la faibleſſe d'un Boleſlas duc de Bohéme : ſe rend maître de ſes états, & lui fait crever les yeux, en ſe conformant à la méthode des empereurs chrétiens d'orient & d'occident. Il prend toute la Bohéme, la Miſnie : & la Luſace. Henri II. ſe contente de le prier, de lui faire hommage des états qu'il a envahis. Le roi de Pologne rit de la demande, & ſe ligue contre Henri avec pluſieurs princes de l'Allemagne. Henri II. ſonge donc à conſerver l'Allemagne, avant d'aller s'oppoſer au nouveau Céſar d'Italie.

1005.

Il regagne des évêques ; il négocie avec des ſeigneurs, il leve des milices, il déconcerte la ligue.

Les hongrois commencent à embraſſer le chriſtianiſme par les ſoins des miſſionaires, qui ne cherchent qu'à étendre leur religion, pendant que les princes ne veulent étendre que leur état.

Etienne chef des hongrois, qui avoit épouſé la

Henri II. 143

la sœur de l'empereur Henri, se fait chrétien en ce tems-là ; & heureusement pour l'Allemagne il fait la guerre avec ses hongrois-chrétiens contre les hongrois idolatres.

L'église de Rome qui s'était laissé prévenir par les empereurs dans la nomination d'un roi de Pologne, prend les devants pour la Hongrie. Le pape Jean XIX. donne à Etienne de Hongrie le titre de roi & d'apôtre, avec le droit de faire porter la croix devant lui, comme les archevêques : & la Hongrie est divisée en dix évechés, beaucoup plus remplis alors d'idolatres que de chrétiens.

L'archevêque de Milan presse Henri II. de venir en Italie contre son roi Ardouin. Henri part pour l'Italie, il passe par la Baviére. Les états ou le parlement de Baviére y élisent un duc : Henri de Luxembourg beau-frere de l'empereur a tous les suffrages. Fait important qui montre que les droits des peuples étaient comptez pour quelque chose.

Henri avant de passer les Alpes, laisse Cunégonde son épouse entre les mains de l'archevêque de Magdebourg. On prétend qu'il avoit fait vœu de chasteté avec elle ; Vœu d'imbécilité dans un empereur.

A

A peine est-il vers Verone, que le *César* Ardouin s'enfuit. On voit toûjours des rois d'Italie, quand les allemands n'y sont pas; & dès qu'ils y mettent les pieds, on n'en voit plus.

Henri est couronné à Pavie. On y conspire contre sa vie. Il étouffe la conspiration, & après beaucoup de sang répandu, il pardonne.

Il ne va point à Rome, & selon l'usage de ses prédecesseurs, il quitte l'Italie le plutôt qu'il peut.

1006.

C'est toûjours le sort des princes allemands, que des troubles les rappellent chez eux, quand ils pouroient affermir en Italie leur domination. Il va déffendre les bohémiens contre les polonais. Reçu dans Prague, il donne l'investiture du duché de Bohéme à Jaromire. Il passe l'Oder, poursuit les polonais jusques dans leur païs, & fait la paix avec eux.

Il bâtit Bamberg, & y fonde un évêché; mais il donne au pape la seigneurie féodale; on dit qu'il se réserva seulement le droit d'habiter dans le château.

Il assemble un concile à Francfort sur le Mein, uniquement à l'occasion de ce nouvel évêché de Bamberg, auquel s'opposoit l'évêque de Vurtzbourg, comme

comme à un démembrement de son évêché. L'empereur se prosterne devant les évêques. On discute les droits de Bamberg & de Vurtzbourg sans s'accorder.

1007.

On commence à entendre parler des prussiens, ou des borussiens. C'étaient des barbares, qui se nourissaient de sang de cheval. Ils habitaient depuis peu des déserts entre la Pologne, & la mer baltique. On dit qu'ils adoraient des serpents. Ils pillaient souvent les terres de la Pologne. Il faut bien qu'il y eût enfin quelque chose à gagner chez eux, puisque les polonais y allaient aussi faire des incursions.

1008. 1009.

Oton duc de la basse Lorraine, le dernier qu'on connoisse de la race de Charlemagne, étant mort, Henri second donne ce duché à Godefroi comte des Ardennes. Cette donation cause des troubles. Le duc de Baviére en profite pour inquiéter Henri, mais il est chassé de la Baviére.

1010.

Herman fils d'Ekar de Turinge, reçoit de Henri II. le Marquisat de Misnie.

1011.

Encor des guerres contre la Pologne. Ce n'est
que

que depuis qu'elle eſt feudataire de l'Allemagne, que l'Allemagne a des guerres avec elle.

Glogau exiſtait déja en Sileſie. On l'aſſiége. Les ſiléſiens étaient joints aux polonais.

1012.

Henri fatigué de tous ces troubles, veut ſe faire chanoine de Straſbourg. Il en fait vœu, & pour accomplir ce vœu, il fonde un canonicat, dont le poſſeſſeur eſt appellé *le roi du Chœur*. Aiant renoncé à être chanoine, il va combattre les polonais, & calmer des troubles en Bohéme.

On place dans ce tems-là l'avanture de Cunégonde, qui accuſée d'adultére, après avoir fait vœu de chaſteté, montre ſon innocence en maniant un fer ardent. Il faut mettre ce conte avec le bucher de l'imperatrice Marie d'Arragon.

1013.

Depuis que l'empereur avait quitté l'Italie, Ardouin s'en était réſaiſi, & l'Archevêque de Milan ne ceſſait de prier Henri II. de venir régner.

Henri repaſſe les Alpes du Tirol une ſeconde fois; & les ſlaves prennent juſtement ce tems-là pour renoncer au peu de chriſtianiſme qu'ils connaiſſaient, & pour ravager tout le territoire de Hambourg.

1014.

1014.

Dès que l'empereur est dans le Veronnais, Ardouin prend la fuite. Les romains sont prêts à recevoir Henri. Il vient à Rome se faire couronner avec Cunegonde. Le pape Benoît VIII. change la formule. Il lui demande d'abord sur les décrets de St. Pierre ; *voulez-vous garder à moi & à mes successeurs la fidélité en toute chose ?* c'étoit une espéce d'hommage que l'adresse du pape extorquait de la simplicité de l'empereur.

L'empereur va soumettre la Lonbardie. Il passe par la Bourgogne, va voir l'abbaïe de Cluni, & se fait associer à la communauté. Il passe ensuite à Verdun, & veut se faire moine dans l'abbaïe de St. Vall. On prétend que l'abbé, plus sage que Henri, lui dit : *Les moines doivent obéissance à leur abbé : je vous ordonne de rester empereur.*

1015. 1016. 1017. 1018.

Ces années ne sont remplies que de petites guerres en Bohéme & sur les frontiéres de la Pologne. Toute cette partie de l'Allemagne depuis l'elbe, est plus barbare & plus malheureuse que jamais. Tout seigneur qui pouvait armer quelques païsans *serfs*, faisait la guerre à son voisin : & quand les possesseurs des grands fiefs avaient

avaient eux-mêmes des guerres à soutenir, ils obligeaient leurs vassaux de laisser là leur querelle, pour revenir les servir ; cela s'appellait le *droit de tréve*.

Comment les empereurs restaient-ils au milieu de cette barbarie, au lieu d'aller résider à Rome ? c'est qu'ils avaient besoin d'être puissants chez les allemands, pour être reconnus des romains.

1019. 1020. 1021.

L'autorité de l'empereur était affermie dans la Lonbardie par ses lieutenants. Mais les sarrazins venaient toûjours dans la Sicile, dans la Pouille, dans la Calabre, & se jettérent cette année sur la Toscane. Mais leurs incursions en Italie étaient semblables à celles des slaves & des hongrois en Allemagne. Ils ne pouvaient plus faire de grandes conquêtes, parce qu'en Espagne ils étaient divisés, & affaiblis. Les grecs possédaient toûjours une grande partie de la Pouille & de la Calabre, gouvernées par un Catapan. Un Mello prince de Barri, & un prince de Salerne s'éleverent contre ce Catapan.

C'est alors que parurent pour la premiére fois, ces avanturiers de Normandie, qui fondérent depuis le roïaume de naples. Ils servirent Mello contre les grecs. Le pape Benoît VIII. & Mello craignant également les grecs & les sarrazins, vont à Bamberg demander du secours à l'empereur.

Henri second confirme les donations de ses prédecesseurs au siége de Rome, se réservant le pouvoir souverain. Il confirme un décret fait à Pavie, par lequel les clers ne doivent avoir ni femmes, ni concubines.

1022.

Il fallait en Italie s'opposer aux grecs, & aux mahométans ; il y va au printemps. Son armée est principalement composée d'évêques, qui sont à la tête de leurs troupes. Ce saint empereur qui ne permettait pas qu'un sous-diacre eût une femme, permettait que les évêques versassent le sang humain. Contradictions trop ordinaires chez les hommes.

Il envoie des troupes vers Capouë & vers la Pouille, mais il ne se rend point maître du païs; & c'est une médiocre conquête que de se saisir d'un abbé du Mont-Cassin déclaré contre lui, & d'en faire élire un autre.

1023.

Il repasse bien vite les Alpes, selon la maxime de ses prédecesseurs, de ne se pas éloigner long-tems de l'Allemagne. Il convient avec Robert roi de France d'avoir une entrevue avec lui dans un bâteau sur la Meuse entre Sédan & Mouson.

L'em-

L'empereur prévient le roi de France, & va le trouver dans son camp avec franchise. C'était plûtôt une visite d'amis qu'une conférence de rois; exemple peu imité.

1024.

L'empereur fait ensuite le tour d'une grande partie de l'Allemagne dans une profonde paix, laissant par tout des marques de génerosité & de justice.

Il sentait que sa fin aprochait, quoiqu'il n'eût que 52. ans. On a écrit qu'avant sa mort il dit aux parents de sa femme : *vous me l'avez donnée vierge, je vous la rends vierge* ; discours étrange dans un mari, encor plus dans un mari couronné. Il meurt le 14. Juillet ; son corps est porté à Bamberg, sa ville favorite. Les chanoines de Bamberg le firent canoniser cent ans après.

CONRAD II. DIT LE SALIQUE
Seizieme Empereur.

1024.

On ne peut assez s'étonner du nombre prodigieux de dissertations sur les prétendus sept életeurs qu'on a crû inſtitués dans ce tems-là. Jamais pourtant il n'y eut de plus grande aſſemblée que celle où Conrad ſecond fut élu. On fut obligé de la tenir en plein champ entre Worms & Mayence. Les ducs de Saxe, de Bohême, de Bavière, de Carintie, de la Suabe, de la Franconie, de la haute & de la baſſe Lorraine; un nombre prodigieux de comtes, d'évêques, d'abbés; tous donnérent leurs voix. Il faut remarquer que les magiſtrats des villes y aſſiſtérent, mais qu'ils ne donnérent point leurs ſuffrages. On fut campé ſix ſemaines dans le champ d'élection avant de ſe déterminer.

Enfin le choix tomba ſur Conrad ſurnommé le *ſalique*, parcequ'il était né ſur la riviére de la ſal. C'était un Seigneur de Franconie qu'on fait deſcendre d'Oton le grand par les femmes. Il y a grande apparence qu'il fut choiſi comme le moins dangereux de tous les prétendans. En effet on ne voit point de grandes villes qui lui appartiennent; & il n'eſt que le chef de puiſſants vaſſaux, dont chacun eſt auſſi fort que lui.

1025, 1026.

L'allemagne ſe regardait toûjours comme le centre de l'empire; & le nom d'empereur paraiſſait confondu avec celui de roi de Germanie.

Les italiens faisissaient toutes les occasions de séparer ces deux titres.

Les députés des grands fiefs d'Italie vont offrir l'empire à Robert roi de France ; c'était offrir alors un titre fort vain, & des guerres réelles. Robert le réfuse sagement. On s'adresse à un duc de Guienne Pair de France. Il l'accepte ayant moins à risquer. Mais le pape Jean XX. & l'archevêque de Milan font venir Conrad le *salique* en Italie. Il fait auparavant élire, & couronner son fils Henri roi de Germanie. C'était la coutume alors en France, & par tout ailleurs.

Il est obligé d'assiéger Pavie. Il essuie des séditions à Ravenne. Tout empereur allemand appellé en Italie y est toûjours mal reçu.

1027.

A peine Conrad est couronné à Rome, qu'il n'y est plus en sûreté. Il repasse en Allemagne, & il y trouve un parti contre lui. Ce sont-là les causes de ces fréquents voïages des empereurs.

1028. 1029. 1030.

Henri duc de Baviére étant mort, le roi de Hongrie Etienne, parent par sa mere, demande la Baviére, au préjudice du fils du dernier duc ; preuve que les droits du sang n'étaient pas encor bien établis. Et en effet rien ne l'était. L'empereur

pereur donne la Baviére au fils. Le hongrois veut l'avoir les armes à la main. On se bat, & on l'appaise. Et après la mort de cet Etienne, l'empereur a le crédit de faire placer sur le trône de Hongrie un parent d'Etienne nommé Pierre. Il a de plus le pouvoir de se faire rendre hommage & de se faire payer un tribut par ce roi Pierre, que les hongrois irritez appellerent Pierre *l'allemand*, les papes qui croiaient toûjours avoir érigé la Hongrie en roïaume auraient voulu qu'on l'appellât par Pierre le romain.

Ernest duc de Suabe, qui avait armé contre l'empereur, est mis au ban de l'empire. *Ban* signifiait d'abord banniére; ensuite édit, publication; il signifia aussi depuis *bannissement*. C'est un des premiers exemples de cette proscription. La formule étoit : *nous déclarons ta femme veuve, tes enfans orphelins, & nous t'envoyons au nom du diable au quatre coins du monde.*

1031. 1032.

On commence alors à connaître des souverains de Silésie, qui ne sont sous le joug ni de la Bohéme, ni de la Pologne; la Pologne se détache insensiblement de l'empire, & ne veut plus le reconnaître.

1032. 1033. 1034.

Si l'empire perd un vassal dans la Pologne, il en acquiert cent dans le roïaume de Bourgogne.

Le dernier roi Rodolphe qui n'avoit point d'enfans, laisse en mourant ses états à Conrad de *salique*. C'était très peu de domaine avec la supériorité territoriale, ou du moins des prétentions de supériorité, c'est-à-dire de suzeraineté, de domaine suprème, sur les suisses, les grisons, la Provence, la Franche-Comté, la Savoye, Genève, le Dauphiné. C'est de-là que les terres au-delà du Rhône sont encore appellées terres d'empire. Tous les Seigneurs de ces cantons qui relevaient auparavant de Rodolphe, relevent de l'empereur.

Quelques évêques s'étaient érigés aussi en princes feudataires. Conrad leur donna à tous les mêmes droits. Les empereurs élevèrent toujours les évêques pour les opposer aux seigneurs, ils s'en trouvérent bien quand ces deux corps étaient divisez, & mal quand ils s'unissaient.

Les siéges de Lyon, de Besançon, d'Ambrun, de Vienne, de Lausanne, de Genève, de Bâle, de Grenoble, de Valence, de Gap, de Die furent des fiefs imperiaux.

De tous les feudataires de la Bourgogne, un seul jette les fondements d'une puissance durable.
C'est

C'est Humbert *aux blanches mains*, tige des ducs de Savoye. Il n'avait que la Morienne, l'empereur lui donne le Chablais, le Valais, & saint Maurice : ainsi de la Pologne jusqu'à l'Escaut, & de la Saone au Garillan les empereurs faisaient par tout des princes & se regardaient comme les seigneurs suzerains de presque toute l'Europe.

Depuis 1035. jusqu'à 1039.

L'Italie encor troublée rappelle encore Conrad. Ce même archevêque de Milan qui avoit couronné l'empereur, était par cette raison-là même contre lui. Ses droits & ses prétentions en avaient augmenté. Conrad le fait arrêter avec trois autres évêques. Il est ensuite obligé d'assiéger Milan, & il ne peut le prendre. Il y perd une partie de son armée, & il perd par conséquent tout son crédit dans Rome.

Il va faire des loix à Benevent & à Capoue, mais pendant ce tems les avanturiers normans y font des conquêtes.

Enfin il rentre dans Milan par des négociations, & il s'en retourne selon l'usage ordinaire.

Une maladie le fait mourir à Utrecht le 4e Juin 1039.

HENRI

HENRI III.
DIXSEPTIEME EMPEREUR.

Depuis 1039. juſqu'à 1042.

Henri III. ſurnommé *le noir* fils de Conrad, déja couronné du vivant de ſon pere, eſt reconnu ſans difficulté. Il eſt couronné & ſacré une ſeconde fois par l'archevêque de Cologne. Les premiéres années de ſon regne ſont ſignalées par des guerres contre la Bohéme, la Pologne, la Hongrie, mais qui n'opérent aucun grand évenement.

Il donne l'archevéché de Lyon, & inveſtit l'archevêque par la croſſe & par l'anneau ſans aucune contradiction ; deux choſes très remarquables. Elles prouvent que Lyon était ville imperiale, & que les rois étaient en poſſeſſion d'inveſtir les évêques.

Depuis 1042. juſqu'à 1046.

La confuſion ordinaire bouleverſait Rome & l'Italie.

La maiſon de Toſcanelle avait toujours dans Rome la principale autorité. Elle avait acheté le pontificat pour un enfant de douze ans de
cette

cette maison. Deux autres l'ayant acheté aussi, ces trois pontifes partagérent en trois les revenus, & s'accorderent à vivre paisiblement abandonnant les affaires politiques au chef de la maison de Toscanelle.

Ce triumvirat singulier dura tant qu'ils eurent de l'argent pour fournir à leurs plaisirs ; & quand ils n'en eurent plus, chacun vendit sa part de la papauté au diacre Gratien, que le pere Maimbourg appelle *un saint Prêtre*, homme de qualité, fort riche. Mais comme le jeune Benoît IX. avoit été élu longtems avant les deux autres, on lui laissa par un accord solemnel la jouissance du tribut que l'Angleterre païait alors à Rome, & qu'on appellait le *denier de St. Pierre*, à quoi les rois d'Angleterre s'étaient soumis depuis longtems.

Ce Gratien qui prit le nom de Gregoire VI. & qui passe pour s'être conduit sagement, jouissait paisiblement du pontificat, lorsque l'empereur Henri III. vint à Rome.

Jamais empereur n'y éxerça plus d'autorité. Il déposa Gregoire VI. comme simoniaque, & nomma pape Suidger son chancelier évêque de Bamberg, sans qu'on osât murmurer.

Le chancelier devenu pape, sacre l'empereur & sa femme, & promet tout ce que les papes
ont

ont promis aux empereurs, quand ceux-ci ont été les plus forts.

1047.

Henri III. donne l'inveſtiture de la Pouille, de la Calabre, & de preſque tout le Beneventin, excepté la ville de Benevent & ſon territoire, aux princes normans qui avaient conquis ces païs ſur les grecs & ſur les ſarraſins. Les papes ne prétendaient pas alors donner ces états. La ville de Benevent appartenoit encor aux Pandolfes de Toſcanelle.

L'empereur repaſſe en allemagne, & confére tous les évêchés vacants.

1048.

Le duché de la Lorraine moſellanique eſt donné à Gerard d'Alſace, & la baſſe Lorraine à la maiſon de Luxembourg. La maiſon d'Alſace depuis ce tems n'eſt connue que ſous le titre de marquis & ducs de Lorraine.

Le pape étant mort, on voit encor l'empereur donner un pape à Rome, comme on donnait un autre bénefice. Henri III. envoie un bavarois nommé Popon, qui ſur le champ eſt reconnu pape ſous le nom de Damaſe ſecond.

1049.

1049.

Damase mort, l'empereur dans l'assemblée de Worms, nomme l'évêque de Toul Brunon, pape; & l'envoie prendre possession. C'est le pape Léon IX. il est le premier pape qui ait gardé son évêché avec celui de Rome. Il n'est pas surprenant que les empereurs disposent ainsi du St. Siége. Théodora & Marosie y avaient accoutumé les romains, & sans Nicolas II. & Gregoire VII. le pontificat eut toujours été dépendant. On leur eut baisé les pieds & ils eussent été esclaves.

1050. 1051. 1052.

Les hongrois tuent leur roi Pierre ; renoncent à la religion chrétienne & à l'hommage qu'ils avaient fait à l'empire. Henri III. leur fait une guerre malheureuse : il ne peut la finir qu'en donnant sa fille au nouveau roi de Hongrie André qui était chrétien, quoique ses peuples ne le fussent pas.

1053.

Le pape Léon IX. vient dans Worms se plaindre à l'empereur que les princes normans deviennent trop puissants.

Henri III. reprend les droits féodaux de Bamberg, & donne au pape la ville de Benevent en échange. On ne pouvait donner au pape que la
ville

ville, les princes normans aïant fait hommage à l'empire pour le reste du duché : mais l'empereur donna au pape une armée avec laquelle il pourroit chasser ces nouveaux conquérants devenus trop voisins de Rome.

Léon IX. mene contre eux cette armée, dont la moitié est commandée par des ecclésiastiques.

Humfroid, Richard, & Robert Guiscard ou Guichard, ces normans si fameux dans l'histoire, taillent en piéces l'armée du pape, trois fois plus forte que la leur. Ils prennent le pape prisonnier, se jettent à ses pieds, & le ménent prisonnier dans la ville de Benevent.

1054.

L'empereur affecte la puissance absolue. Le duc de Baviére aïant la guerre avec l'évêque de Ratisbonne, Henri III. prend le parti de l'évêque; cite le duc de Baviére devant son conseil privé, dépouille le duc, & donne la Baviére à son propre fils Henri âgé de trois ans. C'est le célebre empereur Henri IV.

Le duc de Baviére se réfugie chez les hongrois, & veut en vain les intéresser à sa vengeance.

L'empereur propose aux seigneurs qui lui sont le plus attachés, d'assurer l'empire à son fils presque au berceau. Il le fait déclarer roi des romains

mains dans le château de Tribur près de Mayence. Ce titre n'était pas nouveau. Il avoit été pris par Ludolphe fils d'Oton I.

1055.

Il fait un traité d'alliance avec Contarini duc de Venife. Cette république étoit déja puiffante & riche, quoiqu'elle ne battit monnoie que depuis l'an 950. & qu'elle ne fût affranchie que depuis 998, d'une rédevance d'un manteau de drap d'or, feul tribut qu'elle avoit paié aux empereurs.

Gênes était la rivale de fa puiffance & de fon commerce. Elle avait déja la Corfe qu'elle avoit prife fur les arabes; mais fon négoce valait plus que la Corfe, que les pifans lui difputerent.

Il n'y avait point de telles villes en Allemagne ; & tout ce qui était au-delà du Rhin, était pauvre & groffier. Les peuples du nord & de l'eft plus pauvres encor ravageaient toujours des païs.

1056.

Les flaves font encor une irruption & défolent le duché de Saxe.

Henri III. meurt auprès de Paderborn entre les bras du pape Victor fecond, qui avant fa mort facre empereur fon fils Henri IV. âgé de près de fix ans.

HENRI IV.
DIXHUITIEME EMPEREUR.
1056.

Une femme gouverne l'empire. C'étoit une Françaife, fille d'un duc de Guienne pair de France, nommée Agnès, mere du jeune Henri IV. & Agnés qui avait de droit la tutelle des biens patrimoniaux de fon fils, n'eut celle de l'empire que parce qu'elle fut habile & courageufe.

Depuis 1057 jufqu'à 1069.

Les premieres années du regne de Henri IV. font des tems de trouble obfcurs.

Des feigneurs particuliers fe font la guerre en Allemagne. Le duc de Bohéme toujours vaffal de l'empire, eft attaqué par la Pologne, qui n'en veut plus être membre.

Les hongrois fi longtems redoutables à l'Allemagne font obligés de demander enfin du fecours aux allemands contre les polonais devenus dangereux, & malgré ce fecours ils font battus. Le roi André & fa femme fe refugient à Ratifbonne.

Il paraît qu'aucune politique, aucun grand deffein n'entrent dans ces guerres. Les fujets les plus legers les produifent : quelquefois elles ont leur fource dans l'efprit de chevalerie introduit

alors

alors en Allemagne. Un comte de Hollande par exemple, fait la guerre contre les évêques de Cologne, & de Liége pour une querelle dans un tournoy.

Le reste de l'Europe ne prend nulle part aux affaires de l'Allemagne. Point de guerre avec la France, nulle influence en Angleterre ni dans le nord, & alors même très-peu en Italie, quoique Henri IV. en fut roi & empereur.

L'imperatrice Agnès maintient sa regence avec beaucoup de peine.

Enfin en 1061. les ducs de Saxe & de Baviére oncles de Henri IV. un archevêque de Cologne, & d'autres princes enlevent l'empereur à sa mere, qu'on accusoit de tout sacrifier à l'évêque d'Augsbourg son ministre & son amant. Elle fuit à Rome, & y prend le voile. Les seigneurs restent maîtres de l'empereur, & de l'Allemagne jusqu'à sa majorité.

Cependant en Italie après bien des troubles, toujours excités au sujet du pontificat, le pape Nicolas second en 1059. avoit statué dans un concile de cent-treize évêques, que désormais les cardinaux seuls éliraient le pape, qu'il sera ensuite présenté au peuple pour faire confirmer l'élection, *sauf*, ajoute-t-il, *l'honneur & le respect dû à notre cher fils Henri, maintenant roi ; qui,*

s'il

s'il plait à Dieu, sera empereur selon le droit que nous lui en avons déja donné.

On se prévalait ainsi de la minorité de Henri IV. pour accréditer des droits & des prétensions que les pontifes de Rome soutinrent toujours quand ils le purent.

Il s'établissait alors une coutume, que la crainte des rapacités de mille petits tirans d'Italie avait introduite. On donnait ses biens à l'église sous le titre d'*oblata* ; & on en restait possesseur feudataire avec une legére rédevance. Voilà l'origine de la suzeraineté de Rome sur le roïaume de Naples.

Ce même pape Nicolas II. après avoir inutilement excommunié les conquérants normands, s'en fait des protecteurs, & des vassaux, & ceux-ci qui étaient feudataires de l'empire, & qui craignaient bien moins les papes que les empereurs, font hommage de leurs terres au pape Nicolas dans le concile de Melphi en 1059. Les papes dans ces commencemens de leur puissance étaient comme les califes dans la décadence de la leur, ils donnaient l'investiture au plus fort qui la demandait.

Robert reçoit du pape la couronne ducale de la Pouille & de la Calabre, & est investi par l'étendart rendart. Richard est confirmé prince de Capoue, & le pape leur donne encor la Sicile, *en cas qu'ils en chassent les sarrasins.*

En effet Robert & ses freres s'emparérent de la Sicile en 1061. & par-là rendirent le plus grand service à l'Italie.

Les papes n'eurent que longtems après Benevent laissé par les Princes normands aux Pandolfes de la maison de Toscanelle.

1069.

Henri IV. devenu majeur, sort de la captivité où le retenoient les ducs de Saxe & de Baviére.

Tout était alors dans la plus horrible confusion. Qu'on en juge par le droit de rançonner les voiageurs ; droit que tous les seigneurs depuis le Mein & le Weser jusqu'au pais des slaves, comptoient parmi les prérogatives féodales.

Le droit de dépouiller l'empereur paraissait aussi fort naturel aux ducs de Baviére, de Saxe, au marquis de Turinge. Ils forment une ligue contre lui.

1070.

Henri IV. aidé du reste de l'Empire dissipe la ligue.

Oton de Baviére est mis au ban de l'Empire.

C'est

C'est le second souverain de ce duché, qui essuie cette disgrace. L'empereur donne la Baviére à Guelfe fils d'Azon, marquis d'Italie.

1071. 1072.

L'empereur quoique jeune & livré aux plaisirs, parcourt l'Allemagne pour y mettre quelque ordre.

L'année 1072. est la premiere époque des fameuses querelles pour les investitures.

Alexandre II. avait été élu pape sans consulter la cour impériale, & était resté pape malgré elle. Hildebrand né à Soanne en Toscane de parents inconnus, moine de Cluni sous l'abbé Odilon, & depuis cardinal, gouvernait le pontificat. Il est assez connu sous le nom de Grégoire VII. esprit vaste, inquiet, ardent, mais artificieux jusques dans l'impétuosité : le plus fier des hommes, le plus zélé des prêtres. Il avait déja par ses conseils raffermi l'autorité du sacerdoce.

Il engage le pape Alexandre à citer l'empereur à son tribunal. Cette témérité parait ridicule ; mais si on songe à l'état où se trouvait alors l'empereur, elle ne l'est point. La Saxe, la Turinge, une partie de l'Allemagne étaient alors déclarées contre Henri IV.

1073.

1073.

Alexandre II. étant mort, Hildebrand a le crédit de se faire élire par le peuple sans demander les voix des cardinaux, & sans attendre le consentement de l'empereur. Il écrit à ce prince qu'il a été élu malgré lui, & qu'il est prêt à se démettre. Henri IV. envoie son chancelier confirmer l'élection du pape, qui alors n'aiant plus rien à craindre, leve le masque.

1704.

Henri continue à faire la guerre aux saxons, & à la ligue établie contre lui. Henri IV. est vainqueur.

1075.

Les russes commençaient alors à être chrétiens, & connus dans l'occident.

Un Demetrius (car les noms grecs étaient parvenus jusques dans cette partie du monde) chassé de ses états par son frere, vient à Mayence implorer l'assistance de l'empereur; & ce qui est plus remarquable, il envoie son fils à Rome aux pieds de Gregoire VII. comme au juge des chrétiens. L'empereur passait pour le chef temporel, & le pape pour le chef spirituel de l'Europe.

Henri acheve de dissiper la ligue, & rend la paix à l'empire.

Il paraît qu'il redoutait de nouvelles révolutions ; car il écrivit une lettre très-soumise au pape, dans laquelle il s'accuse de débauche & de simonie ; il faut l'en croire sur sa parole. Son aveu donnait à Gregoire VII. le droit de le reprendre. C'est le plus beau des droits. Mais il ne donne pas celui de disposer des couronnes.

Gregoire VII. écrit aux évêques de Brême, de Constance, à l'archevêché de Mayence, & à d'autres, & leur ordonne de venir à Rome. *Vous avez permis aux clercs*, dit-il, *de garder leurs concubines, & même d'en prendre de nouvelles, nous vous ordonnons de venir à Rome au premier concile.*

Il s'agissait aussi de dimes ecclésiastiques que les évêques & les abbés d'Allemagne se disputaient.

Gregoire VII. propose le premier une croisade; il en écrit à Henri IV. Il prétend qu'il ira délivrer le saint sepulcre à la tête de cinquante mille hommes, & veut que l'empereur vienne servir sous lui. L'esprit qui regnait alors, ôte à cette idée du pape l'air de la démence, & n'y laisse que celui de la grandeur.

Le dessein de commander à l'empereur & à tous les rois ne paraissait pas moins chimérique; c'est cependant ce qu'il entreprit, & non sans quelques succès.

Salo-

Salomon, roi de Hongrie, chassé d'une partie de ses Etats, & n'étant plus maître que de Presbourg jusqu'à l'Autriche, vient à Worms renouveller l'hommage de la Hongrie à l'Empire.

Grégoire VII. lui écrit: *Vous devez savoir que le royaume de Hongrie appartient à l'Eglise Romaine. Apprenez que vous éprouverez l'indignation du Saint-Siége, si vous ne reconnaissez que vous tenez vos Etats de lui & non du royaume.*

Le Pape exige du duc de Bohême cent marcs d'argent en tribut annuel, & lui donne en récompense le droit de porter la mitre.

1076.

Henri IV. jouissait toujours du droit de nommer les Evêques & les Abbés, & de donner l'investiture par la crosse & par l'anneau; ce droit lui était commun avec presque tous les princes. Il appartient naturellement aux peuples de choisir ses pontifes & ses magistrats. Il est juste que l'autorité royale y concoure. Mais cette autorité avait tout envahi. Les Empereurs nommaient aux Evêchés, & Henri IV. les vendait. Grégoire en s'opposant à l'abus, soutenait la liberté naturelle des hommes; mais en s'opposant au concours de l'autorité impériale, il introduisait un abus plus grand encore. C'est alors qu'éclaterent les divisions entre l'empire & le sacerdoce.

L Les

Les prédécesseurs de Grégoire VII. n'avaient envoyé des légats aux Empereurs que pour les prier de venir les fecourir, & de fe faire couronner dans Rome. Grégoire envoie deux légats à Henri, pour le citer à venir comparaître devant lui comme un accufé.

Les légats arrivés à Goflar font abandonnés aux infultes des valets. On affemble pour réponfe une diéte dans Worms, où fe trouvent prefque tous les feigneurs, les évêques & les abbés d'Allemagne.

Un cardinal nommé Hugues y demande juftice de tous les crimes qu'il impute au Pape. Grégoire y eft dépofé à la pluralité des voix, mais il fallait avoir une armée pour aller à Rome foutenir ce jugement.

Le Pape de fon côté dépofe l'Empereur par une Bulle : *Je lui défends*, dit-il, *de gouverner le royaume Teutonique & l'Italie, & je délivre fes Sujets du ferment de fidélité.*

Grégoire plus habile que l'Empereur favait bien que ces excommunications feraient fecondées par des guerres civiles. Il met des évêques Allemands dans fon parti. Ces évêques gagnent des feigneurs. Les Saxons anciens ennemis de Henri fe joignent à eux. L'excommunication de Henri IV. leur fert de prétexte.

Ce

Ce même Guelfe à qui l'Empereur avait donné la Baviére, s'arme contre lui de ses bienfaits, & soutient les mécontens.

Enfin la plûpart des mêmes évêques & des mêmes princes qui avaient déposé Grégoire VII. soumettent leur Empereur au jugement de ce pape. Ils décrétent que le Pape viendra juger définitivement l'empereur dans Augsbourg.

1077.

L'Empereur veut prévenir ce jugement fatal d'Augsbourg, & par une résolution inouïe, il va, suivi de peu de domestiques, demander au Pape l'absolution.

Le Pape était alors dans la forteresse de Canosse sur l'Apennin avec la comtesse Mathilde, propre cousine de l'Empereur.

Cette comtesse Mathilde est la véritable cause de toutes les guerres entre les Empereurs & les Papes, qui ont si long-tems désolé l'Italie. Elle possédait de son chef une grande partie de la Toscane, Mantoue, Parme, Reggio, Plaisance, Ferrare, Modène, Vérone, presque tout ce qu'on appelle aujourd'hui le patrimoine de St. Pierre de Viterbe jusqu'à Orviette, une partie de l'Ombrie, de Spoléte, de la marche d'Ancone. On l'appellait la grande comtesse, quelquefois duchesse ; il n'y avait alors aucune formule de titres, ufitée en Europe ; on difait aux rois votre excellence, votre férénité, votre grandeur, votre grace, indifféremment. Le titre de majefté était rarement donné aux Empereurs, & c'était plutôt une épithéte qu'un nom d'honneur affecté à la dignité impériale. Il y a encore un diplôme d'une donation de Mathilde à l'évêque de Modène qui commence ainfi : *En préfence de Mathilde par la grace de Dieu duchesse & comtesse.* Sa mere fœur de Henri III. & très-maltraitée par fon frere, avait nourri cette puiffante princeffe dans une haine implacable contre la maifon de Henri. Elle était foumife au Pape, qui était fon directeur, & que fes ennemis accufaient d'être fon amant. Son attachement à Grégoire & fa haine contre les Allemands allerent au point qu'elle fit une donation de toutes fes terres au Pape.

C'eft en préfence de cette comteffe Mathilde, qu'au mois de Janvier 1077. l'empereur, pieds nuds & couvert d'un cilice, fe profterne aux pieds du pape, en lui jurant qu'il lui fera en tout parfaitement foumis, & qu'il ira attendre fon arrêt à Augfbourg.

Tous les feigneurs Lombards commençaient alors à être beaucoup plus mécontens du Pape que de l'Empereur. La donation de Mathilde leur donnait des allarmes. Ils promettent à Henri IV. de le fecourir

courir, s'il casse le traité honteux qu'il vient de faire. Alors on voit ce qu'on n'avoit point vû encore ; un empereur Allemand secouru par l'Italie, & abandonné par l'Allemagne.

Les seigneurs & les évêques assemblés à Forcheim en Franconie, animés par les légats du Pape, déposent l'Empereur, & réunissent leurs suffrages en faveur de Rodolphe de Reinfeld, duc de Suabe.

1078.

Grégoire se conduit alors en juge suprême des rois. Il a déposé Henri IV. mais il peut lui pardonner. Il trouve mauvais qu'on n'ait pas attendu son ordre précis pour sacrer le nouvel élû à Mayence. Il déclare de la forteresse de Canosse où les seigneurs Lombards le tiennent bloqué, qu'il reconnaîtra pour empereur & pour roi d'Allemagne celui des concurrens qui lui obéira le mieux.

Henri IV. repasse en Allemagne, ranime son parti, léve une armée. Presque toute l'Allemagne est mise par les deux partis à feu & à sang.

1079.

On voit tous les évêques en armes dans cette guerre. Un évêque de Strasbourg partisan de Henri va piller tous les couvens déclarés pour le Pape.

1080.

Pendant qu'on se bat en Allemagne, Grégoire

VII. échappé aux Lombards, excommunie de nouveau Henri, & par sa Bulle du 7 Mars, *Nous donnons*, dit-il, *le royaume Teutonique à Rodolphe, & nous condamnons Henri à être vaincu.*

Il envoie à Rodolphe une couronne d'or avec ce mauvais vers si connu :

Petra dedit Petro, Petrus diadema Rodolpho.

Henri IV. de son côté assemble trente évêques, & quelques seigneurs Allemands & Lombards à Brixen, & dépose le pape pour la seconde fois aussi inutilement que la première.

Bertrand, comte de Provence, se soustrait à l'obéissance des deux Empereurs, & fait hommage au Pape. La ville d'Arles reste fidéle à Henri.

Grégoire VII. se fortifie de la protection des princes Normans, & leur donne une nouvelle investiture, à condition qu'ils défendront toujours les Papes.

Grégoire encourage Rodolphe & son parti, & leur promet que Henri mourra cette année. Mais dans la fameuse bataille de Mersbourg Henri IV. assisté de Godefroi de Bouillon fait retomber la prédiction du Pape sur Rodolphe son compétiteur blessé à mort par Godefroi même.

1081.

Henri se venge sur la Saxe, qui devient alors le pays le plus malheureux.

Avant de partir pour l'Italie, il donne fa fille Agnès au baron Fréderic de Stauffen, qui l'avait aidé, ainfi que Godefroi de Bouillon, à gagner la bataille décifive de Merfbourg. Le duché de Suabe eft fa dot. C'eft l'origine de l'illuftre & malheureufe maifon de Suabe.

Henri vainqueur paffe en Italie. Les places de la comteffe Mathilde lui réfiftent. Il amenait avec lui un Pape de fa façon, nommé Guibert : mais cela même l'empêche d'abord d'être reçu à Rome.

1082.

Les Saxons fe font un fantôme d'Empereur : c'eft un comte Herman à peine connu.

1083.

Henri affiége Rome Grégoire lui propofe de venir encore lui demander l'abfolution, & lui promet de le couronner à ce prix. Henri pour réponfe prend la ville, le Pape s'enferme dans le château Saint-Ange.

Robert Guifchard vient à fon fecours, quoiqu'il eût eu auffi quelques années auparavant fa part des excommunications que Grégoire avait prodiguées. On négocie ; on fait promettre au Pape de couronner Henri.

Grégoire pour tenir fa promeffe, propofe de defcendre

cendre la couronne du haut du château faint-Ange avec une corde, & de couronner ainfi l'empereur.

1084.

Henri ne s'accommode point de cette plaifante cérémonie. Il fait inthronifer fon antipape Guibert, & eft couronné folemnellement par lui.

Cependant Robert Guifchard ayant reçu de nouvelles troupes, cet aventurier Normand force l'empereur à s'éloigner, tire le Pape du château Saint-Ange, devient à la fois fon protecteur & fon maître, & l'emméne à Salerne où Grégoire demeura jufqu'à fa mort, prifonnier de fes libérateurs, mais toujours parlant en maître des rois, & en martyr de l'églife.

1085.

L'Empereur retourne à Rome, s'y fait reconnaître lui & fon Pape, & fe hâte de retourner en Allemagne, comme tous fes prédéceffeurs, qui paraiffaient n'être venus prendre Rome que par cérémonie. Les divifions de l'Allemagne le rappellaient : il fallait écrafer l'anti-empereur, & dompter les Saxons. Mais il ne peut jamais avoir de grandes armées, ni par conféquent de fuccès entiers.

1086.

Il foumet la Thuringe; mais la Baviére foulevée par l'ingratitude de Guelfe, la moitié de la Suabe, qui

qui ne veut point reconnaître son gendre, se déclare contre lui ; & la guerre civile est dans toute l'Allemagne.

1087.

Grégoire VII. étant mort, Didier, abbé du Mont-Cassin, est pape sous le nom de Victor III. La comtesse Mathilde fidéle à sa haine contre Henri IV. fournit des troupes à ce Victor, pour chasser de Rome la garnison de l'Empereur, & son Pape Guibert. Victor meurt, & Rome n'est pas moins soustraite à l'autorité impériale.

1088.

L'anti-empereur Herman n'ayant plus ni argent ni troupes, vient se jetter aux genoux de Henri IV. & meurt ensuite ignoré.

1089.

Henri IV. épouse une princesse Russe, veuve d'un marquis de Brandebourg de la maison de Stade. Ce n'était pas un mariage de politique.

Il donne le marquisat de Misnie au comte de Lanzberg, l'un des plus anciens seigneurs Saxons. C'est de ce marquis de Misnie que descend toute la maison de Saxe.

Ayant pacifié l'Allemagne, il repasse en Italie. Le plus grand obstacle qu'il y trouve, est toujours cette comtesse Mathilde, remariée depuis peu

L 5 avec

avec le jeune Guelfe, fils de cet ingrat Guelfe, à qui Henri IV. avait donné la Baviére.

La Comtesse soutient la guerre dans ses Etats contre l'Empereur, qui retourne en Allemagne, sans avoir presque rien fait.

Ce Guelfe, mari de la comtesse Mathilde, est, dit-on, la premiére origine de la faction des *Guelfes*, par laquelle on désigna depuis en Italie le parti des Papes. Le mot de *Gibelin* fut long-tems depuis appliqué à la faction des Empereurs; parce que Henri, fils de Conrad III. nâquit à Ghibeling. Cette origine de ces deux mots de guerre est aussi probable & aussi incertaine que les autres.

1090.

Le nouveau Pape Urbain II. auteur des croisades, poursuit Henri IV. avec non moins de vivacité que Grégoire VII.

Les Evêques de Constance & de Passau soulévent le peuple. Sa nouvelle femme, Adelaïde de Russie, & son fils Conrad, né de Berthe, se révoltent contre lui. Jamais Empereur, ni mari, ni pére, ne fut plus malheureux que Henri IV.

1091.

L'Impératrice Adelaïde, & Conrad, son beaufils, passent en Italie. La comtesse Mathilde leur donne des troupes & de l'argent. Roger, duc de Calabre, marie sa fille à Conrad.

Le Pape Urbain ayant fait cette puissante ligue contre l'Empereur, ne manque pas de l'excommunier.

1092.

L'Empereur, en partant d'Italie, avait laissé une garnison dans Rome. Il était encore maître du palais de Latran, qui était assez fort, & où son Pape Guibert était revenu.

Le Commandant de la garnison vend au Pape la garnison & le palais. Geoffroi, abbé de Vendôme, qui était alors à Rome, prête à Urbain second l'argent qu'il faut pour ce marché, & Urbain second le rembourse par le titre de Cardinal qu'il lui donne, à lui & à ses successeurs. Le Pape Guibert s'enfuit.

1093. 1094. 1095.

Les esprits s'occupent pendant ces années, en Europe, de l'idée des croisades, que le fameux hermite Pierre prêchait par-tout, avec un enthousiasme qu'il communiquait de ville en ville.

Grand Concile, ou plutôt assemblée prodigieuse à Plaisance en 1095. Il y avait plus de quarante mille hommes; & le Concile se tenait en plein champ. Le Pape y propose la croisade.

L'Impératrice Adelaïde & la comtesse Mathilde y demandent solemnellement justice de l'Empereur Henri IV.

Conrad vient baiser les pieds d'Urbain second, lui prête serment de fidélité, & conduit son cheval par la bride. Urbain lui promet de le couronner Empereur, à condition qu'il renoncera aux investitures. Ensuite il le baise à la bouche, & mange avec lui dans Crémone.

1096.

La croisade ayant été prêchée en France avec plus de succès qu'à Plaisance, Gautier *sans avoir*, l'hermite Pierre, & un moine Allemand, nommé Godescald, prennent leur chemin par l'Allemagne, suivis d'une armée de vagabonds.

1097.

Comme ces vagabonds portaient la croix, & n'avaient point d'argent, & que les Juifs, qui faisaient tout le commerce d'Allemagne, en avaient beaucoup, les croisés commencèrent leurs expéditions par eux à Worms, à Cologne, à Mayence, à Tréves, & dans plusieurs autres villes. On les égorge, on les brûle. Presque toute la ville de Mayence est réduite en cendres par ces désordres.

L'Empereur Henri réprime ces excès autant qu'il le peut, & laisse les croisés prendre leur chemin par la Hongrie, où ils sont presque tous massacrés.

Le jeune Guelfe se brouille avec sa femme Mathilde. Il se sépare d'elle, & cette brouillerie rétablit un peu les affaires de l'Empereur.

1098.

Henri tient une diéte à Aix-la-Chapelle, où il fait déclarer son fils Conrad indigne de jamais régner.

1099.

Il fait élire & couronner son second fils Henri, ne se doutant pas qu'il aurait plus à se plaindre du cadet que de l'aîné.

1100.

L'autorité de l'Empereur est absolument détruite en Italie : mais rétablie en Allemagne.

1101.

Conrad le rebelle meurt subitement à Florence. Le Pape Pascal second, auquel les faibles Lieutenans de l'Empereur en Italie, opposaient en vain des antipapes, excommunie Henri IV. à l'exemple de ses prédécesseurs.

1102.

La comtesse Mathilde, brouillée avec son mari, renouvelle sa donation à l'Eglise Romaine.

Brunon, archevêque de Tréves, Primat des Gaules de Germanie, investi par l'Empereur, va à Rome, où il est obligé de demander pardon d'avoir reçu l'investiture.

1104.

Henri IV. promet d'aller à la Terre sainte. C'était le seul moyen alors de gagner tous les esprits.

1105.

1105.

Mais dans ce même tems, l'archevêque de Mayence & l'évêque de Conſtance, légats du Pape, voyant que la croiſade de l'Empereur n'eſt qu'une feinte, excitent ſon fils Henri contre lui. Ils le relévent de l'excommunication qu'il a, diſent-ils, encourue, *pour avoir été fidéle à ſon pere*. Le Pape l'encourage ; on gagne pluſieurs Seigneurs Saxons & Bavarois.

Les partiſans du jeune Henri aſſemblent un Concile & une armée. On ne laiſſe pas de faire dans ce Concile des loix ſages. On y confirme ce qu'on appelle la *tréve de Dieu* ; monument de l'horrible barbarie de ces tems-là. Cette tréve était une défenſe aux Seigneurs & aux Barons, tous en guerre les uns contre les autres, de ſe tuer les Dimanches & les Fêtes.

Le jeune Henri proteſte dans le Concile, qu'il eſt prêt de ſe ſoumettre à ſon pere, ſi ſon pere ſe ſoumet au Pape. Tout le Concile cria *Kyrie eleyſon*. C'était la priére des armées & des Conciles.

Cependant ce fils révolté met dans ſon parti le marquis d'Autriche, & le duc de Bohême. Les ducs de Bohême prenaient alors quelquefois le titre de roi, depuis que le Pape leur avait donné la mitre.

Son parti ſe fortifie. L'Empereur écrit en vain au Pape Paſcal, qui ne l'écoute pas. On indique une diéte à Mayence pour appaiſer tant de troubles.

Le

Le jeune Henri feint de se réconcilier avec son pere. Il lui demande pardon les larmes aux yeux, & l'ayant attiré près de Mayence, dans le château de Bingenheim, il l'y fait arrêter, & le retient en prison.

1106.

La diéte de Mayence se déclare pour le fils perfide contre le pere malheureux. On signifie à l'Empereur qu'il faut qu'il envoie les ornemens Impériaux au jeune Henri. On les lui prend de force ; on les porte à Mayence. L'usurpateur dénaturé y est couronné. Mais il assûre en soupirant que c'est malgré lui, & qu'il rendra la couronne à son pere, dès que Henri IV. sera obéissant au Pape.

On trouve dans les constitutions de Goldast une lettre de l'Empereur à son fils, par laquelle il le conjure de souffrir au moins que l'évêque de Liége lui donne un asyle. *Laissez-moi*, dit-il, *rester à Liége, sinon en Empereur, du moins en réfugié. Qu'il ne soit pas dit à ma honte, ou plutôt à la vôtre, que je sois forcé de mandier de nouveaux asyles dans le tems de Pâques. Si vous m'accordez ce que je vous demande, je vous en aurai une grande obligation : si vous me refusez, j'irai plutôt vivre en villageois dans les pays étrangers, que de marcher ainsi à opprobre*

en

en opprobre, dans un Empire qui autrefois fut le mien.

Quelle lettre d'un Empereur à son fils! l'hypocrite & inflexible dureté de ce jeune Prince rendit quelques partisans à Henri IV. Le nouvel élu voulant violer à Liége l'asyle de son pere, fut repoussé. Il alla demander en Alsace le serment de fidélité, & les Alsaciens, pour tout hommage, battirent les troupes qui l'accompagnaient, & le contraignirent de prendre la fuite. Mais ce léger échec ne fit que l'irriter, & qu'aggraver les malheurs du pere.

L'évêque de Liége, le duc de Limbourg, le duc de la basse-Lorraine protégeaient l'Empereur. Le comte de Hainaut était contre lui. Le Pape Pascal écrit au comte de Hainaut : *Poursuivez par-tout Henri, chef des hérétiques, & ses fauteurs ; vous ne pouvez offrir à Dieu de sacrifices plus agréables.*

Henri IV. enfin, presque sans secours, prêt d'être forcé dans Liége, écrit à l'abbé de Cluni. Il semble qu'il méditât une retraite dans ce couvent. Il meurt à Liége le 7 Août, accablé de douleurs, & en s'écriant : *Dieu des vengeances, vous vengerez ce parricide.* C'était une opinion aussi ancienne que vaine, que Dieu exauçait les malédictions des mourans & sur-tout des peres; erreur utile,

utile, si elle eût pû effrayer ceux qui méritent ces malédictions.

Le fils dénaturé de Henri IV. vient à Liége, fait déterrer de l'Eglise le corps de son pere, comme celui d'un excommunié, & le fait porter à Spire dans une cave.

HENRI V.
Dix-neuvieme Empereur.

Les Seigneurs des grands Fiefs commençaient alors à s'affermir dans le droit de souveraineté. Ils s'appellaient *coimperantes*, se regardant comme des Souverains dans leurs Fiefs, & vassaux de l'Empire, non de l'Empereur. Ils recevaient à la vérité de lui les Fiefs vacants; mais la même autorité qui les leur donnait, ne pouvait les leur ôter. C'est ainsi qu'en Pologne le Roi confére les palatinats, & la République seule a le droit de destitution. En effet, on peut recevoir par grace; mais on ne doit être dépossédé que par justice. Plusieurs vassaux de l'Empire s'intitulaient déja Ducs & Comtes *par la grace de Dieu*.

Cette indépendance que les Seigneurs s'assûraient, & que les Empereurs voulaient réduire, contribua pour le moins autant que les Papes aux troubles de l'Empire, & à la révolte des enfans contre leurs peres.

La force des grands s'accroiffait de la faibleffe du Thrône. Ce gouvernement féodal était à peu près le même en France & en Arragon. Il n'y avait plus de Royaume en Italie. Tous les Seigneurs s'y cantonnaient. L'Europe était toute hériffée de châteaux, & couverte de brigands. La barbarie & l'ignorance regnaient. Les habitans des campagnes étaient dans la fervitude ; les bourgeois des villes méprifés & rançonnés, & à quelques villes commerçantes près en Italie, l'Europe n'était, d'un bout à l'autre, qu'un théatre de mifères.

La premiére chofe que fait Henri V. dès qu'il s'eft fait couronner, eft de maintenir ce même droit des Inveftitures, contre lequel il s'était élevé pour détrôner fon pere.

Le Pape Pafcal étant venu en France, va jufqu'à Chaalons en Champagne, pour conférer avec les Princes & les Evêques Allemands, qui y viennent au nom de l'Empereur.

Cette nombreufe Ambaffade refufe d'abord de faire la premiére vifite au Pape. Ils fe rendent pourtant chez lui à la fin. Brunon, archevêque de Tréves, foutient le droit de l'Empereur. Il était bien plus naturel qu'un Archevêque réclamât contre ces inveftitures & ces hommages, dont les Evêques fe plaignaient tant ; mais l'intérêt particulier combat dans toutes les occafions l'intérêt général.

1107.

1107. 1108. 1109. 1110.

Ces quatre années ne font guère employées qu'à des guerres contre la Hongrie & contre une partie de la Pologne ; guerres fans fujet, fans grands fuccès de part ni d'autre, qui finiffent par la laffitude de tous les partis, & qui laiffent les chofes comme elles étaient.

1111.

L'Empereur à la fin de cette guerre époufe la fille de Henri I. roi d'Angleterre, fils, & fecond fucceffeur de Guillaume le Conquérant. On prétend que fa femme eut pour dot une fomme qui revient à environ neuf-cent mille livres fterling. Cela compoferait plus de cinq millions d'écus d'Allemagne d'aujourd'hui, & de vingt millions de France. Les Hiftoriens manquent tous d'exactitude fur ces faits, & l'hiftoire de ces tems-là n'eft que trop fouvent un ramas d'exagérations.

Enfin l'Empereur penfe à l'Italie & à la couronne Impériale : & le Pape Pafcal fecond, pour l'inquiéter, renouvelle la querelle des inveftitures.

Henri V. envoie à Rome des Ambaffadeurs, fuivis d'une armée. Cependant il promet, par un écrit confervé encore au Vatican, de renoncer aux inveftitures, de laiffer aux Papes tout ce que les Empereurs leur ont donné ; & ce qui eft affez étrange,

après

après de telles soumissions, il promet de ne tuer, ni de mutiler le souverain Pontife.

Pascal second, par le même acte, promet d'ordonner aux Evêques d'abandonner à l'Empereur tous leurs Fiefs relevants de l'Empire : par cet accord, les Evêques perdaient beaucoup : le Pape & l'Empereur gagnaient.

Tous les Evêques d'Italie & d'Allemagne, qui étaient à Rome, protestant contre cet accord, Henri V. pour les appaiser, leur propose d'être fermiers des terres, dont ils étaient auparavant en possession. Les Evêques ne veulent point du tout être fermiers.

Henri V. lassé de toutes ces contestations, dit qu'il veut être couronné & sacré sans aucune condition. Tout cela se passait dans l'Eglise de saint Pierre, pendant la Messe ; & à la fin de la Messe l'Empereur fait arrêter le Pape par ses gardes.

Il se fait un soulévement dans Rome en faveur du Pape. L'Empereur est obligé de se sauver ; il revient sur le champ avec des troupes, donne dans Rome un sanglant combat, tue beaucoup de Romains, & sur-tout de Prêtres, & emméne le Pape prisonnier, avec quelques Cardinaux.

Pascal fut plus doux en prison qu'à l'Autel. Il fit tout ce que l'Empereur voulut. Henri V. au bout
de

de deux mois reconduit à Rome le St. Pere à la tête de ses troupes. Le Pape le couronne Empereur le 13. Avril, & lui donne en même tems la Bulle par laquelle il lui confirme le droit des investitures. Il est remarquable qu'il ne lui donne dans cette bulle que le titre de *dilection*. Il l'est encore plus, que l'Empereur & le Pape communiérent de la même hostie, & que le Pape dit, en donnant la moitié de l'hostie à l'Empereur: *Comme cette partie du Sacrement est divisée de l'autre, que le premier de nous deux qui rompra la paix, soit séparé du Royaume de Jesus-Christ.*

Henri V. achéve cette comédie, en demandant au Pape la permission de faire enterrer son pere en terre-sainte, lui assurant qu'il est mort pénitent, & il retourne en Allemagne faire les obséques de Henri IV. sans avoir affermi son pouvoir en Italie.

1112.

Pascal second ne trouva pas mauvais que les Cardinaux & ses Légats, dans tous les Royaumes, désavouassent sa condescendance pour Henri V.

Il assemble un Concile dans la Basilique de St. Jean de Latran. Là, en présence de trois cents Prélats, il demande pardon de sa faiblesse, offre de se démettre du Pontificat, casse, annulle tout ce qu'il a fait, & s'avilit lui-même pour relever l'Eglise.

1113

1113.

Il se peut que Pascal second, & son Concile, n'eussent pas fait cette démarche, s'ils n'eussent compté sur quelqu'une de ces révolutions, qui ont toujours suivi le sacre des Empereurs. En effet il y avait des troubles en Allemagne, au sujet du fisc Impérial; autre source de guerres civiles.

1114.

Lothaire, duc de Saxe, depuis Empereur, est à la tête de la faction contre Henri V. Cet Empereur ayant à combattre les Saxons, comme son pere, est défendu comme lui par la maison de Suabe. Frédéric de Stauffen, duc de Suabe, pere de l'Empereur Barberousse, empêche Henri V. de succomber.

1115.

Les ennemis les plus dangereux de Henri V. sont trois Prêtres; le Pape en Italie, l'Archevêque de Mayence, qui bat quelquefois ses troupes, & l'Evêque de Virtzbourg Erlang, qui envoyé par lui aux ligueurs, le trahit, & se range de leur côté.

1116.

Henri V. vainqueur met l'Evêque de Virtzbourg Erlang au ban de l'Empire. Les Evêques de Virtzbourg se prétendaient Seigneurs directs de toute la

Fran-

Franconie, quoiqu'il y eût des ducs, & que ce duché même appartînt à la maison Impériale.

Le duché de Franconie est donné à Conrad, neveu de Henri V. Il n'y a plus aujourd'hui de ducs de cette grande Province, non plus que de Suabe.

L'Evêque Erlang se défend long-tems dans Virtzbourg, dispute les remparts l'épée à la main, & s'échappe quand la ville est prise.

La fameuse Comtesse Mathilde meurt, après avoir renouvellé la donation de tous ses biens à l'Eglise Romaine.

1117.

L'Empereur Henri V. deshérité par sa cousine, & excommunié par le Pape, va en Italie se mettre en possession des terres de Mathilde, & se venger du Pape. Il entre dans Rome, & le Pape s'enfuit chez les nouveaux vassaux, & les nouveaux protecteurs de l'Eglise, les Princes Normands.

Le premier couronnement de l'Empereur paraissait équivoque; on en fait un second qui l'est bien davantage. Un Archevêque de Brague en Portugal, Limousin de naissance, nommé Bourdin, s'avise de sacrer l'Empereur.

1118.

Henri, après cette cérémonie, va s'assurer de la Toscane. Pascal second revient à Rome avec une petite

petite armée des Princes Normands. Il meurt, & l'armée s'en retourne, après s'être fait payer.

Les Cardinaux seuls élisent Caietan, Gélase II. Cinçio, consul de Rome, marquis de Frangipani, dévoué à l'Empereur, entre dans le conclave l'épée à la main, saisit le Pape à la gorge, l'accable de coups, le fait prisonnier. Cette férocité brutale met Rome en combustion. Henri V. va à Rome ; Gélase se retire en France ; l'Empereur donne le Pontificat à son Limousin Bourdin.

1119.

Gélase étant mort au Concile de Vienne en Dauphiné, les Cardinaux qui étaient à ce Concile, élisent, conjointement avec les Evêques, & même avec les laïcs Romains qui s'y trouvaient, Gui de Bourgogne, Archevêque de Vienne, fils d'un duc de Bourgogne, & du sang Royal de France. Ce n'est pas le premier Prince élû Pape. Il prend le nom de Calixte II.

Louis le *gros*, roi de France, se rend médiateur dans cette grande affaire des investitures entre l'Empire & l'Eglise. On assemble un Concile à Rheims. L'archevêque de Mayence y arrive avec cinq cents gens d'armes à cheval, & le comte de Troyes va le recevoir à une demi-lieue avec un pareil nombre.

L'Empereur & le Pape se rendent à Mouzon. On est prêt de s'accommoder, & sur une dispute
de

de mots tout est plus brouillé que jamais L'empereur quitte Mouzon, & le concile l'excommunie.

1120. 1121.

Comme il y avait dans ce concile plusieurs évêques allemands qui avaient excommunié l'empereur, les autres évêques d'Allemagne ne veulent plus que l'empereur donne les investitures.

1122.

Enfin dans une diètte de Worms, la paix de l'empire & de l'église est faite. Il se trouve que dans cette longue querelle on ne s'était jamais entendu. Il ne s'agissait pas de savoir si les empereurs conféraient l'épiscopat, mais s'ils pouvaient investir de leurs fiefs impériaux des évêques canoniquement élus à leur recommandation. Il fut décidé que les investitures seraient dorésnavant données par le sceptre, & non par un bâton recourbé, & par un anneau. Mais ce qui fut bien plus important, l'empereur renonça en termes exprès à nommer aux bénéfices ceux qu'il devoit investir. *Ego Henricus Dei gratia romanorum imperator concedo in omnibus ecclesiis fieri electionem & liberam consecrationem.* Ce fut une brèche irréparable à l'autorité impériale.

1123.

Troubles civils en Bohéme, en Hongrie, en Alface, en Hollande. Il n'y a dans ce tems malheureux que de la difcorde dans l'églife, des guerres particulieres entre tous les grands, & de la fervitude dans les peuples.

1124.

Voici la premiere fois que les affaires d'Angleterre fe trouvent mêlées avec celles de l'empire. Le roi d'Angleterre Henri premier frere du duc de Normandie, a déja des guerres avec la France au fujet de ce duché.

L'empereur léve des troupes, & s'avance vers le Rhin. On voit auffi que dès ce tems-là même tous les feigneurs allemands ne fecondaient pas l'empereur dans de telles guerres. Plufieurs réfufent de l'affifter contre une puiffance, qui par fa pofition devait être naturellement la protectrice des feigneurs des grands fiefs allemands contre le dominateur fouverain; ainfi que les rois d'Angleterre s'unirent depuis avec les grands vaffaux de la France.

1125.

Les malheurs de l'Europe étaient au comble par une maladie contagieufe. Henri V. en eft attaqué, & meurt à Utrecht le 22. mais avec la réputation

putation d'un fils dénaturé, d'un hippocrite sans religion, d'un voisin inquiet, & d'un mauvais maître.

LOTHAIRE II.
VINGTIEME EMPEREUR.
1125. 1126. 1127.

Voici une époque singliere. La France pour la premiere fois depuis la décadence de la maison de Charlemagne, se mêle en Allemagne de l'élection d'un empereur. Le célebre moine Suger abbé de St. Denis & ministre d'état sous Louis le gros, va à la diette de Mayence avec le cortege d'un souverain, pour s'opposer au moins à l'élection de Frederic duc de Suabe. Il y réussit, soit par bonheur, soit par intrigue. La diette partagée choisit dix électeurs. On ne nomme point ces dix princes. Ils élisent le duc de Saxe Lothaire; & les seigneurs qui étaient présents l'éleverent sur leurs épaules.

Conrad duc de Franconie, de la maison de Stauffen-Suabe & Frederic duc de Suabe, protestent contre l'élection. L'abbé Suger fut parmi les ministres de France, le premier qui excita des guerres civiles en Allemagne. Conrad se fait proclamer roi à Spire ; mais au lieu de soutenir sa faction, il va se faire roi de Lonbardie à Milan. On lui prend ses villes en Allemagne, mais il gagne en Lonbardie.

1128. 1129.

Sept ou huit guerres à la fois dans le Danemark & dans le Holstein, dans l'Allemagne & dans la Flandre.

1130.

A Rome le peuple prétendait toujours élire les papes malgré les cardinaux qui s'étaient reservé ce droit, & persistaient à ne reconnaître l'élu que comme son évêque & non comme son souverain. Rome entiére se partage en deux factions. L'une élit Innocent II. l'autre élit le fils ou petit-fils d'un juif nommé *Léon*, qui prend le nom d'Anaclet. Le fils du juif comme plus riche chasse son competiteur de Rome. Innocent II. se refugie en France, devenu l'azile des papes opprimés. Ce pape va à Liege, met Lothaire II. dans ses intérêts, le couronne empereur avec son épouse, & excommunie ses compétiteurs.

1131. 1132. 1133.

L'Anti-empereur Conrad de Franconie & l'anti-pape Anaclet ont un grand parti en italie. L'empereur Lothaire & le pape Innocent vont à Rome. Les deux papes se soumettent au jugement de Lothaire : il décide pour Innocent. L'anti-pape se retire dans le château S. Ange, dont il était encor maître. Lothaire se fait sacrer par Innocent II. selon les usages alors établis. L'un de ces usages était, que l'empereur faisait d'abord serment de conserver au pape la vie & les membres. Mais on en promettait autant à l'empereur.

Le pape cede l'usufruit des terres de la comtesse Mathilde à Lothaire & à son gendre le duc de Bavière, seulement leur vie durant, moiennant une redevance annuelle au St. Siege. C'étoit une semence de guerres pour leurs successeurs.

Pour faciliter la donation de cet usufruit, Lothaire II. baisa les pieds du pape, & conduisit sa mule quelques pas. On croit que Lothaire est le premier empereur qui ait fait cette double cérémonie.

1134. 1135.

Les deux rivaux de Lothaire, Conrad de Franconie, & Fréderic de Suabe abandonnés de leurs partis, se réconcilient avec l'empereur & le reconnaissent.

On tient à Magdebourg une diéte célébre. L'empereur grec, les venitiens y envoient des am-

ambaſſadeurs pour demander juſtice contre Roger roi de Sicile ; des ambaſſadeurs du duc de Pologne y prêtent à l'empire ſerment de fidélité, pour conſerver apparemment la Poméranie, dont ils s'étoient emparés.

1136.

Police établie en Allemagne. Hérédités & coutume des fiefs & des arriere-fiefs, confirmées. Magiſtratures des bourguemeſtres, des maires, des prevôts, ſoumiſes aux ſeigneurs féodaux. Privileges des égliſes. des évêchés, & bes abbayes confirmés.

1137.

Voiage de l'empereur en Italie. Roger duc de la Poüille, & nouveau roi de Sicile, tenait le parti de l'antipape Anaclet, & menaçait Rome. On fait la guerre à Roger.

La ville de Piſe avait alors une grande conſidération dans l'Europe, & l'emportait même ſur Veniſe & ſur Génel. Ces trois villes commerçantes fourniſſaient à preſque tout l'occident toutes les délicateſſes de l'Aſie. Elles s'étaient ſourdement enrichie par le commerce & par la liberté, tandis que les déſolations du gouvernement féodal répandaient preſque par tout ailleurs

la

la servitude & la misere. Les pisans seuls arment une flote de quarante galeres au secours de l'empereur ; & sans eux l'empereur n'aurait pû résister. On dit qu'alors on trouva dans la Pouille le premier exemplaire du Digeste & que l'empereur en fit présent à la ville de Pise.

Lothaire II. meurt en passant les Alpes du Tirol vers Trente.

CONRAD III.
VINGT-UNIEME EMPEREUR.
1138.

Henri duc de Baviére, surnommé le superbe, qui possédait la Saxe, la Misnie, la Turinge, en Italie Verone & Spolette, & presque tous les biens de la comtesse Mathilde, se saisit des ornements impériaux ; & crut que sa grande puissance le ferait reconnaître empereur : mais ce fut précisément ce qui lui ôta la couronne.

Tous les seigneurs se réunissent en faveur de Conrad, le même qui avait disputé l'empire à Lothaire second. Henri de Baviére qui paraissait si puissant, est le troisieme de ce nom qui est mis au ban de l'empire. Il faut qu'il ait été plus im-

pru-

prudent encor que superbe, puisqu'étant si puissant, il put à peine se défendre.

Comme le nom de la maison de ce prince était Guelfe, ceux qui tinrent son parti furent appellés les *Guelfes*, & on s'accoutuma à nommer ainsi les ennemis des empereurs.

1139.

On donne à Albert d'Anhalt, surnommé l'Ours, marquis de Brandebourg, la Saxe qui appartenait aux Guelfes ; on donne la Bavière au marquis d'Autriche. Mais enfin Albert l'Ours ne pouvant se mettre possession de la Saxe, on s'accommode. Le Saxe reste à la maison des Guelfes, la Bavière à celle d'Autriche ; tout a changé depuis.

1140.

Henri le superbe meurt, & laisse au berceau Henri *le lion*. Son frere Guelfe soutient la guerre. Roger roi de Sicile lui donnait mille marc d'argent pour la faire. On voit, qu'à peine les princes normands sont puissants en Italie qu'ils songent à fermer le chemin de Rome aux empereurs par toutes sortes de moyens. Frederic Barberousse neveu de Conrad & si célebre depuis, se signale dans cette guerre.

Depuis

Depuis 1140. jusqu'à 1146.

Jamais temps ne parut plus favorable aux empereurs pour venir établir dans Rome cette puissance qu'ils ambitionnerent toujours, & qui fut toujours contestée.

Arnaud de Brescia disciple d'Abélard, homme d'enthousiasme prêchait dans toute l'Italie contre la puissance temporelle des papes & du clergé. Il persuadait tous ceux qui avaient intérêt d'être persuadés, & sur-tout les romains.

En 1144. sous le court pontificat de Lucius II. les romains veulent encor rétablir l'ancienne république ; ils augmentent le sénat, ils élisent patrice un fils de l'antipape Pierre de Léon nommé Jourdain, & donnent au patrice le pouvoir tribunitial. Le pape Lucius marche contre eux, & est tué au pied du capitole.

Cependant Conrad III. ne va point en Italie, soit qu'une guerre des hongrois contre le marquis d'Autriche le retienne, soit que la passion épidemique des croisades ait déja passé jusqu'à lui.

1146.

Saint Bernard abbé de Clervaux a'ant prêché la croisade en France, la prêche en Allemagne.

Mais en quelle langue prêchait-il donc ? il n'entendait point le tudesque, il ne pouvait parler latin au peuple. Il y fit beaucoup de miracles. Cela peut être. Mais il ne joignit pas à ces miracles le don de prophétie. Car il annonça de la part de Dieu les plus grands succès.

L'empereur se croise à Spire avec beaucoup de seigneurs.

1147.

Conrad III. fait les préparatifs de sa croisade dans la diette de Francfort. Il fait avant son départ couronner son fils Henri, roi des romains. On établit le conseil impérial de Rotwell, pour juger les causes en dernier ressort. Ce conseil était composé de douze barons. La présidence fut donnée comme un fief à la maison de Schults, c'est-à-dire à condition de foi & hommage, & d'une rédevance. Ces espéces de fiefs commençaient à s'introduire.

L'empereur s'embarque sur le Danube avec le célébre évêque de Frisingue, qui a écrit l'histoire de ce tems, avec ceux de Ratisbonne, de Passau, de Bâle, de Metz, de Toul. Fréderic Barberousse, le marquis d'Autriche, Henri duc de Baviére, le marquis de Montferrat sont les principaux princes qui l'accompagnent.

Les allemands étaient les derniers qui venaient

à ces expéditions d'abord si brillantes, & bientôt après si malheureuses. Déja était érigé le petit roïaume de Jérusalem : les états d'Antioche, d'Edesse, de Tripoli de Sirie s'étaient formés. Il s'étoit élevé des comtes de Joppé, des marquis de Galilée & de Sidon ; mais la plûpart de ces conquêtes étaient perdues.

1148.

L'intempérance fait périr une partie de l'armée allemande. De-là tous ces bruits que l'empereur grec a empoisonné les fontaines pour faire périr les croisés.

Conrad & Louis le jeune roi de France joignent leurs armées affaiblies vers Laodicée. Après quelques combats contre les musulmans, il va en pelerinage à Jerusalem, au lieu de se rendre maître de Damas, qu'il assiége ensuite inutilement. Il s'en retourne presque sans armée sur les vaisseaux de son beaufrere Mannuel Commene, il aborde dans le golfe de Venise, n'osant aller en Italie, encor moins se présenter à Rome pour y être couronné.

1148. 1149.

La perte de toutes ces prodigieuses armées de croisés dans les païs où Alexandre avait subjugué

avec

avec quarante mille hommes un empire beaucoup plus puiſſant que celui des arabes & des turcs, démontre que dans ces entrepriſes des chrétiens il y avait un vice radical qui devait néceſſairement les détruire : c'était le gouvernement féodal, l'indépendance des chefs, & par conſéquent la déſunion, le déſordre & l'imprudence.

La ſeule croiſade raiſonnable qu'on fit alors, fut celle de quelques ſeigneurs flamands & anglais, mais principalement de pluſieurs allemands des bords du Rhin, du Mein, & du Vezer qui s'embarquérent pour aller ſécourir l'Eſpagne toujours envahie par les maures. C'était là un danger véritable qui demandait des ſécours. Et il valait mieux aſſiſter l'Eſpagne contre les uſurpateurs, que d'aller à Jeruſalem ſur laquelle on n'avait aucun droit à prétendre, & où il n'y avait rien à gagner. Les croiſés prirent Liſbonne & la donnérent au roi alphonſe.

On en faiſait une autre contre les païens du nord ; car l'eſprit du tems chez les chrétiens était d'aller combattre ceux qui n'étaient pas de leur réligion. Les évêques de Magdebourg, de Halberſtad, de Munſter, de Merſbourg, de Brandebourg, pluſieurs abbés animent cette croiſade. On marche avec une armée de ſoixante mille hommes pour aller convertir les ſlaves, les habitans de la Poméranie de la Pruſſe & des bords de la mer baltique. Cette croiſade ſe fait ſans conſulter l'empereur, & elle tourne même contre lui.

Henri le Lion duc de Saxe à qui Conrad avait ôté la Baviére était à la tête de la croiſade contre les païens ; il les laiſſa bientôt en repos, pour attaquer les chrétiens & pour reprendre la Baviere.

1150. 1151.

L'empereur pour tout fruit de ſon voïage en Paleſtine ne retrouve donc en Allemagne qu'une guerre civile ſous le nom de *guerre ſainte*. Il a bien de la peine avec le ſecours des Bavarois & du reſte de l'Allemagne, à contenir Henri le Lion & les Guelfes.

1152.

Conrad III. meurt à Bamberg le 15. février, ſans avoir pû être couronné en Italie, ni laiſſer le roïaume d'Allemagne a ſon fils.

FREDERIC I. DIT BARBEROUSSE
VING-DEUXIEME EMPEREUR.

1152.

Fréderic I. eſt élu à Francfort par le conſentement de tous les princes. Son ſecretaire Amandus

dus rapporte dans ses annales, dont on a conservé des extraits, que plusieurs seigneurs de Lonbardie y donnérent leur suffrage en ces termes, *ô vous officiez* officiati *si vous y consentez Fréderic aura la force de son empire.*

Ces *Officiati* étaient alors au nombre de six. Les archevêques de Mayence, de Tréves, de Cologne étaient trois chanceliers. Il y avoit le grand écuier, le grand maître d'hôtel, le grand chambellan, on y ajouta depuis le grand échanson. Il paraît indubitable que ces officiati étaient les premiers qui reconnaissaient l'empereur élu, qui l'annonçaient au peuple, qui se chargeaient de la cémonie.

Les seigneurs italiens assisterent à cette élection de Fréderic. Rien n'est plus naturel. On croiait à Francfort donner l'empire romain en donnant la couronne d'Allemagne; quoique le roi ne fût nommé empereur qu'après avoir été couronné à Rome. Le prédecesseur de Fréderic barberousse n'avait eu aucune autorité ni à Rome, ni dans l'Italie : & il était de l'intérêt de l'élu que les grands vassaux de l'empire romain joignissent leur suffrage aux voix des allemands.

L'archevêque de Cologne le couronne à Aix-la-Chapelle : & tous les évêques l'avertissent qu'il n'a point l'empire par droit d'hérédité. L'avertissement

sement était inutile ; le fils du dernier empereur abandonné en était une assez bonne preuve.

Son regne commence par l'action la plus imposante. Deux concurrents Svenon & Canut disputaient depuis longtems le Dannemarck : Fréderic se fait arbitre ; il force Canut à céder ses droits. Svenon soumet le Dannemark à l'empire dans la ville de Mersbourg. Il prête serment de fidélité, il est investi par l'épée. Ainsi au milieu de tant de troubles on voit des rois de Pologne, de Hongrie, de Dannemarck aux pieds du trône impérial.

1153.

Le marquisat d'Autriche est érigé en duché en faveur de Henri Jasamergott qu'on ne connait guere, & dont la postérité s'éteignit environ un siécle après.

Henri le Lion ce duc de Saxe de la maison Guelfe obtient l'investiture de la Baviére parce qu'il l'avait presque toute reconquise, & il devient partisan de Fréderic barberousse autant qu'il avait été ennemi de Conrad III.

Le pape Eugene III. envoie deux légats faire le procès à l'Archevêque de Mayence, accusé d'avoir dissipé les biens de son église, & l'empereur le permet.

1154.

1154.

En récompense Frédéric barberousse répudie sa femme Marie de Vocbourg ou Vohenbourg, sans que le pape Adrien IV. alors siégeant à Rome, le trouve mauvais.

1155.

Fréderic reprend sur l'Italie les desseins de ses prédecesseurs. Il réduit plusieurs villes de Lombardie qui voulaient se mettre en république, mais Milan lui résiste.

Il se saisit au nom de Henri son pupille, fils de Conrad III. des terres de la comtesse Mathilde, est couronné à Pavie, & députe vers Adrien IV. pour le prier de le couronner empereur à Rome.

Ce pape est un des grands exemples de ce que peuvent le mérite personel & la fortune. Né anglais, fils d'un mendiant, longtems mendiant lui-même, errant de païs en païs avant de pouvoir être reçu valet chez des moines en Dauphiné, enfin porté au comble de la grandeur, il avait d'autant plus d'élevation dans l'esprit qu'il était parvenu d'un état plus abject. Il voulait couronner un vassal, & craignait de se donner un maître. Les troubles précedents avaient introduit la coutume que, quand l'empereur venait se faire sacrer, le pape se fortifiait, le peuple se cantonnait

tonnait, & l'empereur commençait par jurer que le pape ne feroit ni tué ni mutilé ni dépouillé.

Le St. fiege était protegé, comme on l'a vû, par le roi de Sicile & de Naples devenu voifin & vaffal dangereux.

L'empereur & le pape fe menagent l'un l'autre. Adrian enfermé dans la forterefle de Citta di caftello s'accorde pour le couronnement, comme on capitule avec fon ennemi. Un chevalier armé de toutes parts vient lui jurer fur l'Evangile que fes membres & fa vie feront en fureté ; & l'empereur lui livre ce fameux Arnaud de Brefcia qui avait foulevé le peuple romain contre le pontificat, & qui avait été fur le point de rétablir la république romaine. Arnauld eft brûlé à Rome comme un hérétique & comme un républicain que deux fouverains prétendant au defpotifme s'immolaient.

Le pape va au-devant de l'empereur qui devait, felon le nouveau cérémonial, lui baifer les pieds, lui tenir l'étrier & conduire fa haquenée blanche l'efpace de neuf pas romains. L'empereur ne faifait point de difficulté de baifer les pieds : mais il ne voulait point de la bride. Mais les cardinaux s'enfuient dans Citta di caftello, comme fi Frederic barberouffe avait donné le fignal d'une guerre civile

vile. On lui fit voir que Lothaire second avait accepté ce cérémonial d'humilité chrétienne, il s'y soumit enfin; & comme il se trompait d'étrier, il dit qu'il n'avoit pas appris le métier de palfrenier.

Les députés du peuple romain devenus aussi plus hardis depuis que tant de villes d'Italie avaient sonné le tocsin de la liberté, viennent dire à Frederic: *Nous vous avons fait notre citoien & notre prince d'étranger que vous étiez*, &c. Frederic leur impose silence, & leur dit, *Charlemagne & Oton vous ont conquis, je suis votre maître*, &c.

Fréderic est sacré empereur le 18. juin dans St. Pierre.

On savait si peu ce que c'était que l'empire, toutes les prétentions étaient si contradictoires, que d'un côté le peuple romain se souleva, & il y eut beaucoup de sang versé, parce que le pape avait couronné l'empereur sans l'ordre du senat & du peuple; & de l'autre côté le pape Adrien écrivait dans toutes ses lettres, qu'il avait conféré à Frederic le bénéfice de l'empire romain. *Beneficium imperii romani*. Ce mot de *beneficium* signifiait un fief alors.

Il fit de plus exposer en public un tableau qui représentait Lothaire second aux genoux du pape Alexandre second, tenant les mains jointes entre celles

celles du pontife ; ce qui était la marque diſtinctive de la vaſſaité. L'inſcription du tableau était :

Rex venit ante fores jurans prius urbis honores
Poſt homo fit papæ, ſumit quo dante coronam.

» Le roi jure à la porte le maintien des hon-
» neurs de Rome, devient vaſſal du pape, qui
» lui donne la couronne.

1156.

On voit déja Frederic fort puiſſant en Allemagne : car il fait condamner le comte Palatin du Rhin à ſon retour dans une diette pour des malverſations. La peine était, ſelon l'ancienne loi de Suabe, de porter un chien ſur les épaules un mile d'allemagne. L'archevêque de Mayence eſt condamné à la même peine ridicule. On la leur épargne. L'empereur fait détruire pluſieurs petits châteaux de brigands. Il épouſe à Virtzbourg la fille d'un comte de Bourgogne, c'eſt-à-dire de la Franche-comté, & devient par là ſeigneur direct de cette Comté relevant de l'Empire.

1157.

Les polonois refuſent de payer le tribut qui était alors fixé à cinq cent marcs d'argent. Frédéric marche vers la Pologne. Le duc de Pologne

gne donne son frere en ôtage & se soumet au tribut dont il paye les arrérages.

Fréderic passe à Besançon devenu son domaine, il y reçoit des légats du pape avec les ambassadeurs de presque tous les princes. Il se plaint avec hauteur à ces légat du terme de *bénéfice* dont la cour de Rome usait en parlant de l'empire, & du tableau où Lothaire II. était représenté comme vassal du St. Siége. Sa gloire & sa puissance ainsi que son droit justifient cette hauteur. Un légat aïant dit : *si l'empereur ne tient pas l'empire du pape, de qui le tient-il donc?* Le comte palatin pour réponse veut tuer les légats. L'empereur les renvoie à Rome.

Les droits régaliens sont confirmés à l'archevêque de Lyon, reconnu par l'empereur, pour primat des Gaules. La jurisdiction de l'archevêque est par cet acte mémorable étendue sur tous les fiefs de la Savoye. L'original de ce diplome subsiste encor. Le sceau est dans une petite bulle ou boëte d'or. C'est de cette maniere de sceler que le nom de bulle a été donné aux constitutions.

1158.

L'empereur accorde le titre de roi au duc de Bohême Uladislas sa vie durant. Les empereurs

reurs donnaient alors des titres à vie, même celui de monarque; & on était roi par la grace de l'empereur, sans que la province dont on devenait roi fût un roïaume; de sorte que l'on voit dans les commencements tantôt des rois, tantôt des ducs de Hongrie, de Pologne, de Bohême.

Il passe en Italie; d'abord le comte palatin, & le chancelier de l'empereur, qu'il ne faut pas confondre avec le chancelier de l'empire, vont recevoir les ferments de plusieurs villes; ces serments étaient conçus en ces termes : *Je jure d'être toujours fidéle à monseigneur l'empereur Fréderic contre tous ses ennemis* &c. Comme il était brouillé alors avec le pape à cause de l'avanture des légats à Besançon, il semblait que ces serments fussent éxigés contre le St. siége.

Il ne paraît pas que les papes fussent alors souverains des terres données par Pepin, par Charlemagne, & par Oton I. Les commissaires de l'empereur éxercent tous les droits de la souveraineté dans la marche d'Ancone.

Adrien IV. envoie de nouveaux légats à l'empereur dans Augsbourg où il assemble son armée. Frédéric marche à Milan. Cette ville était déja la plus puissante de la Lonbardie : & Pavie & Ravenne étaient peu de chose en comparaison : elle
s'était

s'était rendue libre dès le tems de l'empereur Henri V. la fertilité de son territoire & sur tout sa liberté l'avaient enrichie.

A l'approche de l'empereur, elle envoie offrir de l'argent pour garder sa liberté. Mais Fréderic veut l'argent & la sujetion. La ville est assiégée & se défend. Bientôt ses consuls capitulent, on leur ôte le droit de battre monnoie & tous les droits régaliens. On condamne les milanais à bâtir un palais pour l'empereur, à payer 9000. marcs d'argent. Tous les habitans font serment de fidélité. Milan sans duc & sans comte, fut gouvernée en ville sujette.

Fréderic fait commencer à bâtir le nouveau Lodi sur la riviére d'Adda. Il donne de nouvelles loix en Italie, & commence par ordonner que toute ville qui transgressera ces loix payera 100. marcs d'or, un marquis 50. un comte 40. & un seigneur chatelain 10. Il ordonne qu'aucun fief ne pourra se partager. Et comme les vassaux en prêtant hommage aux seigneurs des grands fiefs leur juraient de les servir indistinctement envers & contre tous, il ordonne que dans ces sermens on excepte toujours l'empereur ; loi sagement contraire aux coutumes féodales de France, par lesquelles un vassal était obligé de servir son seigneur en guerre contre le roi.

Les génois & les pisans avaient depuis long-tems enlevé la Corse & la Sardaigne aux sarrazins & s'en disputaient encor la possession. C'est une preuve qu'ils étaient très-puissants. Mais Fréderic plus puissant qu'eux envoie des commissaires dans ces deux villes, & parce que les génois le traversent, il leur fait payer une amande de mille marcs d'argent ; & les empêche de continuer à fortifier Gênes.

Il remet l'ordre dans les fiefs de la comtesse Mathilde dont les papes ne possédaient rien. Il les donne à un Guelfe cousin du duc de Saxe & de Baviére. On oublie son neveu fils de l'empereur Conrad. En ce tems l'université de Boulogne la premiere de toutes les universités de l'Europe commençait à s'établir, & l'empereur lui donne des privileges.

1159.

Frédéric I. commençait à être plus maître en Italie que Charlemagne & Oton, il affaiblit le pape en soutenant les prérogatives des senateurs de Rome, & encor plus en mettant des troupes en quartier d'hiver dans ses terres.

Adrien IV. pour mieux conserver le temporel attaque Frédéric Barberousse sur le spirituel. Il ne s'agit plus des Investitures par un bâton courbé ou droit, mais du serment que les évêques prêtent à l'empereur. Il traite cette cérémonie de sacrilege, & cependant sous main il excite les peuples.

Les milanais prennent cette occasion de recouvrer un peu de liberté. Fréderic les fait déclarer *déserteurs & ennemis de l'empire* ; & par l'arrêt leurs biens sont livrés au pillage, & leurs personnes à l'esclavage ; arrêt qui ressemble plutôt à un ordre d'Attila, qu'à une constitution d'un empereur chrétien.

Adrien IV. saisit ce tems de trouble pour redemander tous les fiefs de la comtesse Mathilde, le duché de Spolette, la Sardaigne & la Corse. L'empereur ne lui donne rien. Il assiége Creme qui avoit pris le parti de Milan : prend Creme & la pille. Milan respire & jouit quelque-tems du bonheur de devoir sa liberté à son courage.

1160.

Après la mort du pape Adrien IV. les cardinaux se partagent. La moitié élit le cardinal Roland, qui prend le nom d'Alexandre III. ennemi déclaré de l'empereur, l'autre choisit Octavien son partisan qui s'appelle Victor. Fréderic barberousse, usant de ses droits d'empereur, indique un concile à Pavie pour juger entre les deux compétiteurs. Alexandre refuse de reconnaître ce concile. Victor s'y présente. Le concile juge en sa faveur. L'empereur

pereur lui baise les pieds & conduit son cheval comme celui d'Adrien.

Alexandre III. retiré dans Anagni excommunie l'empereur & absout ses sujets du serment de fidélité. On voit bien que le pape comptait sur le secours des rois de Naples & de Sicile.

1161.

Les milanais profitent de ces divisions. Ils osent attaquer l'armée imperiale à Carentia à quelques milles de Lodi; & remportent une grande victoire. Si les autres villes d'Italie avaient secondé Milan, c'était le moment pour délivrer à jamais ce beau païs du joug étranger.

1162.

L'empereur rétablit son armée & ses affaires: les milanais bloqués manquent de vivres, ils capitulent. Les consuls & huit chevaliers, chacun l'épée nue à la main, viennent mettre leurs épées aux pieds de l'empereur à Lodi. L'empereur révoque l'arrêt qui condamnait les citoyens à la servitude & qui livrait leur ville au pillage. Mais à peine y est-il entré le 27. de mars, qu'il fait démolir les portes, les remparts, tous les édifices publics, & on sême du sel sur leurs ruines. Les huns, les gots, les lombards, n'avaient pas ainsi traité l'Italie.

Les génois qui se prétendaient libres, viennent prêter serment de fidélité; & en protestant qu'ils ne donneront point de tribut annuel, ils donnent 1200. marcs d'argent. Ils promettent d'équiper une flotte pour aider l'empereur à conquérir la Sicile & la Pouille; & Frédéric leur donne en fief ce qu'on appelle la riviére de Gènes, depuis Monaco jusqu'à Porto-venere.

Il marche à Boulogne qui était conféderée avec Milan, il y protége les colléges, & fait démanteler les murailles. Tout se soumet à sa puissance.

Pendant ce tems l'empire fait des conquêtes dans le nord. Le duc de Saxe s'empare du Mexlenbourg, païs de vandales, & y transplante des colonies d'Allemands.

Pour rendre le triomphe de Frédéric Barberousse complet, le pape Alexandre III. son ennemi fuit de l'Italie & se retire en France. Frédéric va à Besançon, pour intimider le roi de France & le détacher du parti d'Alexandre.

C'est dans ce tems de sa puissance qu'il somme les rois de Dannemarck, de Bohême & de Hongrie de venir à ses ordres, donner leur voix dans une diette contre un pape. Le roi de Dannemarck Valdemar I. obéit; il se rend à Besançon. On dit qu'il n'y fit serment de fidélité que pour le reste

de

de la Vandalie qu'on abandonnait à ses conquêtes. D'autres disent qu'il renouvella l'hommage pour le Dannemarck. S'il est ainsi, c'est le dernier roi de Dannemarck qui ait fait hommage de son royaume à l'empire. Et cette année 1162. devient par là une grande époque.

1163.

L'empereur va à Mayence, dont le peuple excité par des moines avait massacré l'archevêque. Il fait raser les murailles de la ville, elles ne furent rétablies que long-tems après.

1164.

Erfort, capitale de la Thuringe, ville dont les archevêques de Mayence ont prétendu la seigneurie depuis Oton premier, est ceinte de murailles, dans le tems qu'on détruit celles de Mayence.

Etablissement de la société des villes anséatiques Cette union avoit commencé par Hambourg & Lubec, qui faisaient quelque, négoce à l'exemple des villes maritimes de l'Italie. Elles se rendirent bientôt utiles & puissantes, en fournissant du moins le nécessaire au nord de l'Allemagne. Et depuis lorsque Lubec qui appartenait au fameux Henri le Lion & qu'il fortifia, fut déclarée ville imperiale par Fréderic Barberousse, & la premiere des villes maritimes, lorsqu'elle eut le droit de battre monnoie, cette monnoie fut la meilleure de toutes, dans ces païs où l'on n'en avait frappé jusqu'alors qu'alors qu'à un très-bas titre. De-là vient, à ce qu'on a cru, l'argent *Efterling*. De-là vient que Londres compta par livres Efterling, quand elle se fut affociée aux villes anféatiques.

Il arrive à l'empereur ce qui était arrivé à tous fes prédéceffeurs : on fait contre lui des ligues en Italie, tandis qu'il eft en Allemagne. Rome fe ligue avec Venife par les foins du pape Alexandre III. Venife imprenable par fa fituation était redoutable par fon opulence ; elle avait acquis de grandes richeffes dans les croifades auxquelles les vénitiens n'avaient jufqu'alors pris part qu'en négociants habiles.

Fréderic retourne en Italie, & ravage le Véronois qui était de la ligue. Son pape Victor meurt. Il en fait facrer un autre au mépris de toutes les loix par un évêque de Liége. Cet ufurpateur prend le nom de Pafcal.

La Sardaigne était alors gouvernée par quatre baillifs. Un d'eux qui s'était enrichi, vient demander à Fréderic le titre de roi, & l'empereur le lui donne. Il triple par-tout les impôts, & retourne en Allemagne avec affez d'argent pour fe faire craindre.

1165.

Diette de Wirtzbourg contre le pape Alexandre

dre III. l'empereur exige un serment de tous les princes & de tous les évêques de ne point reconnaître Alexandre. Cette diette est célébre par les députés d'Angleterre qui viennent rendre compte des droits du roi & du peuple contre les prétentions de l'église de Rome.

Fréderic pour donner de la considération à son pape Pascal, lui fait canoniser Charlemagne. Aix-la-Chapelle prend le titre de la capitale de l'empire, quoiqu'il n'y ait point en effet de capitale. Elle obtient le droit de battre monnoie.

1166.

Henri le Lion, duc de Saxe & de Baviére, ayant augmenté prodigieusement ses domaines, l'empereur n'est pas fâché de voir une ligue en Allemagne contre ce prince. Un archevêque de Cologne hardi & entreprenant s'unit avec plusieurs autres évêques, avec le comte Palatin, le comte de Thuringe & le marquis de Brandebourg. On fait à Henri le Lion une guerre sanglante. L'empereur les laisse se battre & passe en Italie.

1167.

Les pisans & les génois plaident à Lodi devant l'empereur pour la possession de la Sardaigne, & ne l'obtiennent ni les uns ni les autres.

Fréderic va mettre à contribution la Pentapole si solemnellement cédée aux papes par tant d'empereurs, & patrimoine incontestable de l'église.

La ligue de Venise & de Rome, & la haine que le pouvoir despotique de Fréderic inspire, engagent Crémone, Bergame, Brescia, Mantoue, Ferrare & d'autres villes à s'unir avec les milanois. Toutes ces villes & les romains prennent en même tems les armes.

Les romains attaquent vers Tusculum une partie de l'armée impériale. Elle était commandée par un archevêque de Mayence très-célébre alors, nommé Christiern, & par un archevêque de Cologne. C'était un spectacle rare de voir ces deux prêtres entonner une chanson allemande pour animer leurs troupes au combat.

Mais ce qui marquait bien la décadence de Rome, c'est que les allemands dix fois moins nombreux, défirent entiérement les romains. Fréderic marche alors d'Ancone à Rome; il l'attaque: il brûle la vigne Léonine; & l'église de St. Pierre est presque consumée.

Le pape Alexandre s'enfuit à Bénévent. L'empereur se fait couronner avec l'impératrice Béatrix par son antipape Pascal dans les ruines de Saint Pierre.

De-là Fréderic revole contre les villes confédérées. La contagion qui défole fon armée, les met pour quelque tems en fûreté. Les troupes allemandes victorieufes des romains étaient fouvent vaincues par l'intempérance & par la chaleur du climat.

1168.

Alexandre III. trouve le fecret de mettre à la fois dans fon parti Emmanuel, empereur des grecs, & Guillaume roi de Sicile, ennemi naturel des grecs; tant on croyait de l'intérêt commun de fe réunir contre Barberouffe.

En effet, ces deux puiffances envoient au pape de l'argent & quelques troupes. L'empereur à la tête d'une armée très-diminuée, voit les milanais relever leurs murailles fous fes yeux, & prefque toute la Lombardie conjurée contre lui. Il fe retire vers le comté de Morienne. Les milanais enhardis le pourfuivent dans les montagnes. Il échappe à grand peine, & fe retire en Alface, tandis que le pape l'excommunie.

L'Italie refpire par fa retraite. Les milanais fe fortifient. Ils bâtiffent aux pieds des Alpes la ville d'Alexandrie à l'honneur du pape.

En cette année Lunébourg commence à devenir une ville.

L'évêque de Wirtzbourg obtient la jurisdiction civile dans le duché de Franconie. C'est ce qui fait que ses successeurs ont eu la direction du cercle de ce nom.

Guelfe, cousin germain du fameux Henri le Lion duc de Saxe & de Baviére, légue en mourant à l'empereur le duché de Spoléte, le marquisat de Toscane, avec ses droits sur la Sardaigne, païs reclamé par tant de compétiteurs, abandonné à lui-même & à ses baillis dont l'un se disait roi.

1169.

Fréderic fait élire Henri son fils aîné roi des romains, tandis qu'il est prêt à perdre pour jamais Rome & l'Italie.

Quelques mois après il fait élire son second fils Fréderic duc d'Allemagne, & lui assûre le duché de Suabe : les auteurs étrangers ont cru que Fréderic avait donné l'Allemagne entiere à son fils, mais ce n'était que l'ancienne Allemagne proprement dite. Il n'y avait d'autre roi de la Germanie nommée Allemagne que l'empereur.

1170.

Fréderic n'est plus reconnoissable. Il négocie avec le pape, au lieu d'aller combattre. Ses armées & son tréfor étaient donc diminués.

Les

Les danois prennent Stettin. Henri le Lion, au lieu d'aider l'empereur à recouvrer l'Italie, se croise avec ses chevaliers saxons pour aller se battre dans la Palestine.

1171.

Henri le Lion trouvant une tréve établie en Asie, s'en retourne par l'Egypte. Le Soudan voulut étonner l'Europe par sa magnificence & sa générosité : il accabla de présents le duc de Saxe & de Baviére : & entre autres, il lui donna quinze cent chevaux arabes.

1172.

L'empereur assemble enfin une diette à Worms, & demande du secours à l'Allemagne pour ranger l'Italie sous sa puissance.

Il commence par envoyer une petite armée commandée par ce même archevêque de Mayence qui avoit battu les romains.

Les villes de Lombardie étaient confédérées, mais jalouses les unes des autres. Lucques était ennemie mortelle de Pise ; Gêne l'était de Pise & de Florence ; & ce sont ces divisions qui ont perdu à la fin l'Italie.

1173.

L'archevêque de Mayence Christiern réussit habilement à détacher les vénitiens de la ligue. Mais Milan, Pavie, Florence, Crémone, Parme, Boulogne font inébranlables & Rome les foutient.

Pendant ce tems Fréderic est obligé d'aller appaiser des troubles dans la Bohême. Il y dépossède le roi Ladiflas, & donne la régence au fils de ce roi. On ne peut être plus abfolu, qu'il l'était en Allemagne, & plus faible alors au-delà des Alpes.

1174.

Il paffe enfin le mont Cenis. Il affiége cette Alexandrie bâtie pendant fon abfence, & dont le nom lui était odieux ; & commence par faire dire aux habitans que s'ils ofent fe défendre, on ne pardonnera ni au fexe ni à l'enfance.

1175.

Les alexandrins fecourus par les villes confédérées fortent fur les impériaux, & les battent à l'exemple des milanais. L'empereur, pour comble de difgrace, eft abandonné par Henri le Lion qui fe retire avec fes faxons, très-indifpofé contre Barberouffe qui gardait pour lui les terres de Mathilde.

Il femblait que l'Italie allait être libre pour jamais.

1176.

Fréderic reçoit des renforts d'Allemagne. L'archechevêque de Mayence eſt à l'autre bout de l'Italie dans la marche d'Ancone avec ſes troupes.

La guerre eſt pouſſée vivement des deux côtés. L'infanterie milanaiſe tout armée de piques défait toute la gendarmerie impériale. Fréderic échape à peine pourſuivi par les vainqueurs. Il ſe cache & ſe ſauve enfin dans Pavie.

Cette victoire fut le ſignal de la liberté des italiens pendant pluſieurs années : eux ſeuls alors purent ſe nuire.

Le ſuperbe Fréderic prévient enfin & ſollicite le pape Alexandre, retiré dès long-tems dans Anagnia, craignant également les romains qui ne voulaient point de maître, & l'empereur qui voulait l'être.

Fréderic lui offre de l'aider à dominer dans Rome, de lui reſtituer le patrimoine de St. Pierre, & de lui donner une partie des terres de la comteſſe Mathilde. On aſſemble un congrès à Boulogne.

1177.

Le pape fait transferer le congrès à Veniſe, où il ſe rend ſur les vaiſſeaux du roi de Sicile. Les ambaſſadeurs de Sicile, & les députés des villes lombardes y arrivent les premiers. L'archevêque de Mayence Chriſtiern y vient conclure la paix.

Il est difficile de démêler comment cette paix, qui devait assurer le repos des papes & la liberté des italiens, ne fut qu'une tréve de six ans avec les villes lombardes, & de 15. ans avec la Sicile. Il n'y fut pas question des terres de la comtesse Mathilde, qui avaient été la base du Traité.

Tout étant conclu, l'empereur se rend à Venise. Le duc le conduit dans sa gondole à St. Marc. Le pape l'attendait à la porte, la tiare sur la tête. L'empereur sans manteau le conduit au chœur, une baguette de bedeau à la main. Le pape prêcha en latin que Fréderic n'entendait pas. Après le sermon, l'empereur vient baiser les pieds du pape, communie de sa main, conduit sa mule dans la place St. Marc au sortir de l'église; & Alexandre III. s'écriait: *Dieu a voulu qu'un vieillard & un prêtre triomphât d'un empereur puissant & terrible.* Toute l'Italie regarda Innocent III. comme son libérateur & son pere.

La paix fut jurée sur les évangiles par douze princes de l'empire. On n'écrivait guère alors ces traités. Il y avait peu de clauses; les serments suffisaient. Peu de princes allemands savaient lire & signer. Et on ne se servait de la plume qu'à
Rome

Rome. Cela reſſemble aux tems ſauvages qu'on appelle héroïques.

Cependant on exigea de l'empereur un acte particulier ſcellé de ſon ſceau, par lequel il promit de n'inquiéter de ſix ans les villes d'Italie.

1178.

Comment Fréderic Barberouſſe oſait-il après cela paſſer par Milan, dont le peuple traité par lui en eſclave, l'avait vaincu ? il y alla pourtant en retournant en Allemagne.

D'autres troubles agitaient ce vaſte païs, guerrier, puiſſant & malheureux, dans lequel il n'y avait pas encore une ſeule ville comparable aux médiocres de l'Italie.

Henri le Lion maître de la Saxe & de la Baviére faiſait toujours la guerre à pluſieurs évêques, comme l'empereur l'avait faite au pape. Il ſuccomba comme lui, & par l'empereur même.

L'archevêque de Cologne aidé de la moitié de la Weſtphalie, l'archevêque de Magdebourg, un évêque d'Halberſtadt, étaient opprimés par Henri le Lion, & lui faiſaient tout le mal qu'ils pouvaient. Preſque toute l'Allemagne embraſſe leur parti.

1179.

Henri le Lion eſt le quatriéme duc de Baviére
mis

mis au ban de l'empire dans la diette de Goſlar. Il fallait une puiſſante armée pour mettre l'arrêt à exécution. Ce prince était plus puiſſant que l'empereur. Il commandait alors depuis Lubec juſqu'au milieu de la Weſtphalie. Il avait, outre la Baviére, la Stirie, & la Carinthie. L'archevêque de Cologne ſon ennemi eſt chargé de l'exécution du ban.

Parmi les vaſſaux de l'empire qui aménent des troupes à l'archevêque de Cologne, on voit un Philippe comte de Flandres, ainſi qu'un comte de Hainaut, & un duc de Brabant &c. Cela pourrait faire croire que la Flandre proprement dite ſe regardait toujours comme membre de l'empire, quoique pairie de la France ; tant le droit féodal traînait après lui d'incertitudes.

Le duc Henri ſe défend dans la Saxe ; il prend la Thuringe, il prend la Heſſe, il bat l'armée de l'archevêque de Cologne.

La plus grande partie de l'Allemagne eſt ravagée par cette guerre civile, effet naturel du gouvernement féodal. Il eſt même étrange que cet effet n'arrivât pas plus ſouvent.

1180.

Après quelques ſuccès divers, l'empereur tient une

une diette dans le château de Gelnhausen vers le Rhin. On y renouvelle, on y confirme la proscription de Henri le Lion. Fréderic y donne la Saxe à Bernard d'Anhalt, fils d'Albert l'Ours marquis de Brandebourg. On lui donne aussi une partie de la Westphalie. La maison d'Anhalt parut alors devoir être la plus puissante de l'Allemagne.

La Bavière est accordée au comte Oton de Vitelsbach, chef de la cour de justice de l'empereur. C'est de cet Oton Vitelsbach que descendent les deux maisons électorales de Bavière qui regnent de nos jours après tant de malheurs. Elles doivent leur grandeur à Fréderic Barberousse.

Dès que ces seigneurs furent investis, chacun tombe sur Henri le Lion ; & l'empereur se met lui-même à la tête de l'armée.

1181.

On prend au duc Henri, Lunébourg dont il était maître ; on attaque Lubec dont il était le protecteur ; & le roi de Dannemarck Valdemar aide l'empereur dans ce siége de Lubec.

Lubec déja riche, & qui craignait de tomber au pouvoir du Dannemarck se donne à l'empereur qui la déclare ville impériale, capitale des villes
de

de la mer Baltique, avec la permiſſion de battre monnoie.

Le duc Henri ne pouvant plus réſiſter, va ſe jetter aux pieds de l'empereur, qui lui promet de lui conſerver Brunſwick & Lunebourg : reſte de tant d'états qu'on lui enleve.

Henri le Lion paſſe à Londres avec ſa femme, chez le roi Henri II. ſon beau-pere. Elle lui donne un fils nommé Oton ; c'eſt le même qui fut depuis empereur ſous le nom d'Oton IV. & c'eſt d'un frere de cet Oton IV. que deſcendent les princes qui regnent aujourd'hui en Angleterre. De ſorte que les ducs de Brunſwick, les rois d'Angleterre, les ducs de Modene ont tous une origine commune, & cette origine eſt italienne.

1182.

L'Allemagne eſt alors tranquille. Fréderic y abolit pluſieurs coutumes barbares ; entre autres celle de piller le mobilier des morts ; droit horrible que tous les bourgeois des villes exerçaient au décès d'un bourgeois, aux dépens des heritiers, & qui cauſait toujours des querelles ſanglantes, quoique le mobilier fût alors bien peu de choſe.

Toutes les villes de la Lombardie jouiſſent d'une profonde paix & reprennent la vie.

Les Romains persistent toujours dans l'idée de se soustraire au pouvoir des papes, comme à celui des empereurs. Ils chassent de Rome le pape Lucius III. successeur d'Alexandre.

Ce même Christiern, archevêque de Mayence, toujours général de l'empereur, marche avec une armée au secours du pape, mais il meurt à Tusculum.

Le sénat est le maître dans Rome. Quesques clercs qu'on prend pour des espions du pape Lucius III. lui sont renvoyés avec les yeux crevés ; inhumanité trop indigne du nom romain.

1183.

Frédéric I. déclare Ratisbonne ville impériale. Il détache le Tirol de la Bavière ; il en détache aussi la Stirie, qu'il érige en duché.

Célébre congrès à Plaisance le 30 avril, entre les commissaires de l'empereur, & les députés de toutes les villes de Lombardie. Ceux de Venise même s'y trouvent. Ils conviennent que l'empereur peut exiger de ses vassaux d'Italie le serment de fidélité ; & qu'ils sont obligés de marcher à son secours, en cas qu'on l'attaque dans son voyage à Rome, qu'on appelle l'expédition romaine.

Ils stipulent que les villes & les vassaux ne fourniront à l'empereur dans son passage, que le fourrage ordinaire, & les provisions de bouche, pour tout subside.

L'empereur leur accorde le droit d'avoir des troupes, des fortifications, des tribunaux qui jugent en dernier ressort, jusqu'à concurrence de cinquante marcs d'argent ; & nulle cause ne doit être jamais évoquée en Allemagne.

Si dans ces villes l'évêque a le titre de comte, il y conservera le droit de créer les consuls de sa ville épiscopale ; & si l'évêque n'est pas en possession de ce droit, il est réservé à l'empereur.

Ce traité qui rendait l'Italie libre sous un chef, a été regardé long-temps par les italiens comme le fondement de leur droit public.

Les marquis de Malaspina, & les comtes de Créme y sont spécialement nommés, & l'empereur transige avec eux comme avec les autres villes. Tous les Seigneurs des fiefs y sont compris en général.

Apparemment que les députés de Venise ne signerent à ce traité que pour les fiefs qu'ils avaient dans le continent ; car pour la ville de Venise, elle ne mettait pas sa liberté & son indépendance en compromis.

1184.

Grande diette à Mayence. L'empereur y fait

encore

encore reconnaître son fils Henri roi des romains.

Il arme chevaliers ses deux fils, Henri & Frédéric. C'est le premier empereur qui ait fait ainsi ses fils chevaliers, avec les cérémonies alors en usage. Le nouveau chevalier faisait la veille des armes, ensuite on le mettait au bain ; il venait recevoir l'accolade & le baiser en tunique; des chevaliers lui attachoient ses éperons ; il offrait son épée à Dieu & aux saints ; on le revêtait d'une épitoge ; mais ce qu'il y avoit de plus bizarre, c'est qu'on lui servait à dîner, sans qu'il lui fût permis de manger & de boire.

L'empereur va à Vérone, où le pape Lucius III. toujours chassé de Rome était retiré. On y tenoit un petit concile. Il ne fut pas question de rétablir Lucius à Rome. On y traita la grande querelle des terres de la comtesse Mathilde, & on ne convint de rien : aussi le pape refusa-t-il de couronner empereur Henri, fils de Frédéric.

L'empereur alla le faire couronner roi d'Italie à Milan, & on y apporta la couronne de fer de Monza.

1185.

Le pape brouillé avec les romains, est assez imprudent pour se brouiller avec l'empereur, au sujet de ce dangereux héritage de Mathilde.

Un

Un roi de Sardaigne commande les troupes de Frédéric. Ce roi de Sardaigne est le fils de ce Bailli qui avait acheté le titre de roi. Il se saisit de quelques villes, dont les papes étaient encore en possession. Lucius III. presque dépouillé de tout meurt à Vérone; & Frédéric, vainqueur du pape, ne peut pourtant être souverain dans Rome.

1186.

L'empereur marie à Milan le 6. février son fils le roi Henri, avec Constance de Sicile, fille de Roger II. roi de Sicile & de Naples, & petite-fille de Roger I. du nom. Elle était héritière présomptive de ce beau royaume; ce mariage fut la source des plus grands, & des plus longs malheurs.

Frédéric Barberousse laisse le roi Henri en Italie, & repasse en Allemagne.

Cette année doit être célebre en Allemagne par l'usage qu'introduisit un évêque de Metz, nommé Bertrand, d'avoir des archives dans les villes, & d'y conserver les actes dont dépendent les fortunes des particuliers. Avant ce tems-là tout se faisait par témoins seulement, & presque toutes les contestations se décidaient par des combats.

1187.

La Poméranie, qui après avoir appartenu aux polonais

lonais, était vassale de l'empire, & qui lui payait un léger tribut, est subjuguée par Canut roi de Dannemarck, & devient vassale des danois. Sleeswick, auparavant relevant de l'empire, devient un duché du Dannemarck. Ainsi ce royaume, qui auparavant relevait lui-même de l'Allemagne, lui ôte tout d'un coup deux provinces.

Fréderic Barberousse, auparavant si grand & si puissant, n'avoit plus qu'une ombre d'autorité en Italie, & voyait la puissance de l'Allemagne diminuée.

Il rétablit sa réputation, en conservant la couronne de Bohême à un duc ou à un roi, que ses sujets venaient de déposer.

Les Génois bâtissent un fort à Monaco, & font l'acquisition de Gavi.

Grands troubles dans la Savoye. L'empereur Frédéric se déclare contre le comte de Savoye, & détache plusieurs fiefs de ce comté, & entre autres, les évêchés de Turin & de Genève. Les évêques de ces villes deviennent seigneurs de l'empire. De-là les querelles perpétuelles entre les évêques & les comtes de Genève.

1188.

Saladin, le plus grand homme de son tems, ayant
repris

repris Jerusalem sur les chrétiens, le pape Clément III. fait prêcher une nouvelle croisade dans toute l'Europe.

Le zèle des allemands s'alluma ; on a peine à concevoir les motifs qui déterminerent l'empereur Frédéric à marcher vers la Palestine, & à renouveller à l'âge de soixante-huit ans des entreprises dont un prince sage devait être désabusé. Ce qui caractérise ces tems-là, c'est qu'il envoie un comte de l'empire à Saladin, pour lui demander en cérémonie Jérusalem & la vraie croix.

On voit ici un singulier exemple de l'esprit du tems. Il était à craindre que Henri le Lion, pendant l'absence de l'empereur, ne tentât de rentrer dans les grands états dont il était dépouillé. On lui fit jurer qu'il ne ferait aucune tentative pendant la guerre sainte. Il jura, & on se fia à son serment.

1189.

Fréderic barberousse avec son fils Fréderic duc de Suabe passe par l'Autriche, & par la Hongrie avec plus de cent mille croisés. S'il eût pu conduire à Rome cette armée de volontaires, il était empereur en effet. Les premiers ennemis qu'il trouve, sont les chrétiens grecs de l'empire de Constantinople. Les empereurs grecs & les croisés avaient eu à se plaindre en tout tems les uns des autres. L'em-

L'empereur de Constantinople était Isaac l'Ange. Il refuse de donner le titre d'empereur à Fréderic, qu'il ne regarde que comme un roi d'Allemagne ; & lui fait dire, que s'il veut obtenir le passage, il faut qu'il donne des ôtages. On voit dans les constitutions de Goldast les lettres de ces empereurs. Isaac l'Ange n'y donne d'autre titre à Fréderic que celui d'avocat de l'église romaine. Fréderic répond à l'Ange qu'il est un chien. Et après cela on s'étonne des épithétes que se donnent les heros d'Homère dans des tems encore plus heroïques !

1190.

Fréderic s'étant frayé le passage à main armée, bat le sultan d'Iconium ; il prend sa ville, il passe le mont Taurus, & meurt de maladie après sa victoire, laissant une réputation célébre d'inégalité & de grandeur, & une mémoire chere à l'Allemagne plus qu'à l'Italie.

On dit qu'il fut enterré à Tir. On ignore où est la cendre d'un empereur qui fit tant de bruit pendant sa vie. Il faut que ses succès dans l'Asie aient été beaucoup moins solides qu'éclatans : car il ne restait à son fils Fréderic de Suabe qu'une armée d'environ sept à huit mille combattans, de plus

plus de cent-mille qu'elle était en arrivant.

Le fils mourut bientôt de maladie comme le pere ; & il ne demeura en Afie que Léopold duc d'Autriche, avec quelques chevaliers. C'eſt ainſi que ſe terminait chaque croiſade.

HENRI VI.
Vingt-troisieme Empereur.
1190.

Henri VI. déja deux fois reconnu & couronné du vivant de ſon pere, ne renouvelle point cet appareil, & regne de plein droit.

Cet ancien duc de Saxe & de Baviére, ce poſſeſſeur de tant de villes, Henri le Lion avait peu reſpecté ſon ſerment de ne pas chercher à reprendre ſon bien. Il était déja entré dans le Holſtein ; il avait des évêques, & ſur-tout celui de Brême dans ſon parti.

Henri VI. lui livre bataille auprès de Verden, & eſt vainqueur. Enfin on fait la paix avec ce prince toujours proſcrit, & toujours armé. On lui laiſſe Brunſwick démentelé. Il partage avec le comte de Holſtein le titre de ſeigneur de Lubec qui demeure toujours ville libre sous ses seigneurs.

L'empereur Henri VI. par cette victoire, & par cette paix étant affermi en Allemagne, tourne ses pensées vers l'Italie. Il pouvait y être plus puissant que Charlemagne & les Othons : possesseur direct des terres de Mathilde, roi de Naples & de Sicile par sa femme, & suzerain de tout le reste.

1191.

Il fallait recueillir cet héritage de Naples & Sicile. Les seigneurs du païs ne voulaient pas que ce royaume devenu florissant en si peu de tems, devînt une province soumise à l'Allemagne. Le sang de ces gentilshommes français devenus par leur courage leurs rois & leurs compatriotes, leur était cher. Ils élisent Tancréde, fils du prince Roger, & petit-fils de leur bon roi Roger. Ce prince Tancréde n'était pas né d'un mariage reconnu pour légitime. Mais combien de bâtards avaient hérité avant lui de plus grands royaumes ! la volonté des peuples & l'élection paraissaient d'ailleurs le premier de tous les droits.

L'empereur traite avec les génois pour avoir une flotte avec laquelle il aille disputer la Pouille & la Sicile. Des marchands pouvaient ce que l'eml'empereur ne pouvait pas par lui-même. Il confirme les priviléges des villes de Lombardie pour les mettre dans fon parti. Il ménage le pape Céleftin III. c'était un vieillard de quatre-vingt-cinq ans, qui n'était pas prêtre. Il venait d'être élu.

Les cérémonies de l'inthronifation des papes étaient alors, de les revêtir d'une chappe rouge, dès qu'ils étaient nommés. On les conduifait dans une chaire de pierre qui était percée, & qu'on appellait *ftercorarium* : enfuite dans une chaire de porphire, fur laquelle on leur donnait deux clefs, celle de l'églife de Latran, & celle du palais, origine des armes du pape : de-là dans une troifiéme chaire, où on lui donnait une ceinture de foie, & une bourfe dans laquelle il y avait douze pierres femblables à celles de l'éphod du grand prêtre des Juifs. On ne fait pas quand tous ces ufages ont commencé. Ce fut ainfi que Céleftin fut inthronifé avant d'être prêtre.

L'empereur étant venu à Rome, le pape fe fait ordonner prêtre la veille de pâques, le lendemain fe fait facrer évêque, le furlendemain facre l'empereur Henri VI. avec l'impératrice Conftance.

Roger

Roger Hoved, anglais, est le seul qui rapporte que le pape poussa d'un coup de pied la couronne dont on devait orner l'empereur, & que les cardinaux la relevèrent. Il prend cet accident pour une cérémonie. On a cru aussi que c'était une marque d'un orgueil aussi brutal que ridicule. Ou le pape était en enfance; ou l'aventure n'est pas vraie.

L'empereur, pour se rendre le pape favorable dans son expédition de Naples & de Sicile, lui rend l'ancienne ville de Tusculum. Le pape la rend au peuple romain, dont le gouvernement municipal subsistait toujours. Les romains la détruisent de fond en comble. Il semble qu'en cela les romains eussent pris l'esprit destructeur des goths & des hérules habitués chez eux.

Cependant le vieux Célestin III. comme suzerain de Naples & de Sicile, craignant un vassal puissant qui ne voudrait pas être vassal, défend à l'empereur cette conquête; défense non moins ridicule que le coup de pied à la couronne, puisqu'il ne pouvait empêcher l'empereur de marcher à Naples.

Les maladies détruisent toujours les troupes allemandes dans les païs chauds & abondants. La moitié de l'armée impériale périt sur le chemin de Naples.

Conftance, femme de l'empereur, eft livrée dans Salerne au roi Tancréde, qui la renvoie généreufement à fon époux.

1192.

L'empereur differe fon entreprife fur Naples & Sicile, & va à Worms. Il fait un de fes freres Conrad, duc de Suabe. Il donne à Philippe fon autre frere depuis empereur, le duché de Spolette, qu'il ôte à la maifon des Guelfes.

Etabliffement des chevaliers de l'ordre teutonique, deftinés auparavant à fervir les malades dans la Paleftine, devenus depuis conquérants. La premiere maifon qu'ils ont en Allemagne eft bâtie à Coblentz.

Henri le Lion renouvelle fes prétenfions & fes guerres. Il ne pourfuit rien fur la Saxe, rien fur la Baviére, il fe jette encore fur le Holftein, & perd tout ce qui lui reftait d'ailleurs.

1193.

En ce tems le grand Saladin chaffait tous les chrétiens de la Syrie. Richard *cœur de lion*, roi d'Angleterre après des exploits admirables & inutiles, s'en retourne comme les autres. Il était mal avec l'empereur, il était plus mal avec Léopold duc d'Autriche, pour une vaine querelle

fur

sur un prétendu point d'honneur qu'il avait eu avec Léopold dans les malheureuses guerres d'orient. Il passe par les terres du duc d'Autriche. Ce prince le fait mettre aux fers, contre les serments de tous les croisés, contre les égards dûs à un roi, contre les loix de l'honneur & des nations.

Le duc d'Autriche livre son prisonnier à l'empereur. La reine Eleonore, femme de Richard *cœur de lion*, ne pouvant vanger son mari, offre sa rançon. On prétend que sa rançon fut de cent-cinquante-mille marcs d'argent. Cela ferait environ deux millions d'écus d'Allemagne ; & attendu la rareté de l'argent, & le prix des denrées cette somme équivaudroit à quarante millions d'écus de ce tems-ci. Les historiens peut-être ont pris cent-cinquante-mille marques, *marcas*, pour cent-cinquante-mille marcs, demi-livres. Ces méprises sont trop ordinaires. Quelle que fût la rançon, l'empereur Henri VI. qui n'avait sur Richard que le droit des brigands, la reçut avec autant de lâcheté, qu'il retenait Richard avec injustice. On dit encore qu'il le força à lui faire hommage du royaume d'Angleterre, hommage très-vain. Richard eût été bien loin de mériter son surnom de *cœur de lion*, s'il eût consenti à cette bassesse.

Un évêque de Prague est fait duc ou roi de Bohême. Il achéte son investiture de Henri VI. à prix d'argent.

Henri le Lion âgé de soixante & dix ans marie son fils qui porte le titre de comte de Brunswick avec Agnès fille de Conrad comte palatin oncle de l'empereur. Agnès aimait le comte de Brunswick : ce mariage auquel l'empereur consent, le réconcilie avec le vieux duc qui meurt bientôt après en laissant du moins le Brunswik à ses descendans.

1194.

Il est à croire que l'empereur Henri VI. ne rançonnait les rois Richard & l'évêque roi de Bohême, que pour avoir de quoi conquérir Naples & Sicile. Tancréde son compétiteur meurt. Les peuples mettent à sa place son fils Guillaume quoiqu'enfant : marque évidente que c'était moins Tancréde que la nation qui disputait le thrône de Naples à l'empereur.

Les génois fournissent à Henri la flotte qu'ils lui ont promise ; les pisans y ajoûtent douze galères. L'empereur avec ces forces fournies par des italiens pour asservir l'italie, se montre devant Naples qui se rend, & tandis qu'il fait assiéger en Sicile Palerme & Catane, la veuve de Tancréde enfermée dans Salerne capitule & céde les deux royaumes, à condition que son fils Guillaume aura du moins la principauté de Tarente. Ainsi après cent ans que Robert & Roger avaient conquis la Sicile, ce fruit de tant de travaux des chevaliers français tombe dans les mains de la maison de Suabe.

Les génois demandent à l'empereur l'exécution du traitté qu'ils ont fait avec lui, la restitution stipulée de quelques terres, la confirmation de leurs priviléges en Sicile accordés par le roi Roger. Henri VI. leur répond: *Quand vous m'aurez fait voir que vous êtes libres & que vous ne me deviez pas une flotte en qualité de vassaux, je vous tiendrai ce que je vous ai promis.* Alors joignant l'atrocité de la cruauté à l'ingratitude & à la perfidie, il fait exhumer le corps de Tancréde & lui fait couper la tête par le bourreau. Il fait eunuque le jeune Guillaume fils de Tancréde, l'envoie prisonnier à Coire, où il lui fait crever les yeux. La reine sa mere & ses filles sont conduites en Allemagne & enfermées dans un couvent en Alsace. Henri fait emporter une partie des trésors amassés par les rois. Et les hommes souffrent à leur tête de tels hommes!

1195.

Henri de Brunswix fils du Lion, obtient le Palatinat après la mort de son beaupere le palatin Conrad.

On publie une nouvelle croisade à Worms; Henri VI. promet d'aller combattre pour Jesus-Christ.

1196.

Le zéle des voyages d'outremer croissait par les malheurs, comme les religions s'affermissent par les martyres. Une sœur du roi de France Philippe Auguste, veuve de Béla, roi de Hongrie, se met à la tête d'une partie de l'armée croisée allemande, & va en Palestine essuyer le sort de tous ceux qui l'ont précédée. Henri VI. fait marcher une autre partie des croisés en Italie, où elle lui devait être plus utile qu'à Jerusalem.

1197.

C'est ici un des points les plus curieux & les plus intéressants de l'histoire. La grande chronique belgique rapporte que non seulement Henri fit élire son fils (Fréderic II.) encore au berceau par cinquante-deux seigneurs ou évêques ; mais qu'il fit déclarer l'empire héréditaire, & qu'il statua que Naples & Sicile seraient incorporés pour jamais à l'empire. Si Henri VI. put faire ces loix, il les fit sans doute, & il était assez redouté pour ne pas trouver de contradiction. Il est certain que

son

son épitaphe à Panorme porte qu'il réunit la Sicile à l'empire. Mais les papes rendirent bientôt cette réunion inutile. Et à sa mort il parut bien que le droit d'élection était toujours cher aux seigneurs d'Allemagne.

Cependant Henri VI. passe à Naples par terre : tous les seigneurs y étaient animés contre lui ; un soulévement général était à craindre, il les dépouille de leurs fiefs & les donne aux allemands ou aux italiens de son parti. Le désespoir forme la conjuration que l'empereur voulait prévenir. Un comte Jourdan, de la maison des princes normands, se met à la tête des peuples. Il est livré à l'empereur, qui le fait périr par un supplice qu'on croirait imité des tyrans fabuleux de l'antiquité : on l'attache nud sur une chaise de fer brûlante, on le couronne d'un cercle de fer enflammé qu'on lui attache avec des clous.

1197.

Alors l'empereur laisse partir le reste de ses allemands croisés, ils abordent en Chypre. L'évêque de Wirtzbourg qui les conduit, donne la couronne de Chypre au Emeri de Lusignan qui aimait mieux être vassal de l'empire allemand que de l'empire grec.

Ce même Emeri de Lusignan roi de Chypre épouse Isabelle, fille du dernier roi de Jerusalem,

& de là vient le titre du roi de Chypre & de Jerusalem, que plusieurs souverains se sont disputés en Europe.

Les allemands croisés éprouvent des fortunes diverses en Asie. Pendant ce tems Henri VI. reste en Sicile avec peu de troupes. Sa sécurité le perd; on conspire à Naples & en Sicile contre le tyran. Sa propre femme Constance est l'ame de la conjuration. On prend les armes de tous côtés; Constance abandonne son cruel mari, & se met à la tête des conjurés. On tue tout ce qu'on trouve d'allemands en Sicile. C'est le premier coup des vêpres siciliennes qui sonnerent depuis sous Charles de France. Henri est obligé de capituler avec sa femme, il meurt : & on prétend que c'est d'un poison que cette princesse lui donna ; crime peut-être excusable dans une femme qui vengeait sa famille & sa patrie, si l'empoisonnement & sur tout l'empoisonnement d'un mari pouvait jamais être justifié.

PHILIPPE I.
Vingt-quatrieme Empereur.
1198.

D'abord les seigneurs & les évêques assemblés dans Arnsberg en Turinge accordent l'administration

tion de l'Allemagne à Philippe duc de Suabe oncle de Fréderic II. mineur, reconnu déja roi des romains. Ainsi le véritable empereur était Fréderic II. Mais d'autres seigneurs indignés de voir un empire électif devenu héréditaire, choisissent à Cologne un autre roi ; & ils élisent le moins puissant, pour être puissants sous son nom. Ce prétendu roi ou empereur nommé Bertold duc d'une petite partie de la Suisse, renonce bientôt à un vain honneur qu'il ne peut soutenir. Alors l'assemblée de Cologne élit le duc de Brunswick Othon fils de Henri le Lion. Les électeurs étaient le duc de Lorraine, un comte de Kuke, l'archevêque de Cologne, les évêques de Minden, de Paderborn, l'abbé de Corbie, & deux autres abbés moines bénédictins.

Philippe veut être aussi nommé empereur ; il est élu à Erfort ; voilà quatre empereurs en une année, & aucun ne l'est véritablement.

Othon de Brunswick était en Angleterre : & le roi d'Angleterre Richard, si indignement traitté par Henri VI. & juste ennemi de la maison de Suabe, prenait le parti de Brunswick. Par conséquent le roi de France Philippe Auguste est pour l'autre empereur Philippe.

C'était encore une occasion pour les villes d'Italie, de secouer le joug allemand. Elles devenaient tous les jours plus puissantes. Mais cette puissance même les divisait. Les unes tenaient pour Othon de Brunswick, les autres pour Philippe de Suabe. Le pape Innocent III. restait neutre entre les compétiteurs. L'Allemagne souffre tous les fléaux d'une guerre civile.

1199. 1200.

Dans ces troubles intestins de l'Allemagne, on ne voit que changements de parti, accords faits & rompus, faiblesse de tous les côtés. Et cependant l'Allemagne s'appelle toujours l'empire romain.

L'Impératrice Constance restait en Sicile avec le prince Fréderic son fils : elle y était paisible, elle y était régente : & rien ne prouvait mieux que c'était elle qui avait conspiré contre son mari Henri VI. Elle retenait sous l'obéissance du fils ceux qu'elle avait soulevés contre le pere. Naples & Sicile aimaient dans le jeune Fréderic le fils de Constance, & le sang de leurs rois. Ils ne regardoient pas même ce Fréderic II. comme le fils de Henri VI. & il y a très-grande apparence qu'il ne l'était pas ; puisque sa mere en demandant pour lui l'investiture de Naples & de Sicile au pape Célestin III. avait été obligée de jurer que Henri VI. était son pere.

Le

Le fameux pape Innocent III. fils d'un comte de Segni étant monté sur le siége de Rome, il faut une nouvelle investiture. Ici commence une querelle singuliére qui dure encore, depuis plus de cinq cents années.

On a vu ces chevaliers de Normandie devenus princes & rois dans Naples & Sicile, relevant d'abord des empereurs ; faire ensuite hommage aux papes. Lorsque Roger, encore comte de Sicile, donnait de nouvelles loix à cette Ile, qu'il enlevait à la fois aux mahométans & aux grecs, lorsqu'il rendait tant d'églises à la communion romaine ; le pape Urbain second lui accorda solemnellement le pouvoir des légats *à latere*, & des légats nés du Saint Siége. Ces légats jugeaient en dernier ressort toutes les causes ecclésiastiques, conféraient les bénéfices, levaient des décimes. Depuis ce tems les rois de Sicile étaient en effet légats, vicaires du Saint Siége dans ce royaume, & vraîment papes chez eux. Ils avaient véritablement les deux glaives. Ce privilége unique que tant de rois auraient pu s'arroger, n'était connu qu'en Sicile. Les successeurs du pape Urbain second avaient confirmé cette prérogative soit de gré soit de force. Célestin III. ne l'avait pas contestée. Innocent III. s'y opposa, traita la légation des rois en Sicile de subreptice, éxigea que Constance y renonçât

pour

pour son fils, & qu'elle fît un hommage lige, pur & simple de la Sicile.

Constance meurt avant d'obéir, & laisse au pape la tutelle du roi & du royaume.

1201.

Innocent III. ne reconnait point l'empereur Philippe, il reconnait Othon; & lui écrit: *Par l'autorité de Dieu à nous donnée nous vous recevons roi des romains, & nous ordonnons qu'on vous obéisse; & après les préliminaires ordinaires, nous vous donnerons la couronne impériale.*

Le roi de France Philippe Auguste, partisan de Philippe de Suabe, & ennemi d'Othon, écrit au pape en faveur de Philippe. Innocent III. lui répond: *Il faut que Philippe perde l'empire, ou que je perde le pontificat.*

1202.

Innocent III. publie une nouvelle croisade. Les allemands n'y ont point de part. C'est dans cette croisade que les chrétiens d'occident prennent Constantinople, au lieu de secourir la terre sainte. C'est elle qui étend le pouvoir & les domaines de Venise.

1203.

L'Allemagne s'affaiblit du côté du nord dans ces troubles. Les Danois s'emparent de la Van-
da-

dalie; c'est une partie de la Prusse & de la Poméranie. Il est difficile d'en marquer les limites. Y en avait-il alors dans ces païs barbares ? le Holstein annexé au Dannemarck ne reconnait plus alors l'empire.

1204.

Le duc de Brabant reconnait Philippe pour empereur & fait hommage.

1205.

Plusieurs seigneurs suivent cet exemple. Philippe est sacré à Aix par l'archevêque de Cologne. La guerre civile continue en Allemagne.

1206.

Othon battu par Philippe auprès de Cologne, se réfugie en Angleterre. Alors le pape consent à l'abandonner : il promet à Philippe de lever l'excommunication encourue par tout prince qui se dit empereur, sans la permission du Saint Siége. Il le reconnaîtra pour empereur légitime, s'il veut marier sa sœur à un neveu de sa Sainteté, en donnant pour dot le duché de Spolette, la Toscane, la marche d'Ancone. Voilà des propositions bien étranges ; la marche d'Ancone appartenait de droit au saint siége. Philippe refuse le pape & aime mieux être excommunié, que de donner une telle dot. Cependant en rendant un archevêque de
Co-

Cologne qu'il retenait prifonnier, il a fon abfolution, & ne fait point le mariage.

1207.

Othon revient d'Angleterre en Allemagne. Il y parait fans partifans. Il faut bien pourtant qu'il en eût de fecrets, puifqu'il revenait.

1208.

Le comte Othon qui était palatin dans la Baviére, affaffine l'empereur Philippe à Bamberg, & fe fauve aifément.

OTHON IV.
VINGT-CINQUIEME EMPEREUR.

Othon pour s'affermir, & pour réunir les partis, époufe Béatrix fille de l'empereur affaffiné.

Béatrix demande à Francfort vengeance de la mort de fon pere. La diéte met l'affaffin au ban de l'empire. Le comte Papenheim fit plus, il affaffina quelque tems après l'affaffin de l'empereur.

1209.

Othon IV. pour s'affermir mieux, confirme aux villes d'Italie tous leurs droits, & reconnait ceux que les papes s'attribuent. Il écrit à Innocent III.

Nous

Nous vous rendrons l'obéissance que nos prédécesseurs ont rendue aux vôtres. Il le laisse en possession des terres que le pontife a déja recouvrées, comme Viterbe, Orviéte, Pérouse. Il lui promet tout le fameux héritage de Mathilde. Il lui abandonne la supériorité territoriale, c'est-à-dire, le domaine suprême, le droit de mouvance sur Naples & Sicile.

1210.

On ne peut paraître plus d'accord ; mais à peine est-il couronné à Rome, qu'il fait la guerre au pape pour ces mêmes villes.

Il avait laissé au pape la suzeraineté & la garde de Naples, & Sicile ; il va s'emparer de la Pouille, héritage du jeune Fréderic roi des romains, qu'on dépouillait à la fois de l'empire & de l'héritage de sa mere.

1211.

Innocent III. ne peut qu'excommunier Othon. Une excommunication n'est rien contre un prince affermi : c'est beaucoup contre un prince qui a des ennemis.

Les ducs de Baviére, celui d'Autriche, le landgrave de Turinge veulent le déthrôner. L'archevêque de Mayence l'excommunie, & tout le parti reconnait le jeune Fréderic second.

L'AL-

L'Allemagne est encore divisée. Othon prêt de perdre l'Allemagne pour avoir voulu ravir la Pouille, repasse les Alpes.

1212.

L'empereur Othon assemble ses partisans à Nuremberg. Le jeune Fréderic passe les Alpes après lui : il s'empare de l'Alsace, dont les seigneurs se déclarent en sa faveur. Il met dans son parti Ferri duc de Lorraine. L'Allemagne est d'un bout à l'autre le thétâre de la guerre civile.

1213.

Fréderic second reçoit enfin de l'archevêque de Mayence la couronne à Aix-la-Chapelle.

Cependant Othon se soutient, & il regagne presque tout, lorsqu'il était prêt de tout perdre.

Il était toujours protégé par l'Angleterre. Son concurrent Fréderic second l'était par la France. Othon fortifie encore son parti en épousant la fille du duc de Brabant, après la mort de sa femme Béatrix. Le roi d'Angleterre Jean lui donne de l'argent pour attaquer le roi de France. Ce Jean n'était pas encore Jean *sans terre* ; mais il était destiné à l'être & à devenir, comme Othon, très-malheureux.

1213.

Il paraît singulier qu'Othon qui un an auparavant

avait de la peine à se défendre en Allemagne, puisse faire la guerre à présent à Philippe Auguste. Mais il était suivi du duc de Brabant, du duc de Limbourg, du duc de Lorraine, du comte de Hollande, de tous les seigneurs de ces pays, & du comte de Flandre, que le roi d'Angleterre avait gagnés. C'est toujours un problème, si les comtes de Flandres, qui alors faisaient toujours hommage à la France, étaient regardés comme vassaux de l'empire malgré cet hommage.

Othon marche vers Valenciennes avec une armée de plus de cent vingt mille combattans, tandis que Fréderic second caché vers la Suisse attendait l'issue de cette grande entreprise. Philippe Auguste était pressé entre l'empereur & le roi d'Angleterre.

BATAILLE DE BOVINES.

Entre Lille & Tournai est un petit village nommé Bovines, près duquel Othon IV. à la tête d'une armée qu'on dit forte de plus de cent-vingt-mille hommes, vint attaquer le roi, qui n'en avait guère que la moitié. On commençait alors à se servir d'arbalêtes; c'était une machine qui lançait de longues & pesantes fléches, & qu'on tendait avec un tourniquet. Cette arme fut en usage sous Louis *le gros*. Mais ce qui décidait d'une journée, c'était cette pesante cavalerie, toute couverte de

de fer, compofée de tous les feigneurs de fiefs, & de leurs écuyers. Les chevaliers portaient une cuiraffe, des bottines, des genouilleres, des braffards, des cuiffards, un cafque. Toute cette armure était de fer; & par-deffus la cuiraffe, ils avaient encore une chemife de mailles appellée *Haubert* du mot *Albus*. Cette cotte de mailles était ornée d'une piéce d'étoffe bordée des armoiries du chevalier. Ces armoiries qui commençaient à être d'ufage, n'ont été appellées ainfi, que parce qu'elles étaient peintes fur les armes du chevalier, pour le faire reconnaître dans les batailles. Les écuyers n'avaient pas droit de porter le haubert. Leur cafque n'était pas fermé, & n'était pas de fi bonne défenfe. Ils n'avaient ni braffards, ni cuiffards: ainfi armés plus à la légère, ils en avaient plus d'agilité pour monter à cheval, & pour relever dans les combats ces maffes pefantes de chevaliers, qui ne pouvaient fe remuer, & qu'on ne pouvait bleffer que difficilement. L'armure complette des chevaliers était encore une prérogative d'honneur, à laquelle les écuyers ne pouvaient prétendre; il ne leur était pas permis d'être invulnérables. Tout ce qu'un chevalier avait à craindre, était d'être bleffé au vifage, quand il levait la vifiere de fon cafque, ou dans le flanc au défaut de la cuiraffe, quand il était abattu, ou
qu'on

qu'on avait levé fa chemife de mailles : enfin fous les aiffelles quand il levait les bras. Il y avait encore des troupes de cavalerie tirées du corps des communes, moins bien armées que les chevaliers. Pour l'infanterie elle portait des armes défenfives à fon gré, & les offenfives étaient l'épée, la fléche, la maffue, la fronde.

Ce fut un évêque qui rangea en bataille l'armée de Philippe Augufte. Il s'appellait Guérin, & venait d'être nommé à l'évêché de Senlis. Un évêque de Beauvais, long-tems prifonnier du Roi Richard d'Angleterre, fe trouva auffi à cette bataille ; il s'y fervit d'une maffue, difant qu'il ferait irrégulier, s'il verfait le fang humain. On ne fait point comment l'empereur & le roi difpoferent leurs troupes. Philippe avant le combat fit chanter le pfeaume, *Exurgat Deus, & diffipentur inimici ejus*, comme fi Othon avait combattu contre Dieu. Auparavant les français chantaient des vers en l'honneur de Charlemagne & de Rolland. L'étendart impérial d'Othon était fur un chariot à quatre roues, felon l'ufage d'Allemagne & d'Italie ; c'était une longue perche qui portait un dragon de bois peint, & fur le dragon s'élevait un aigle de bois doré. L'étendart royal de France était un bâton doré, avec un drapeau de foie blanche, femé de fleurs de lis couleur d'or ; car cet ornement, qu'on appelle

fleurs

fleurs de lis, qui n'avait été qu'une imagination de peintre, commençait à fervir d'armoiries aux rois de France D'anciennes couronnes des rois Lombards dont on voit les eftampes fidéles dans Muratori, font furmontées de cet ornement, qui n'eft autre chofe que le fer d'une lance liée avec deux autres fers recourbés : c'eft ainfi que font auffi figurés plufieurs fceptres des anciens rois Lombards.

Outre l'étendart royal, Philippe Augufte fit encore porter l'oriflamme de St. Denis, qui était une lance de cuivre doré, où pendait un gonfanon de foie rouge. Lorfque le roi était en danger, on hauffait ou baiffait l'un ou l'autre de ces étendarts. Chaque chevalier avait auffi le fien, qu'on appellait *pennon*, & les grands chevaliers qui avaient d'autres chevaliers fous eux, faifaient porter un autre drapeau, qu'on nommait *banniére*. Ce terme de banniére fi honorable était pourtant commun aux drapeaux de l'infanterie, prefque toute compofée de ferfs ou de nouveaux affranchis.

Le cri de guerre des français était d'ordinaire, *mon joie St. Denis* : on difait indifferemment *mon joie, ou ma joie*, dans le jargon barbare de France. Le cri des allemands était encore *Kyrie, eleyfon*.

L'armée Teutonne, très-forte en infanterie, avait
bien

bien moins de chevaliers que celle du roi. C'eſt à cette différence qu'on peut principalement attribuer le gain de cette grande bataille. Ces eſcadrons de chevaux caparaſſonnés d'acier, portant des hommes impénétrables aux coups, armés de longues lances, devaient mettre en déſordre les milices allemandes, preſque nues & déſarmées, en comparaiſon de ces citadelles mouvantes.

Une preuve que les chevaliers bien armés ne couraient d'autre riſque que d'être démontés, & n'étaient bleſſés que par un grand hazard, c'eſt que le roi Philippe Auguſte, renverſé de ſon cheval, fut longtems entouré d'ennemis, & reçut des coups de toute eſpéce d'armes, ſans verſer une goutte de ſang. On raconte même qu'étant couché par terre, un ſoldat allemand voulut lui enfoncer dans la gorge un javelot à double crochet, & n'en put jamais venir à bout. Aucun chevalier ne périt dans la bataille, ſinon Guillaume *De long champs*, qui malheureuſement mourut d'un coup dans l'œil adreſſé par la viſiere de ſon caſque.

On compte du côté des allemands vingt-cinq chevaliers bannerets, & ſept comtes de l'empire priſonniers, mais aucun de bleſſé; le véritable danger était donc pour la cavalerie légère, & ſurtout

tout pour cette infanterie d'esclaves, ou de nouveaux affranchis, sur qui tombait toute la fatigue de la guerre, aussi-bien que le péril.

L'empereur Othon perdit la bataille. On tua, dit-on, trente-mille allemands, nombre probablement exagéré. L'usage était alors de charger de chaînes les prisonniers. Le comte de Flandre & le comte de Boulogne furent menés à Paris les fers aux pieds & aux mains. C'était une coutume barbare établie. Le roi Richard d'Angleterre *cœur de lion*, disait lui-même, qu'étant arrêté en Allemagne contre le droit des gens, on l'avait chargé de fers aussi pesans qu'il avait pû les porter.

Au reste on ne voit pas que le roi de France fit aucune conquête du côté de l'Allemagne après sa victoire de Bovines : mais il en eut bien plus d'autorité sur ses vassaux.

Philippe Auguste envoie à Fréderic en Suisse où il était retiré, le char imperial qui portait l'aigle allemande ; c'était un trophée & un gage de l'empire.

FREDERIC II.
Vingt-sixieme Empereur.

Othon, vaincu, abandonné de tout le monde se re-

retire à Brunſwic, où on le laiſſe en paix parce qu'il n'eſt plus à craindre. Il n'eſt pas dépoſſédé, mais il eſt oublié. On dit qu'il devient dévot. Reſſource des malheureux, qui devient une paſſion dans les ames faibles. Sa pénitence était, à ce qu'on prétend, de ſe faire fouler au x pieds par ſes valets de cuiſine, comme ſi les cou ps de pied d'un marmiton expiaient les fautes des princes.

1215.

Fréderic II. empereur par la victoire de Bovines, ſe fait partout reconnaitre.

Pendant les troubles de l'Allemagne, on a vû que les Danois avaient conquis beaucoup de terres vers l'Elbe au nord & à l'orient. Fréderic II. commença par abandonner ces terres par un traité. Hambourg s'y trouvait compriſe. Mais comme à la premiere occaſion on revient contre un traité onéreux, il profite d'une petite guerre que le nouveau comte Palatin du Rhin, frere d'Othon, faiſait aux danois; il reçoit Hambourg ſous ſa protection, il la rend enſuite : honteux commencement d'un regne illuſtre.

Second couronnement de l'empereur à Aix-la-Chapelle. Il dépoſſéde le comte Palatin, & le Palatinat retourne à la maiſon de Baviére Vitelsbac.

Nouvelle croiſade. L'empereur prend la croix.

P II

Il fallait qu'il doutât bien encore de fa puiffance, puifqu'il promet au pape Innocent III. de ne point réunir Naples & Sicile à l'empire, & de les donner à fon fils dès qu'il aura été facré à Rome.

1216.

Frédéric II. refte en Allemagne avec fa croix, & a plus de deffein fur l'Italie que fur la Paleſtine. La croifade eft inutilement prêchée à tous les rois. Il n'y a cette fois qu'André II. roi des hongrois qui parte. Ce peuple qui à peine était chrétien, prend la croix contre les mufulmans qu'on nomme infidéles.

1217.

Les allemands croifés n'en partent pas moins fous divers chefs par terre & par mer. La flotte des pays-bas, arrêtée par les vents contraires, fournir encore aux croifés l'occafion d'employer utilement leurs armes vers l'Efpagne. Ils fe joignent aux portugais & battent les maures. On pouvait pourfuivre cette victoire & délivrer enfin l'Efpagne entiére : le pape Honorius III. fucceffeur d'Innocent ne veut pas le permettre. Les papes commandaient aux croifés comme aux milices de Dieu ; mais ils ne pouvaient que les envoyer en orient. On ne gouverne les hommes que fuivant leurs préjugés ; & ces foldats des papes n'euffent point obéi ailleurs.   1218.

1218.

Fréderic II. avait grande raison de n'être point du voyage. Les villes d'Italie & surtout Milan refusaient de reconnaître un souverain, qui maître de l'Allemagne & des deux Siciles, pouvait asservir toute l'Italie. Elles tenaient encore le parti d'Othon IV. qui vivait obscurément dans un coin de l'Allemagne. Le reconnaître pour empereur c'était en effet être entiérement libres.

Othon meurt auprès de Brunswick. Et la Lombardie n'a plus de prétexte.

1219.

Grande diéte à Francfort où Fréderic II. fait élire roi des romains son fils Henri âgé de neuf ans, né de Constance d'Arragon. Toutes ces diétes se tenaient en plein champ, comme aujourd'hui encore en Pologne.

L'empereur renonce au droit de la jouissance du mobilier des évêques défunts & des revenus pendant la vacance. C'est ce qu'en France on appelle la régale. Il renonce au droit de jurisdiction dans les villes épiscopales où l'empereur se trouvera, sans y tenir sa cour. Presque tous les premiers actes de ce prince sont des renonciations.

1220.

Il va en Italie chercher cet empire que Fréderic Barberouſſe n'avait pu ſaiſir. Milan d'abord lui ferme ſes portes comme à un petit-fils de Barberouſſe, dont les milanais déteſtaient la mémoire. Il ſouffre cet affront, & va ſe faire couronner à Rome. Honorius III. exige d'abord que l'empereur lui confirme la poſſeſſion où il eſt de pluſieurs terres de la comteſſe Mathilde. Fréderic y ajoûte encore le territoire de Fondi. Le pape veut qu'il renouvelle le ferment d'aller à la terre ſainte, & l'empereur fait ce ferment. Après quoi il eſt couronné avec toutes les cérémonies humbles ou humiliantes de ſes prédéceſſeurs. Il ſignale encore ſon couronnement par des édits ſanglans contre les hérétiques. Ce n'eſt pas qu'on en connût alors en Allemagne, où regnait l'ignorance avec le courage & le trouble. Mais l'inquiſition venait d'être établie à l'occaſion des albigeois, & l'empereur, pour plaire au pape, fit ces édits cruels par leſquels les enfans des hérétiques ſont exclus de la ſucceſſion de leurs peres.

Ces loix confirmées par le pape étaient viſiblement dictées pour juſtifier le raviſſement des biens ôtés par l'égliſe & par les armes à la maiſon de Toulouſe dans la guerre de albigeois. Les comtes de Toulouſe avaient beaucoup des fiefs de l'empire. Fréderic voulait donc abſolument complaire au pape. De telles loix n'étaient ni de ſon âge, ni de de son caractère. Auraient-elles été de son chancelier Pierre Desvignes tant accusé d'avoir fait le prétendu livre des trois imposteurs, ou du moins d'avoir eu des sentiments que le titre du livre suppose ?

1221. 1222. 1223. 1224.

Dans ces années Fréderic II. fait des choses plus dignes de mémoire. Il embellit Naples, il l'aggrandit, il la fait la Métropole du royaume, & elle devient bientôt la ville la plus peuplée de l'Italie. Il y avait encore beaucoup de sarrasins en Sicile, & souvent ils prenaient les armes ; il les transporte à Lucera dans la Pouille. C'est ce qui donna à cette ville le nom *de Lucera ou Nocera de Pagani*.

L'académie ou l'université de Naples est établie & florissante. On y enseigne les loix ; & peu à peu les loix lombardes céderent au droit romain.

Il parait que le dessein de Fréderic II. était de rester dans l'Italie. On s'attache au païs où l'on est né, & qu'on embellit ; & ce païs était le plus beau de l'Europe. Il passe quinze ans sans aller en Allemagne. Pourquoi eût-il tant flatté les papes, tant ménagé les villes d'Italie, s'il n'avait conçu l'idée d'établir enfin à Rome le siége de l'empire ? n'était-ce pas le seul moyen de sortir de cette situation équivoque où étaient les empereurs ?

situation devenue encore plus embarrassante depuis que l'empereur était à la fois roi de Naples & vassal du saint siége, & depuis qu'il avoit promis de séparer Naples & Sicile de l'empire ? tout ce cahos eût été enfin débrouillé, si l'empereur eût été le maître de l'Italie. Mais la destinée en ordonna autrement.

Il paraît aussi que le grand dessein du pape était de se débarrasser de Fréderic & de l'envoyer dans la terre sainte. Pour y réussir, il lui avait fait épouser, après la mort de Constance d'Arragon, une des héritieres prétendues du royaume de Jérusalem perdu depuis long-tems. Jean de Brienne qui prenait ce vain titre de roi de Jérusalem, fondé sur la prétention de sa mere, donna sa fille Iolanda ou Violanta à Fréderic avec Jérusalem pour dot, c'est-à-dire, avec presque rien. Et Fréderic l'épousa parce que le pape le voulait, & qu'elle était belle. Les rois de Sicile ont toujours pris le titre de roi de Jérusalem depuis ce tems-là. Fréderic ne s'empressait pas d'aller conquérir la dot de sa femme qui ne consistait que dans des prétentions sur un peu de terrein maritime resté encore aux chrétiens dans la Syrie.

1225.

Pendant les années précédentes & dans les suivantes, le jeune Henri fils de l'empereur est toujours

jours en Allemagne. Une grande révolution arrive en Dannemarck & dans toutes les provinces qui bordent la mer baltique. Le roi Danois Valdemar s'était emparé de ces provinces, où habitaient les Slaves occidentaux, les Vandales ; de Hambourg à Dantzig, & de Dantzig à Revel tout reconnaissait Valdemar.

Un comte de Swerin dans le Mekelbourg, devenu vassal de ce roi, forme le dessein d'enlever Valdemar & le prince héréditaire son fils. Il l'exécute dans une partie de chasse le 23. mai 1223.

Le roi de Dannemarck prisonnier implore Honorius III. ce pape ordonne au comte de Swerin & aux autres seigneurs allemands qui étaient de l'entreprise, de remettre en liberté le roi & son fils. Les papes prétendaient avoir donné la couronne de Dannemarck, comme celles de Hongrie, de Pologne, de Bohême. Les empereurs prétendaient aussi les avoir données. Les papes & les Cesars qui n'étaient pas maîtres dans Rome, se disputaient toujours le droit de faire des rois au bout de l'Europe. On n'eut aucun égard aux ordres d'Honorius. Les chevaliers de l'ordre teutonique se joignent à l'évêque de Riga en Livonie, & se rendent maîtres d'une partie des côtes de la mer baltique.

Lubec, Hambourg reprennent leur liberté & leurs droits. Valdemar & son fils dépouillés de presque tout ce qu'ils avaient dans ces païs, ne sont mis en liberté qu'en payant une grosse rançon.

On voit ici une nouvelle puissance s'établir insensiblement. C'est cet ordre teutonique, il a déja un grand maître, il a des fils en Allemagne & il conquiert des terres vers la mer baltique.

1226.

Ce grand maître de l'ordre teutonique sollicite en Allemagne de nouveaux secours pour la Palestine. Le pape Honorius presse en Italie l'empereur d'en sortir au plus vîte & d'aller accomplir son vœu en Syrie. Il faut observer qu'alors il y avait une tréve de neuf ans entre le sultan d'Egypte & les croisés. Fréderic II. n'avait donc point de vœu à remplir. Il promet d'entretenir des chevaliers en Palestine, & n'est point excommunié. Il lui fallait s'établir en Lombardie & ensuite à Rome plutôt qu'à Jerusalem. Les villes lombardes avaient eu le tems de s'associer; on leur donnait le titre de villes confedérées; Milan & Boulogne étaient à la tête; on ne les regardait plus comme sujettes, mais comme vassales de l'empire. Fréderic II. voulait au moins les attacher à lui : & cela était difficile. Il indique une diéte à Crémone & y appelle tous les seigneurs italiens & allemands.

Le pape qui craint que l'empereur ne prenne trop d'autorité dans cette diéte, lui suscite des affaires à Naples. Il nomme à cinq évêchés vacants dans ce royaume, sans consulter Fréderic; il empêche plusieurs villes, & plusieurs seigneurs, de
venir

venir à l'assemblée de Crémone; il soutient les droits des villes associées, & se rend le défenseur de la liberté italique.

1227.

Beau triomphe du pape Honorius III. l'empereur ayant mis Milan au ban de l'empire, ayant transferé à Naples l'université de Boulogne, prend le pape pour juge. Toutes les villes se soumettent à sa décision. Le pape arbitre entre l'empereur, & l'Italie donne son arrêt. *Nous ordonnons*, dit-il, *que l'empereur oublie son ressentiment contre toutes les villes, & nous ordonnons que les villes fournissent & entretiennent quatre cent chevaliers pour le secours de la terre sainte pendant deux ans.* C'était parler dignement à la fois en souverain & en Pontife.

Ayant ainsi jugé l'Italie & l'empereur, il juge Valdemar roi de Dannemarck, qui avait fait serment de payer aux seigneurs allemands le reste de la rançon, & de ne jamais reprendre ce qu'il avait cédé. Le pape se relève d'un serment fait en prison & par force. Valdemar r'entre dans le Holstein, mais il est battu. Le seigneur de Lunebourg & Brunswik son neveu qui combat pour lui, est fait prisonnier. Il n'est élargi qu'en cédant quelques terres. Toutes ces expéditions sont toujours des guerres civiles. L'Allemagne alors est quelque tems tranquille.

1228.

Honorius III. étant mort, & Grégoire IX. frere d'Innocent III lui ayant succédé, la politique du pontificat fut la même : mais l'humeur du nouveau pontife fut plus altiére : il presse la croisade

& le départ tant promis de Fréderic II. il fallait envoyer ce prince à Jerufalem pour l'empêcher d'aller à Rome. L'efprit du temps faifait regarder le vœu de ce prince comme un devoir inviolable. Sur le premier délai de l'empereur, le pape l'excommunie. Frédéric diffimule encore fon reffentiment ; il s'excufe, il prépare fa flotte, & exige de chaque fief de Naples & de Sicile huit onces d'or pour fon voyage. Les eccléfiaftiques même lui fourniffent de l'argent, malgré la défenfe du Pape. Enfin il s'embarque à Brindifi, mais fans avoir fait lever fon excommunication.

1221.

Que fait Grégoire IX. pendant que l'empereur va vers la terre fainte ? il profite de la négligence de ce prince à fe faire abfoudre, ou plûtôt du mépris qu'il a fait de l'excommunication ; & il fe ligue avec les milanais, & les autres villes confédérées, pour lui ravir le royaume de Naples, dont on craignait tant l'incorporation avec l'empire.

Renaud, duc de Spolete & vicaire du royaume, prend au pape la marche d'Ancone. Alors le pape fait prêcher une croifade en Italie contre ce même Fréderic II. qu'il avait envoyé à la croifade de la terre fainte.

Il envoie un ordre au patriarche titulaire de Jérufalem qui réfidait à Ptolémaïs, de ne point reconnaître l'empereur.

Fréderic diffimulant encore, conclut avec le foudan d'Egypte Melecfala que nous appellons Meledin, maître de la Syrie, un traité par lequel il paraît que l'objet de fa croifade eft rempli. Le
fultan

sultan lui céde Jérusalem, avec quelques petites villes maritimes dont les chrétiens étaient encore en possession. Mais c'est à condition qu'il ne résidera pas à Jérusalem, que les mosquées bâties dans les saints lieux subsisteront, qu'il y aura toujours un Emir dans la ville. Fréderic passa pour s'être entendu avec le soudan, afin de tromper le pape. Il va à Jérusalem avec une très-petite escorte ; il s'y couronne lui-même ; aucun prélat ne voulant couronner un excommunié. Il retourne bientôt au royaume de Naples, qui exigeait sa présence.

1230.

Il trouve dans le territoire de Capoue son beaupere Jean de Brienne à la tête de la croisade papale.

Les croisés du pape qu'on appellait *Guelfes* portaient le signe des deux clefs sur l'épaule. Les croisés de l'empereur qu'on appellait *Gibelins* portaient la croix. Les clefs s'enfuirent devant la croix.

Tout était en combustion en Italie. On avait besoin de la paix ; on la fait le 23 Juillet à San-Germano. L'empereur n'y gagne que l'absolution. Il consent que désormais les bénéfices se donnent par élection en Sicile ; qu'aucun clerc dans ces deux royaumes ne puisse être traduit devant un juge laïque ; que tous les biens ecclésiastiques soient exempts d'impôts ; & enfin il donne de l'argent au pape.

1231.

Il paraît jusqu'ici que ce Fréderic II. qu'on a peint comme le plus dangereux des hommes, était le plus patient ; mais on prétend que son fils était déja prêt à se révolter en Allemagne, & c'est ce qui rendait le pere si facile en Italie.

1232. 1233. 1234.

Il est clair que l'empereur ne restait si longtemps en Italie que dans le dessein d'y fonder un véritable empire romain. Maître de Naples & de Sicile, s'il eût pris sur la lombardie l'autorité des Othons, il était le maître de Rome. C'est là son véritable crime aux yeux des papes ; & ces papes qui le poursuivirent d'une maniere violente, étaient toujours regardés d'une partie de l'Italie comme les soutiens de la nation. Le parti des Guelfes était celui de la liberté Il eût fallu dans ces circonstances à Fréderic des trésors, & une grande armée bien disciplinée & toujours sur pied. C'est ce qu'il n'eut jamais. Othon IV. bien moins puissant que lui, avait eu contre le roi de France une armée de près de cent-trente-mille hommes. Mais il ne la soudoya pas, & c'était un effort passager de vassaux & d'alliés réunis pour un moment.

Fréderic pouvait faire marcher ses vassaux d'Allemagne en Italie. On prétend que le pape Grégoire IX prévint ce coup, en soulevant le roi des romains Henri contre son pere, ainsi que Grégoire VII. Urbain II. & Pascal II. avaient armé les enfans de Henri IV.

Le roi des romains met d'abord dans son parti plusieurs villes le long du Rhin & du Danube. Le duc d'Autriche se déclare en sa faveur. Milan, Boulogne, & d'autres villes d'Italie entrent dans ce parti contre l'empereur.

1235.

1235.

Fréderic II. retourne enfin en Allemagne après quinze ans d'abſence Le marquis de Bade défait les révoltés. Le jeune Henri vient ſe jetter aux genoux de ſon pere à la grande diéte de Mayence C'eſt dans ces diétes célébres, dans ces parlemens de princes, préſidés par les empereurs en perſonne, que ſe traitent toujours les plus grandes affaires de l'Europe avec la plus grande ſolemnité L'empereur dans cette mémorable diéte de Mayence dépoſe ſon fils Henri roi des romains, & craignant le ſort du faible Louis nommé le Débonnaire, & du courageux & trop facile Henri IV. il condamne ſon fils rébelle à une priſon perpétuelle. Il aſſure dans cette diéte le duché de Brunswik à la maiſon Guelfe, qui le poſſéde encore Il reçoit ſolemnellement le droit canon publié par Grégoire IX. & il fait publier pour la première fois des décrets de l'empire en langue allemande, quoiqu'il n'aimât pas cette langue, & qu'il cultivât la romance, à laquelle ſuccéda l'italienne.

1236.

Il charge le roi de Bohème, le duc de Baviére, & quelques évêques ennemis du duc d'Autriche, de faire la guerre à ce duc, comme vaſſaux de l'empire, qui en ſoutiennent les droits contre des rébelles.

Il repaſſe en Lombardie, mais avec peu de troupes, & par conſéquent n'y peut faire aucune expédition utile Quelques villes, comme Vicence, & Vérone miſes au pillage le rendent plus odieux aux Guelfes ſans le rendre plus puiſſant.

1237.

Il vient dans l'Autriche défendue par les hongrois. Il la subjugue, fonde une université à Vienne, confirme les priviléges de quelques villes impériales, comme de Ratisbonne & de Strasbourg; fait reconnaître son fils Conrad, roi des romains à la place de Henri; & enfin après ces succès en Allemagne, il se croit assez fort pour remplir son grand projet de subjuguer l'Italie. Il y y revole, prend Mantoue, défait l'armée des confédérés.

Le pape qui le voyait alors marcher à grands pas à l'exécution de son grand dessein, fait une diversion par les affaires ecclésiastiques; & sous prétexte que l'empereur faisait juger par des cours laïques les crimes des clercs, il excite toute l'église contre lui; l'église excite les peuples.

1238. 1239.

Fréderic II. avait un bâtard nommé *Enzius* qu'il avait fait roi de Sardaigne; autre prétexte pour le pontife, qui prétendait que la Sardaigne relevait du St. Siége.

Ce pape était toujours Grégoire IX. Les différens noms des papes ne changent jamais rien aux affaires; c'est toujours la même querelle & le même esprit. Grégoire IX. excommunie solemnellement l'empereur deux fois pendant la semaine de la passion. Ils écrivent violemment l'un contre l'autre. Le pape accuse l'empereur de soutenir que le monde a été trompé par trois imposteurs, *Moyse*, *Jesus-Christ* & *Mahomet*. Fréderic appelle Grégoire *Ante-Christ*, *Balaam*, & *prince des ténèbres*.

La

FREDERIC II.

La patience de l'empereur était enfin pouffée à bout, & il fe croyait puiffant. Les dominicains & les francifcains, milices fpirituelles du pape nouvellement établies, font chaffés de Naples & de Sicile. Les bénédictins du Mont-Caffin font chaffés auffi, & on n'en laiffe que huit pour faire l'office. On défend fous peine de mort dans les deux royaumes de recevoir des lettres du pape.

Tout cela anime davantage les factions des Guelfes & des Gibelins. Venife & Gènes s'uniffent aux villes de Lombardie. L'empereur marche contre elles. Il eft défait par les milanais. C'eft la troifiéme victoire fignalée, dans laquelle les milanais foutiennent leur liberté contre les empereurs.

1240.

Il n'y a plus alors à négocier, comme l'empereur avait toujours fait. Il augmente fes troupes, & marche à Rome, où il y avait un grand parti de Gibelins.

Grégoire IX. fait expofer les têtes de St. Pierre & de St. Paul, harangue le peuple en leur nom, échauffe tous les efprits, & profite de ce moment d'enthoufiafme pour faire une croifade contre Fréderic.

Ce prince ne pouvant entrer dans Rome, va ravager le Beneventin. Tel était le pouvoir des papes dans l'Europe, & le feul nom de croifade était devenu fi facré, que le pape obtient le vingtiéme des revenus eccléfiaftiques en France, & le cinquiéme en Angleterre pour fa croifade contre l'empereur.

Il offre par ses légats la couronne impériale à Robert d'Artois frere de St. Louis. Il est dit dans sa lettre au roi & au baronnage de France : *Nous avons condamné Fréderic, soi-disant empereur, & lui avons ôté l'empire. Nous avons élu en sa place le prince Robert frere du roi : nous le soutiendrons de toutes nos forces, & par toutes sortes de moyens.*

Cette offre indiscréte fut refusée. Quelques historiens disent, en citant mal *Mathieu Pâris*, que les barons de France répondirent, qu'il suffisait à Robert d'Artois d'être frere d'un roi qui était au-dessus de l'empereur. Ils prétendent même que les ambassadeurs de St. Louis auprès de Fréderic, lui dirent la même chose dans les mêmes termes. Il n'est nullement vraisemblable qu'on ait répondu une grossiéreté si indécente, si peu fondée, & qui ne menait à rien.

La réponse des barons de France que Mathieu Pâris rapporte, n'a pas plus de vraisemblance. Les premiers de ces barons étaient tous les évêques du royaume. Or il est bien difficile que tous les barons & tous les évêques du temps de St. Louis aient répondu au pape : *Tantum religionis in papa non invenimus, qui eum debuit promovisse, & Deo militantem protexisse, eum conatus est absentem confundere & nequiter supplantare.* » Nous ne trouvons pas « tant de religion dans le pape que dans Fréde- » ric II. dans ce pape qui devait secourir un empe- » reur combattant pour Dieu, & qui profite de son » absence pour l'opprimer & le supplanter mécham- » ment.

Pour peu qu'un lecteur ait de bon sens, il verra bien

bien qu'une nation en corps ne peut faire une réponse insultante au pape qui offre l'empire à cette nation Comment les évêques auraient-ils écrit au pape que l'incrédule Frédéric II. avait plus de religion que lui ? que ce trait apprenne à se défier des historiens qui érigent leurs propres idées en monuments publics.

1241.

Dans ce tems les peuples de la grande Tartarie menaçaient le reste du monde Ce vaste réservoir d'hommes grossiers & belliqueux avait vomi ses inondations sur presque tout notre hémisphère dès le cinquiéme siécle de l'Ere chrétienne. Une partie de ces conquérans venaient d'enlever la Palestine au soudan d'Egypte, & au peu de chrétiens qui restaient encore dans cette contrée. Des hordes plus considérables de tartares sous Batoukam petit-fils de Genziskam, avaient été jusqu'en Pologne, & jusqu'en Hongrie.

Les hongrois mêlés avec les huns, anciens compatriotes de ces tartares, venaient d'être vaincus par ces nouveaux brigands. Ce torrent s'était répandu en Dalmatie, & portait ainsi ses ravages de Pekin aux frontiéres de l'Allemagne. Etait-ce là le tems pour un pape d'excommunier l'empereur, & d'assembler un concile pour le déposer ?

Grégoire IX. indique ce concile. On ne conçoit pas comment il peut proposer à l'empereur de faire une cession entière de l'empire & de tous ses états au st. siége pour tout concilier. Le pape fait pourtant cette proposition. Quel était l'esprit d'un siécle, où l'on pouvait proposer de pareilles choses !

1242.

1242.

L'orient de l'Allemagne est délivré des tartares, qui s'en retournent comme des bêtes féroces après avoir saisi quelque proie.

Grégoire IX. & son successeur Clément IV. étant morts presque dans la même année, & le st. siége ayant vaqué longtems, il est surprenant que l'empereur presse les romains de faire un pape, & même à main armée. Il paraît qu'il était de son intérêt que la chaire de ses ennemis ne fût pas remplie; mais le fonds de la politique de ces tems-là est bien peu connu. Ce qui est certain, c'est qu'il fallait que Fréderic II fût un prince sage, puisque dans ces tems de troubles, l'Allemagne, & son royaume de Naples & Sicile étaient tranquilles.

1243.

Les cardinaux assemblés à Agnani élisent le cardinal Fiesque, Génois, de la maison des comtes de Lavagna, attaché à l'empereur. Ce prince dit, *Fiesque était mon ami, le pape sera mon ennemi.*

1244.

Fiesque connu sous le nom d'Innocent IV. ne va pas jusqu'à demander que Fréderic second lui céde l'empire; mais il veut la restitution de toutes les villes de l'état ecclésiastique, & de la comtesse Mathilde, & demande à l'empereur l'hommage de Naples & de Sicile.

1245.

Innocent IV. sur le refus de l'empereur, assemble à Lyon le concile indiqué par Grégoire IX. c'est le treiziéme des conciles généraux.

On peut demander pourquoi ce concile se tint dans une ville impériale : cette ville était protégée par la France ; l'archevêque était prince ; & l'empereur n'avait plus dans ces provinces que le vain titre de seigneur suzerain.

Il n'y eut à ce concile général que cent quarante-quatre évêques ; mais il était décoré de la présence de plusieurs princes, & sur-tout de l'empereur de Constantinople, Baudouin de Courtenai, placé à la droite du pape. Ce monarque était venu demander des secours qu'il n'obtint point.

Fréderic ne négligea pas d'envoyer à ce concile, où il devait être accusé, des ambassadeurs pour le défendre. Innocent IV. prononça contre lui deux longues harangues, dans les deux premieres sessions. Un moine de l'ordre de Cîteaux, évêque de Carinola près du Garillan, chassé du royaume de Naples par Fréderic, l'accusa dans les formes.

Il n'y a aujourd'hui aucun tribunal réglé auquel les accusations intentées par ce moine fussent admises. *L'empereur*, dit-il, *ne croit ni à Dieu ni aux Saints* ; mais qui l'avait dit à ce moine ? *L'empereur a plusieurs épouses à la fois* ; mais quelles étaient ces épouses ? *Il a des correspondances avec le soudan de Babylone.* Mais pourquoi le roi titulaire de Jerusalem ne pouvait-il traiter avec son voisin ? *Il pense comme Averroès, que Jesus-Christ & Mahomet étaient des imposteurs.* Mais où Averroès a-t-il écrit cela ? & comment prouver que l'empereur pense comme Averroès ? *Il est hérétique.* Mais quelle est son hérésie ? & comment peut-il être hérétique sans être chrétien ?

Thadée Sessa, ambassadeur de Fréderic, répond

au moine évêque qu'il en a menti, que son maître est un fort bon chrétien, & qu'il ne tolère point la simonie. Il accusait assez par ces mots la cour de Rome.

L'ambassadeur d'Angleterre alla plus loin que celui de l'empereur: *Vous tirez*, dit-il, *par vos Italiens plus de soixante mille marcs par an du royaume d'Angleterre: vous taxez toutes nos églises; vous excommuniez quiconque se plaint; nous ne souffrirons pas plus long-tems de telles vexations.*

Tout cela ne fit que hâter la sentence du pape; *Je déclare*, dit Innocent IV. *Fréderic convaincu de sacrilége & d'hérésie, excommunié & déchu de l'empire. J'ordonne aux Electeurs d'élire un autre empereur, & je me réserve la disposition du royaume de Sicile.*

Après avoir prononcé cet arrêt, il entonne un *Te Deum*, comme on fait aujourd'hui après une victoire.

L'empereur était à Turin, qui appartenait alors au marquis de Suze. Il se fait donner la couronne impériale. (Les empereurs la portaient toujours avec eux) & la mettant sur sa tête; *Le pape*, dit-il, *ne me l'a pas encore ravie; & avant qu'on me l'ôte, il y aura bien du sang répandu*. Il envoie à tous les Princes chrétiens une lettre circulaire. *Je ne suis pas le premier*, dit-il, *que le Clergé ait aussi indignement traité, & je ne serai pas le dernier. Vous en êtes la cause, en obéissant à ces hypocrites dont vous connaissez l'ambition effrénée. Combien ne découvririez-vous pas d'infamies à Rome qui font frémir la nature?* &c.

1246.

1246.

Le Pape écrit au duc d'Autriche chassé de ses Etats, aux ducs de Saxe, de Baviére & de Brabant, aux archevêques de Cologne, de Tréves & de Mayence, aux évêques de Strasbourg & de Spire, & leur ordonne d'élire pour empereur Henri Landgrave de Thuringe.

Les Ducs refusent de se trouver à la diète indiquée à Wurtzbourg, & les Evêques couronnent leur Thuringien qu'on appelle *le roi des Prêtres*.

Il y a ici deux choses importantes à remarquer : la premiere qu'il est évident que les Electeurs n'étaient pas au nombre de sept ; la seconde que Conrad, fils de l'Empereur, roi des Romains, était compris dans l'excommunication de son pere, & déchu de tous ses droits, comme un hérétique, selon la loi des Papes, & selon celle de son propre pere, qu'il avait publiées quand il voulait plaire aux Papes.

Conrad soutient la cause de son pere & la sienne. Il donne bataille au roi des Prêtres près de Francfort ; mais il a du désavantage.

Le landgrave de Thuringe, ou l'anti-empereur meurt en assiégeant Ulm. Mais le schisme impérial ne finit pas.

C'est apparemment cette année que Fréderic II. n'ayant que trop d'ennemis, se réconcilia avec le duc d'Autriche, & que pour se l'attacher, il lui donna à lui & à ses descendans le titre de Roi par un diplôme conservé à Vienne. Ce diplôme est sans date. Il est bien étrange que les Ducs d'Autriche n'en aient fait aucun usage. Il est vraisemblable que les Princes de l'Empire s'opposerent

à

à ce nouveau titre donné par un empereur excommunié que la moitié de l'Allemagne commençait à ne plus reconnaître.

1247.

Innocent IV. offre l'empire à plusieurs princes. Tous refusent une dignité si orageuse. Un Guillaume comte de Hollande l'accepte. C'était un jeune seigneur de vingt ans. La plus grande partie de l'Allemagne ne le reconnait pas ; c'est le légat du pape qui le nomme empereur dans Cologne & qui le fait chevalier.

1248.

Deux partis se forment en Allemagne aussi violents que les Guelfes & les Gibelins en Italie. L'un tient pour Fréderic & son fils Conrad, l'autre pour le nouveau roi Guillaume. C'était ce que les papes voulaient. Guillaume est couronné à Aix-la-Chapelle par l'archevêque de Cologne. Les fêtes de ce couronnement sont de tous côtés du sang répandu, & des villes en cendres.

1249.

L'empereur n'est plus en Italie que le chef d'un parti dans une guerre civile. Son fils Ensio que nous nommons Enzius est battu par les Polonais, tombe captif entre leurs mains, & son pere ne peut pas même obtenir sa délivrance à prix d'argent.

Une autre aventure funeste trouble les derniers jours de Fréderic II. si pourtant cette aventure est telle qu'on la raconte. Son fameux chancelier Pierre des Vignes, ou plutôt *de la Vigna*, son conseil, son oracle, son ami depuis plus de
trente

trente années, le restaurateur des loix en Italie, veut, dit-on, l'empoisonner & par les mains de son médecin. Les historiens varient sur l'année de cet événement, & cette variété peut causer quelque soupçon. Est-il croyable que le premier des magistrats de l'Europe, vieillard vénérable, ait tramé un aussi abominable complot ? & pourquoi ? pour plaire au pape son ennemi. Où pouvait-il espérer une plus grande fortune ? Quel meilleur poste le médecin pouvait-il avoir, que celui de médecin de l'empereur ?

Il est certain que Pierre des vignes eut les yeux crevés. Ce n'est pas là le supplice de l'empoisonneur de son maître. Plusieurs autres italiens prétendent qu'une intrigue de Cour fut la cause de sa disgrace, & porta Fréderic II. à cette cruauté, ce qui est bien plus vraisemblable.

1250.

Cependant Fréderic fait encore un effort dans la Lombardie, il fait passer même les Alpes à quelques troupes & donne l'allarme au pape, qui était toujours dans Lyon sous la protection de S. Louis ; car ce roi de France, en blâmant les excès du pape, respectait sa personne & le concile.

Cette expédition est la dernière de Fréderic.

1251.

Il meurt le 17. décembre. Quelques-uns croient qu'il eut des remords du traitement qu'il avait fait à Pierre des Vignes : mais par son testament il paraît qu'il ne se repent de rien. Sa vie & sa mort sont une époque importante dans l'histoire. Ce fut de tous les empereurs celui qui chercha le

plus

plus à établir l'empire en Italie, & qui y réussit le moins, ayant tout ce qu'il fallait pour y réussir.

Les papes qui ne voulaient point de maîtres, & les villes de Lombardie qui défendirent si souvent la liberté contre un maître, empêcherent qu'il n'y eût en effet un empereur romain.

La Sicile & sur-tout Naples furent ses royaumes favoris. Il augmenta & embellit Naples & Capoue, bâtit Alitea, Monte Leone, Flagella, Dondona, Aquila, & plusieurs autres villes; fonda des universités, & cultiva les beaux arts dans ces climats où ces fruits semblent venir d'eux-mêmes; c'était encore une raison qui lui rendait cette patrie plus chere. Il en fut le législateur. Malgré son esprit, son courage, son application, & ses travaux, il fut très-malheureux; & sa mort produisit de plus grands malheurs encore.

CONRAD IV.

VINGT-SEPTIEME EMPEREUR.

On peut compter parmi les empereurs Conrad IV. fils de Fréderic II. à plus juste titre que ceux qu'on place entre les descendants de Charlemagne, & les Othons. Il avait été couronné deux fois roi des romains. Il succédait à un pere respectable : & Guillaume comte de Hollande son concurrent, qu'on appellait aussi *le roi des prêtres*, comme le landgrave de Thuringe, n'avait pour tout droit qu'un ordre du pape, & les suffrages de quelques évêques.

Con-

Conrad essuie d'abord une défaite auprès d'Oppenheim, mais il se soutient. Il force son compétiteur à quitter l'Allemagne. Il va à Lyon trouver le pape Innocent IV. qui le confirme roi des Romains, & qui lui promet de lui donner la couronne impériale à Rome.

Il était devenu ordinaire de prêcher des croisades contre les Princes Chrétiens. Le Pape en fait prêcher une en Allemagne contre l'empereur Conrad, & une en Italie contre Manfredo ou Mainfroi, bâtard de Frédéric II. fidéle alors à son frere & aux dernieres volontés de son pere.

Ce Mainfroi, prince de Tarente, gouvernait Naples & Sicile au nom de Conrad. Le Pape faisait révolter contre lui Naples & Capoue. Conrad y marche, & semble abandonner l'Allemagne à son rival Guillaume, pour aller seconder son frere Mainfroi contre les croisés du Pape.

1252.

Guillaume de Hollande s'établit pendant ce tems-là en Allemagne. On peut observer ici une aventure qui prouve combien tous les droits ont été long-tems incertains, & les limites confondues. Une comtesse de Flandre & du Hainaut a une guerre avec Jean Davennes, son fils d'un premier lit, pour le droit de succession de ce fils même sur les Etats de sa mere. On prend Saint Louis pour arbitre. Il adjuge le Hainaut à Davennes, & la Flandre au fils du second lit. Jean Davennes dit au roi Louis: *Vous me donnez le Hainaut qui ne dépend pas de vous, il reléve de l'Evêque de Liége, & il est arriere-fief de l'Empire. La Flandre dépend de vous, & vous ne me la donnez pas.*

Il n'était donc pas décidé de qui le Hainaut relevait. La Flandre était encore un autre problême. Tout le pays d'Aloſt était fief de l'Empire. Tout ce qui était ſur l'Eſcaut l'était auſſi. Mais le reſte de la Flandre depuis Gand relevait des rois de France. Cependant Guillaume, en qualité de roi d'Allemagne, met la Comteſſe au ban de l'Empire, & confiſque tout au profit de Jean Davennes en 1252. Cette affaire s'accommoda enfin : mais elle fait voir quels inconvéniens la féodalité entraînait. C'était encore bien pis en Italie & ſur-tout pour les royaumes de Naples & Sicile.

1253.   1254.

Ces années qu'on appelle, ainſi que les ſuivantes, les années d'interregne, de confuſion, & d'anarchie, ſont pourtant très-dignes d'attention.

La maiſon de Maurienne & de Savoie qui prend le parti de Guillaume de Hollande & qui le reconnaît Empereur, en reçoit l'inveſtiture de Turin, de Montcalier, d'Ivrée, & de pluſieurs fiefs qui en font une maiſon puiſſante.

En Allemagne les villes de Francfort, Mayence, Cologne, Worms, Spire, s'aſſocient pour leur commerce, & pour ſe défendre des ſeigneurs de Châteaux, qui étaient autant de brigands. Cette union des villes du Rhin eſt moins une imitation de la confédération des villes de Lombardie, que des premieres villes anſéatiques Lubec, Hambourg, Brunſwick.

Bientôt la plûpart des villes d'Allemagne & de Flandre entrent dans la Hanſe. Le principal objet eſt d'entretenir des vaiſſeaux & des barques à frais com-

communs pour la sûreté du commerce. Un billet d'une de ces villes est payé sans difficulté dans les autres. La confiance du négoce s'établit. Des commerçans font par cette alliance plus de bien à la société que n'en avaient fait tant d'Empereurs & de Papes.

La ville de Lubec seule est déja si puissante, que dans une guerre intestine qui survint en Dannemarck elle arme une flotte.

Tandis que des villes commerçantes procurent ces avantages temporels, les chevaliers de l'ordre Teutonique veulent procurer celui du christianisme à ces restes de Vandales qui vivaient dans la Prusse & aux environs. Ottocare II. roi de Bohême, se croise avec eux. Le nom d'Ottocare était devenu celui des rois de Bohême, depuis qu'ils avaient pris le parti d'Othon IV. Ils battent les Payens, les deux chefs des Prussiens reçoivent le baptême. Ottocare rebâtit Kœnigsberg.

D'autres scénes s'ouvrent en Italie. Le Pape entretient toujours la guerre, & veut disposer du royaume de Naples & Sicile. Mais il ne peut recouvrer son propre domaine, ni celui de la Comtesse Mathilde. On voit toujours les Papes puissans au-dehors par les excommunications qu'ils lancent, par les divisions qu'ils fomentent, très-faibles chez eux, & sur-tout dans Rome.

Les factions des Gibelins & des Guelfes partageaient & désolaient l'Italie. Elles avaient commencé par les querelles des Papes & des Empereurs ; ces noms avaient été par-tout un mot de ralliement du tems de Frédéric II. Ceux qui prétendaient acquérir des fiefs & des titres que les

Empereurs donnent, se déclaraient Gibelins. Les Guelfes paraissaient plus partisans de la liberté italique. Le parti Guelfe à Rome était à la vérité pour le Pape, quand il s'agissait de se réunir contre l'Empereur; mais ce même parti s'opposait au Pape, quand le pontife délivré d'un maître vouloit l'être à son tour. Ces factions se subdivisaient encore en plusieurs partis différens, & servaient d'aliment aux discordes des villes & des familles. Quelques anciens capitaines de Frédéric II. employaient ces noms de faction qui échauffent les esprits, pour attirer du monde sous leurs drapeaux, & autorisaient leurs brigandages du prétexte de soutenir les droits de l'Empire. Des brigands opposés feignaient de servir le Pape qui ne les en chargeait pas, & ravageaient l'Italie en son nom. Parmi ces brigands qui se rendirent illustres, il y eut sur-tout un partisan de Frédéric II. nommé Ezzelino, qui fut sur le point de s'établir une grande domination & de changer la face des affaires. Il est encore fameux par ses ravages; le butin lui donna une armée. Si la fortune l'eût toujours secondé, il devenait un conquérant. Mais enfin il fut pris dans une embuscade, & Rome, qui le craignait, en fut délivrée. Les factions Guelfe & Gibeline ne s'éteignirent pas avec lui. Elles subsistèrent long tems, & furent violentes, même pendant que l'Allemagne, sans Empereur véritable daus l'interregne qui suivit la mort de Conrad, ne pouvait plus servir de prétexte à ces troubles. Un Pape dans ces circonstances avait une place bien difficile à remplir. Obligé par sa qualité d'Evêque de prêcher la paix au milieu de la guerre, se trouvant à la tête du gouververnement romain, sans pouvoir parvenir à l'autorité absolue, ayant à se défendre des Gibelins, à ménager les Guelfes, craignant sur-tout une maison impériale qui possédait Naples & Sicile. Tout était équivoque dans sa situation. Les papes depuis Grégoire VII. eurent toujours avec les empereurs cette conformité ; les titres de maîtres du monde & la puissance la plus gênée. Et si on y fait attention, on verra que dès le tems des premiers successeurs de Charlemagne, l'empire & le sacerdoce sont deux problèmes difficiles à résoudre.

Conrad fait venir un de ses freres, à qui Frédéric II. avait donné le duché d'Autriche. Ce jeune prince meurt, & on soupçonne Conrad de l'avoir empoisonné. Car dans ce tems il fallait qu'un prince mourût de vieillesse, pour qu'on n'imputât pas sa mort au poison.

Conrad IV. meurt bientôt après, & on accuse Mainfroi de l'avoir fait périr par le même crime.

L'empereur Conrad mort à la fleur de son âge laissait un enfant, ce malheureux Conradin dont Mainfroi prit la tutelle. Le pape Innocent IV. poursuit sur cet enfant la mémoire de ses peres. Ne pouvant s'emparer du royaume de Naples, il l'offre au Roi d'Angleterre, il l'offre à un frere de St. Louis. Il meurt au milieu de ses projets dans Naples même que son parti avoit conquis. On croirait, à voir les dernieres entreprises d'Innocent IV. que c'était un guerrier. Non. Il passait pour un profond théologien.

1255.

Après la mort de Conrad IV. ce dernier empereur

reur, & non le dernier prince de la maifon de Suabe ; il était vraifemblable que le jeune Guillaume de Hollande, qui commençait à regner fans contradiction en Allemagne, ferait une nouvelle maifon Impériale. Ce droit féodal qui a caufé tant de difputes & tant de guerres, le fait armer contre les Frifons. On prétendait qu'ils étaient vaffaux des comtes de Hollande, & arriere-vaffaux de l'empire. Et les Frifons ne voulaient relever de perfonne. Il marche contre eux ; il y eft tué fur la fin de l'année 1255. ou au commencement de l'autre ; & c'eft là l'époque de la grande anarchie d'Allemagne.

La même anarchie eft dans Rome, dans la Lombardie, dans le royaume de Naples & Sicile.

Les Guelfes venaient d'être chaffés de Naples par Mainfroi. Le nouveau pape Alexandre IV. mal affermi dans Rome, veut, comme fon prédéceffeur, ôter Naples & Sicile à la maifon excommuniée de Suabe, & dépouiller à la fois le jeune Conradin, à qui ce Royaume appartient, & Mainfroi, qui en eft le tuteur.

Qui pourrait croire qu'Alexandre fait prêcher en Angleterre une croifade contre Conradin ? Et qu'en offrant les états de cet enfant au roi d'Angleterre Henri III. il emprunte au nom même de ce roi Anglais, affez d'argent pour lever lui-même une armée ? Quelles démarches d'un Pontife pour dépouiller un orphelin ! Un légat du pape commande cette armée, qu'on prétend être de près de cinquante mille hommes. L'armée du pape eft battue & diffipée.

Remarquons encore que le pape Alexandre IV.
qui

qui croyait pouvoir se rendre maître de deux Royaumes aux portes de Rome, n'ose pas y rentrer, & se retire dans Viterbe. Rome était toujours comme ces villes Impériales, qui disputent à leurs Archevêques les droits régaliens, comme Cologne, par exemple, dont le gouvernement municipal est indépendant de l'Electeur. Rome resta dans cette situation équivoque jusqu'au temps d'Alexandre VI.

1256. 1257. 1258.

On veut en Allemagne faire un Empereur. Les Princes Allemands pensaient alors, comme pensent aujourd'hui les Palatins de Pologne ; ils ne voulaient point un compatriote pour roi. Une faction choisit Alphonse X. roi de Castille ; une autre élit Richard, frere du Roi d'Angleterre Henri III. Les deux élus envoient également au Pape, pour faire confirmer leur élection : le Pape n'en confirme aucune. Richard cependant va se faire couronner à Aix-la-Chapelle le 17. Mai 1257. sans être pour cela plus obéi en Allemagne.

Alphonse de Castille fait des actes de Souverain d'Allemagne à Toléde. Frédéric III. duc de Lorraine, y va recevoir à genoux l'investiture de son duché, & la dignité de grand Sénéchal de l'empereur sur les bords du Rhin, avec le droit de mettre le premier plat sur la table Impériale dans les cours plénieres.

Tous les historiens d'Allemagne, comme les plus modernes, disent que Richard ne reparut plus dans l'empire. Mais c'est qu'ils n'avaient pas connaissance de la chronique d'Angleterre de Thomas Wik. Cette chronique nous apprend que Richard

chard repaſſa trois fois en Allemagne, qu'il y exerça ſes droits d'Empereur dans plus d'une occaſion, qu'en 1263. il donna l'inveſtiture de l'Autriche & de la Stirie à un Ottocare, roi de Bohême, & qu'il ſe maria en 1669. à la fille d'un Baron, nommée Falkemorit, avec laquelle il retourna à Londres. Ce long interregne dont on parle tant, n'a donc pas véritablement ſubſiſté. Mais on peut appeller ces années, un tems d'interregne, puiſque Richard était rarement en Allemagne. On ne voit dans ces tems-là en Allemagne que de petites guerres entre de petits ſouverains.

1259.

Le jeune Conradin était alors élevé en Baviere, avec le duc titulaire d'Autriche, ſon couſin, de l'ancienne branche d'Autriche-Baviere, qui ne ſubſiſte plus. Mainfroi, plus ambitieux que fidéle, & laſſé d'être régent, ſe fait déclarer roi de Sicile & de Naples.

C'était donner au pape un juſte ſujet de chercher à le perdre. Alexandre IV. comme pontife, avait le droit d'excommunier un parjure, & comme Seigneur ſuzerain de Naples, le droit de punir un uſurpateur. Mais il ne pouvait, ni comme Pape, ni comme Seigneur, ôter au jeune & innocent Conradin, ſon héritage.

Mainfroi, qui ſe croit affermi, inſulte aux excommunications & aux entrepriſes du Pape.

Erzelin, autre tyran, dévaſte les contrées de la Lombardie qui tiennent pour les Guelfes & pour le Pontife. Enfin, bleſſé dans un combat contre les Crémonais, la terre en eſt délivrée.

Depuis

INTERREGNE.

Depuis 1260. jusqu'à 1266.

Tandis que l'Allemagne est ou désolée ou languissante dans son anarchie, que l'Italie est partagée en factions, que les guerres civiles troublent l'Angleterre, que St. Louis, racheté de sa captivité en Egypte, médite encore une nouvelle croisade, qui fut plus malheureuse, s'il est possible, le St. Siége persiste toujours dans le dessein d'arracher à Mainfroi Naples & Sicile, & de dépouiller à la fois le tuteur coupable & l'orphelin.

Quelque Pape qui soit sur la chaire de St. Pierre, c'est toujours le même génie, le même mélange de grandeur & de faiblesse. Les Romains ne veulent ni reconnaître l'autorité temporelle des Papes, ni avoir d'Empereurs. Les Papes sont à peine soufferts dans Rome, & ils ôtent ou donnent des Royaumes. Rome élisait alors un seul Sénateur, comme protecteur de sa liberté. Mainfroi, Pierre d'Arragon, son gendre, le duc d'Anjou, Charles, freres de St. Louis, briguent tous trois cette dignité, qui était celle de patrice, sous un autre nom.

Urbain IV. nouveau Pontife, offre à Charles d'Anjou Naples & Sicile, mais il ne veut pas qu'il soit Sénateur : ce serait trop de puissance.

Il propose à St. Louis d'armer le duc d'Anjou pour lui faire conquérir le Royaume de Naples. St. Louis hésite. C'était manifestement ravir à un pupille l'héritage de tant d'ayeux qui avaient conquis cet Etat sur les Musulmans. Le Pape calme ses scrupules. Charles d'Anjou accepte du Pape la donation, & se fait élire Sénateur de Rome malgré le Pape.

Urbain IV. trop engagé, fait promettre à Charles d'Anjou qu'il renoncera dans cinq ans au titre de Sénateur ; & comme ce Prince doit faire serment aux Romains pour toute sa vie, le Pape concilie ces deux sermens, & l'absout de l'un, pourvu qu'il lui fasse l'autre.

Il l'oblige aussi de jurer entre les mains de son Légat, qu'il ne possédera jamais l'Empire avec la couronne de Sicile. C'était la loi des Papes ses prédécesseurs ; & cette loi montre combien on avait craint Frédéric II.

Le comte d'Anjou promet sur-tout d'aider le St. Siége à se remettre en possession du patrimoine usurpé par beaucoup de Seigneurs, & des terres de la comtesse Mathilde. Il s'engage à payer par an 8000. onces d'or de tribut; consentant d'être excommunié, si jamais ce payement est différé de deux mois : il jure d'abolir tous les droits que les conquérans Français & les princes de la maison de Suabe avaient eu sur les Ecclésiastiques, & par-là il renonce à la prérogative singuliere de Sicile.

A ces conditions, & à beaucoup d'autres, il s'embarque à Marseille avec 30 galères, & va recevoir à Rome en Juin 1265. l'investiture de Naples & de Sicile, qu'on lui vend si cher.

Une bataille dans les plaines de Bénévent le 26 février 1266. décide de tout. Mainfroi y périt, sa femme, ses enfans, ses trésors, sont livrés au vainqueur.

Le Légat du Pape, qui était dans l'armée, prive le corps de Mainfroi de la sépulture des chrétiens; vengeance lâche & mal-adroite, qui ne sert qu'à irriter les peuples.

1267.

1267. 1268.

Dès que Charles d'Anjou est sur le thrône de Sicile, il est craint du Pape, & haï de ses Sujets. Les conspirations se forment. Les Gibelins, qui partageaient l'Italie, envoient en Baviere solliciter le jeune Conradin de venir prendre l'héritage de ses peres. Clément IV. successeur d'Urbain, lui défend de passer en Italie, comme un Souverain donne un ordre à son Sujet.

Conradin part à l'âge de seize ans, avec le duc de Baviere, son oncle, le comte de Tirol, dont il vient d'épouser la fille, & sur-tout avec le jeune duc d'Autriche, son cousin, qui n'était pas plus maître de l'Autriche, que Conradin ne l'était de Naples. Les excommunications ne lui manquerent pas. Clément IV. pour lui mieux résister, nomme Charles d'Anjou vicaire Impérial en Toscane. Cette Province illustre, devenue libre par son esprit & par son courage, était partagée en Guelfes & en Gibelins, & par-là les Guelfes y prennent toute l'autorité.

Charles d'Anjou, Sénateur de Rome, en devenait plus redoutable au Pape. Mais Conradin l'eût été davantage.

Tous les cœurs étaient à Conradin, & par une destinée singuliere, les Romains & les Musulmans se déclarerent en même tems pour lui. D'un côté l'Infant Henri, frere d'Alphonse X. roi de Castille, vrai chevalier errant, passe en Italie, & se fait déclarer Sénateur de Rome, pour y soutenir les droits de Conradin. De l'autre un roi de Tunis leur prête de l'argent & des galères, & tous les Sarrasins qui étaient restés dans le royaume de Naples, prennent les armes en sa faveur.

Q 6

Conradin est reçu dans Rome, au Capitole, comme un Empereur. Ses galères abordent en Sicile, & & presque toute la nation y reçoit ses troupes avec joie. Il marche de succès en succès jusqu'a Aquila dans l'Abruze. Les chevaliers Français aguerris défont entiérement en bataille rangée l'armée de Conradin, composée à la hâte de plusieurs nations.

Conradin, le duc d'Autriche, & Henri de Castille, sont faits prisonniers.

Les historiens Villani, Guadelfiero, Fazelli, assûrent que le Pape Clément IV. demanda le supplice de Conradin à Charles d'Anjou. Ce fut sa derniere volonté. Ce Pape mourut bientôt après. Charles fait prononcer une sentence de mort par son protonotaire Robert de Bari, contre les deux Princes. Il envoie prisonnier Henri de Castille en Provence ; car la Provence lui appartenait du chef de sa femme.

Le 26. octobre 1268. Conradin & Frédéric d'Autriche sont exécutés dans le marché de Naples, par la main du bourreau. C'est le premier exemple d'un pareil attentat contre des têtes couronnées. Conradin, avant de recevoir le coup, jetta son gand dans l'assemblée, en priant qu'il fût porté à Pierre d'Arragon, son cousin, gendre de Mainfroi, qui vengera un jour sa mort. Le gand fut ramassé par le chevalier Truchsès de Walbourg, qui exécuta en effet sa volonté. Depuis ce tems la maison de Walbourg porte les armes de Conradin, qui sont celles de Suabe. Le jeune duc d'Autriche est exécuté le premier. Conradin, qui l'aimait tendrement, ramasse sa tête, & reçoit en la baisant le coup de la mort.

On tranche la tête à plusieurs Seigneurs sur le même échaffaut. Quelque tems après Charles d'Anjou fait périr en prison la veuve de Mainfroi, avec le fils qui lui reste. Ce qui surprend, c'est qu'on ne voit point que St. Louis, frere de Charles d'Anjou, ait jamais fait à ce barbare le moindre reproche de tant d'horreurs. Au contraire, ce fut en faveur de Charles, qu'il entreprit en partie sa derniere malheureuse croisade contre le roi de Tunis, protecteur de Conradin.

1269. 1270. 1271. 1272.

Les petites guerres continuaient toujours entre les Seigneurs d'Allemagne. Rodolphe, comte de Habsbourg en Suisse, se rendait déja fameux dans ces guerres, & sur tout dans celle qu'il fit à l'évêque de Bâle, en faveur de l'abbé de St Gal. C'est à ces tems que commencent les traités de confraternité héréditaire entre les Maisons Allemandes. C'est une donation réciproque de terres d'une Maison à une autre, au dernier survivant des mâles.

La premiere de ces confraternités avait été faite dans les dernieres années de Frédéric II. entre les maisons de Saxe & de Hesse.

Les villes anséatiques augmentent dans ces années leurs priviléges & leur puissance. Elles établissent des consuls qui jugent toutes les affaires du commerce ; car à quel tribunal aurait-on eu alors recours ?

La même nécessité qui fait inventer les consuls aux villes marchandes, fait inventer les *austregues* aux autres villes & aux Seigneurs, qui ne veulent pas toujours vuider leurs différens par le fer. Ces *austregues* sont, ou des Seigneurs, ou des villes mê-

mêmes, que l'on choisit pour arbitres, sans frais de justice.

Ces deux établissemens, si heureux & si sages, furent le fruit des malheurs des tems, qui obligeaient d'y avoir recours.

L'Allemagne restait toujours sans chef, mais voulait enfin en avoir un.

Richard d'Angleterre était mort. Alphonse de Castille n'avait plus de parti. Ottocare III. roi de Bohême, duc d'Autriche & de Stirie, fut proposé, & refusa, dit-on, l'Empire. Il avait alors une guerre avec Béla, roi de Hongrie, qui lui disputait la Stirie, la Carinthie, & la Carniole, qu'il avait achetées.

La paix se fit. La Stirie & la Carinthie, avec la Carniole, resterent à Ottocare. On ne conçoit pas comment étant si puissant, il refusa l'empire, lui qui depuis refusa l'hommage à l'Empereur. il est bien plus vraisemblable qu'on ne voulut pas de lui, par cela même qu'il était trop puissant.

RODOLPHE I. DE HABSBOURG.

Premier Empereur de la Maison d'Autriche.

Vingt-huitieme Empereur.

1273.

Enfin on s'assemble à Francfort pour élire un Empereur, & cela sur les lettres du pape Grégoire X. qui menace d'en nommer un. C'était une chose nouvelle que ce fût un Pape qui voulût un Empereur.

On

On ne propose dans cette assemblée aucun Prince possesseur de grands Etats. Ils étaient trop jaloux les uns des autres. Le comte de Tirol, qui était du nombre des électeurs, indique trois Sujets, un comte de Goritz, Seigneur d'un petit pays dans le Frioul, & absolument inconnu; un Bernard, non moins inconnu encore, qui n'avait pour tout bien que des prétentions sur le duché de Carinthie; & Rodolphe de Habsbourg, Capitaine célèbre, & grand maréchal de la cour d'Ottocare, roi de Bohême.

Les électeurs, partagés entre ces trois concurrents, s'en rapportent à la décision du comte Palatin Louis le Sévère, duc de Bavière, le même qui avait élevé, & secouru en vain le malheureux Conradin, & Frédéric d'Autriche. C'est-là le premier exemple d'un pareil arbitrage. Louis de Bavière nomme Empereur Rodolphe de Habsbourg.

Le burgrave ou châtelain de Nuremberg en apporte la nouvelle à Rodolphe, qui n'étant plus alors au service du roi de Bohême, s'occupait de ses petites guerres vers Bâle, & vers Strasbourg.

Alphonse de Castille, & le roi de Bohême, protestent en vain contre l'élection. Cette protestation d'Ottocare ne prouve pas assurément qu'il eût refusé la couronne Impériale.

Rodolphe était fils d'Albert, comte de Habsbourg en Suisse. Sa mere était Ulrike de Kibourg, qui avait plusieurs Seigneuries en Alsace. Il était marié depuis long-tems avec Anne de Hœneberg, dont il avait quatre enfans. Son âge était de cinquante-cinq ans & demi, quand il fut élevé à l'Empire. Il avait un frere colonel au service des
Mila-

Milanais, & un autre chanoine à Bâle. Ses deux freres moururent avant son élection.

Il est couronné à Aix-la-Chapelle. On ignore par quel Archevêque. Il est rapporté que le sceptre Impérial, qu'on prétendait être celui de Charlemagne, ne se trouvant pas, ce défaut de formalité commençait à servir de prétexte a plusieurs Seigneurs, qui ne voulaient pas lui prêter serment. Il prit un crucifix : *voilà mon sceptre*, dit-il, & tous lui rendirent hommage. Cette seule action de fermeté le rendit respectable, & le reste de sa conduite le montra digne de l'Empire.

Il marie son fils Albert à la fille du comte de Tirol, sœur utérine de Conradin. Par ce mariage, Albert semble acquérir des droits sur l'Alsace & sur la Suabe, héritage de la maison du fameux Empereur Frédéric II. L'Alsace était alors partagée entre plusieurs petits Seigneurs. Il fallut leur faire la guerre. Il obtint par sa prudence des troupes de l'Empire, & soumit tout par sa valeur. Un préfet est nommé pour gouverner l'Alsace. C'est ici une des plus importantes époques pour l'intérieur de l'Allemagne. Les possesseurs des terres dans la Suabe & dans l'Alsace, relevaient de la maison Impériale de Suabe : mais après l'extinction de cette Maison dans la personne de l'infortuné Conradin, ils ne voulurent plus relever que de l'Empire. Voilà la véritable origine de la noblesse immédiate. Et voilà pourquoi on trouve plus de cette noblesse en Suabe que dans les autres provinces. L'Empereur Rodolphe vint à bout de soumettre les gentilshommes d'Alsace, & créa un préfet dans cette province : mais après lui les barons d'Alsace redevinrent pour la plûpart barons libres & immédiats, souverains dans leurs petites terres, comme les plus grands seigneurs Allemans dans les leurs. C'était dans presque toute l'Europe l'objet de quiconque possédait un château.

1274.

Trois Ambassadeurs de Rodolphe font serment de sa part au page Grégoire X. dans le consistoire. Le Pape écrit à Rodolphe : *De l'avis des cardinaux, nous vous nommons roi des Romains.*

Alphonse X. roi de Castille renonce alors à l'Empire.

1275.

Rodolphe va trouver le Pape à Lausanne. Il lui promet de lui faire rendre la marche d'Ancone, & les terres de Mathilde. Il promettait ce qu'il ne pouvait tenir. Tout cela était entre les mains des villes & des Seigneurs, qui s'en étaient emparés aux dépens du Pape & de l'Empire. L'Italie était partagée entre vingt Principautés ou Républiques, comme l'ancienne Gréce, mais plus puissantes. Venise, Gênes, & Pise, avaient plus de vaisseaux que l'Empereur ne pouvait entretenir d'enseignes. Florence devenait considérable, & déja elle était le berceau des beaux arts.

Rodolphe pense d'abord à l'Allemagne. Le puissant roi de Bohême Ottocare III duc d'Autriche, de Carinthie, & de Carniole, lui refuse l'hommage. *Je ne dois rien à Rodolphe*, dit-il, *je lui ai payé ses gages.* Il se ligue avec la Baviére.

Rodolphe soutient la majesté de son rang. Il fait mettre au ban de l'Empire ce puissant Ottocare, & le duc de Baviére Henri, qui est lié avec lui.

On donne à l'Empereur des troupes, & il va venger les droits de l'empire Allemand.

1276.

L'Empereur Rodolphe bat, l'un après l'autre, tous ceux qui prennent le parti d'Ottocare, ou qui veulent profiter de cette division ; le comte de Neubourg, le comte de Fribourg, & le marquis de Bade, & le comte de Wirtemberg, & Henri, duc de Bavière. Il finit tout d'un coup cette guerre avec les Bavarois, en mariant une de ses filles au fils de ce Prince, & en recevant quarante mille onces d'or, au lieu de donner une dot à sa fille.

De-là il marche vers Ottocare ; il le force de venir à composition. Le roi de Bohême céde l'Autriche, la Stirie, & la Carniole. Il consent de faire un hommage lige à l'Empereur dans l'Isle de Camberg au milieu du Danube, sous un pavillon dont les rideaux devaient être fermés, pour lui épargner une mortification publique.

Ottocare s'y rend couvert d'or & de pierreries. Rodolphe, par un faste supérieur, le reçoit avec l'habit le plus simple ; & au milieu de la cérémonie les rideaux du pavillon tombent, & font voir aux yeux du peuple & des armées qui bordaient le Danube, le superbe Ottocare à genoux, tenant ses mains jointes, entre les mains de son vainqueur, qu'il avait si souvent appellé son maître-d'hôtel, & dont il devenait le grand échanson. Ce conte est accrédité, & il importe peu qu'il soit vrai.

1277.

La femme d'Ottocare, Princesse plus altiére que son époux, lui fait tant de reproches de son hommage magé rendu, & de la cession de ses Provinces, que le roi de Bohême recommence la guerre vers l'Autriche.

L'Empereur remporte une victoire complette. Ottocare est tué dans la bataille le 26. Août. Le vainqueur use de sa victoire en législateur. Il laisse la Bohême au fils du vaincu, le jeune Venceslas; & la régence au marquis de Brandebourg.

1278.

Rodolphe fait son entrée à Vienne, & s'établit dans l'Autriche. Louis, duc de Baviére, qui avait plus d'un droit à ce duché, veut remuer pour soutenir ce droit. Rodolphe tombe sur lui avec ses troupes victorieuses. Alors rien ne résiste, & on voit ce Prince, que les Electeurs avaient appellé à l'Empire pour y regner sans pouvoir, devenir en effet le conquérant de l'Allemagne.

1279.

Ce maître de l'Allemagne est bien loin de l'être en Italie. Le Pape Nicolas III gagne avec lui sans peine ce long procès que tant de Pontifes ont soutenu contre tant d'Empereurs. Rodolphe, par un diplôme du 15 février 1279. céde au St. Siége les terres de la comtesse Mathilde, renonce au droit de suzeraineté, désavoue son Chancelier, qui a reçu l'hommage. Les Electeurs approuvent la même année cette cession de Rodolphe. Ce Prince, en abandonnant des droits pour lesquels on avait si long-tems combattu, ne cédait en effet que le droit de recevoir un hommage des Seigneurs qui voulaient à peine le rendre. C'était tout ce qu'il pouvait alors obtenir en Italie, où l'Empire n'était plus rien. Il fallait que cette cession fût

bien

bien peu de chose, puisque l'Empereur n'eut en échange que le titre de Sénateur de Rome, & encore ne l'eut-il que pour un an.

Le Pape vint à bout de faire ôter cette vaine dignité de Sénateur à Charles d'Anjou, roi de Sicile; parce que ce Prince ne voulut pas marier son neveu avec la niéce de ce Pontife, en disant que *quoiqu'il s'appellât Orsini, & qu'il eût les pieds rouges, son sang n'était pas fait pour se mêler au sang de France.*

Nicolas III. ôte encore à Charles d'Anjou le vicariat de l'Empire en Toscane. Ce vicariat n'était plus qu'un nom, & ce nom même ne pouvait subsister, depuis qu'il y avait un Empereur.

La situation de Rodolphe en Italie était (à ce que dit Girolamo Briani) semblable à celle d'un négociant, qui a fait faillite, & dont d'autres marchands partagent les effets.

1280.

L'Empereur Rodolphe se raccommode avec Charles de Sicile, par le mariage d'une de ses filles. Il donne cette Princesse, nommée Clémence, à Charles Martel, petit-fils de Charles. Les deux mariés étaient presque encore au berceau.

Charles, au moyen de ce mariage, obtient de l'Empereur l'investiture des comtés de Provence & de Forcalquier.

Après la mort de Nicolas III. on élit un Français nommé Brion, qui prend le nom de Martin IV. Ce Français fait rendre d'abord la dignité de Sénateur au roi de Sicile, & veut lui faire rendre aussi le vicariat de l'Empire en Toscane. Rodolphe paraît ne guère s'en embarrasser; il est assez occupé en Bohême. Ce pays s'était révolté par la conduite violente du Margrave de Brandebourg, qui en était régent ; & d'ailleurs Rodolphe avait plus befoin d'argent que de titres.

1281.   1282.

Ces années font mémorables par la fameufe confpiration des vêpres Siciliennes. Jean de Procida, gentilhomme de Salerne, riche, & qui malgré fon état exerçait la profeffion de médecin, & de jurifconfulte, fut l'auteur de cette confpiration, qui femblait fi oppofée à fon genre de vie. C'était un Gibelin paffionnément attaché à la mémoire de Fréderic II. & à la maifon de Suabe. Il avait été plufieurs fois en Arragon auprès de la reine Conftance, fille de Mainfroi. Il brûlait de venger le fang que Charles d'Anjou avait fait répandre ; mais ne pouvant rien dans le royaume de Naples, que Charles contenait par fa préfence & par la terreur, il trama fon complot dans la Sicile gouvernée par des Provençaux plus déteftés que leur maître, & moins puiffans.

Le projet de Charles d'Anjou était la conquête de Conftantinople. Un des grands fruits des croifades de l'Occident avait été de prendre l'empire des Grecs en 1204. & on l'avait perdu depuis, ainfi que les autres conquêtes fur les Mufulmans. La fureur d'aller fe battre en Paleftine avait paffé, depuis les malheurs de S. Louis, mais la proie de Conftantinople paraiffait facile à faifir ; & Charles d'Anjou efpérait déthrôner Michel Paléologue qui poffédait alors ce refte de l'empire d'Orient.

Jean de Procida va déguifé à Conftantinople avertir Michel Paléologue : il l'excite à prévenir

Char-

Charles. De-là il court en Arragon voir en secret le roi Pierre. Il eut de l'argent de l'un & de l'autre. Il gagne aisément des conjurés. Pierre d'Arragon équippe une flotte, & feignant d'aller contre l'Afrique, il se tient prêt pour descendre en Sicile. Procida n'a pas de peine à disposer les Siciliens.

Enfin le troisiéme jour de Pâques 1282. au son de la cloche des vêpres, tous les Provençaux sont massacrés dans l'Isle, les uns dans les Eglises, les autres aux portes ou dans les places publiques, les autres dans leurs maisons. On compte qu'il y eut huit mille personnes égorgées. Cent batailles ont fait périr le triple & le quadruple d'hommes, sans qu'on y ait fait attention. Mais ici ce secret gardé si long-tems par tout un peuple, des conquérants exterminés par la nation conquise, les femmes, les enfans massacrés, des filles Siciliennes enceintes par des Provençaux, tuées par leurs propres peres, des pénitentes égorgées par leurs confesseurs, rendent cette action à jamais furieuse & exécrable. On dit toujours que ce furent des Français qui furent massacrés à ces vêpres Siciliennes, parce que la Provence est aujourd'hui à la France : mais elle était alors province de l'Empire ; & c'était réellement des Impériaux qu'on égorgeait.

Voilà comme on commença enfin la vengeance de Conradin & du duc d'Autriche. Leur mort avait été le crime d'un seul homme, de Charles d'Anjou ; & huit mille innocens l'expierent.

Pierre d'Arragon aborde alors en Sicile avec sa femme Constance. Toute la nation se donne à lui

lui, & de ce jour la Sicile resta à la maison d'Arragon, mais le royaume de Naples demeure au prince de France.

L'Empereur investit ses deux fils aînés Albert & Rodolphe à la fois, de l'Autriche, de la Stirie, de la Carniole le 27 Décembre 1282. dans une diéte à Augsbourg, du consentement de tous les Seigneurs, & même de celui de Louis de Bavière qui avait des droits sur l'Autriche. Mais comment donner à la fois l'investiture des mêmes Etats à ces deux princes ? N'en avaient-ils que le titre, le puîné devait-il succéder à l'aîné ? ou bien le puîné n'avait-il que le nom, tandis que l'autre avait la terre : ou devaient-ils posséder ces Etats en commun ? C'est ce qui n'est pas expliqué. Ce qui est incontestable, c'est qu'on voit beaucoup de diplômes dans lesquels les deux freres sont nommés conjointement ducs d'Autriche, de Stirie & de Carniole.

Il y a une seule vieille chronique anonyme qui dit que l'Empereur Rodolphe investit son fils Rodolphe de la Suabe. Mais il n'y a aucun document, aucune charte où l'on trouve que ce jeune Rodolphe ait eu la Suabe. Tous les diplômes l'appellent duc d'Autriche, de Stirie, de Carniole comme son frere. Cependant un historien ayant adopté cette chronique, tous les autres l'ont suivie, & dans les tables généalogiques on appelle toujours ce Rodolphe duc de Suabe. S'il l'avait été, comment sa maison aurait-elle perdu ce duché ?

Dans la même diéte l'Empereur donne la Carinthie, & la marche Trevisane au comte de Tirol son gendre. L'avantage qu'il tira de sa dignité d'Empereur, fut de pourvoir toute sa maison.

1283. 1284.

Rodolphe gouverne l'Empire auſſi-bien que ſa maiſon. Il appaiſe les querelles de pluſieurs Seigneurs & de pluſieurs villes.

Les hiſtoriens diſent que ſes travaux l'avaient fort affaibli, & qu'à l'âge de 65 ans paſſés, les médecins lui conſeillerent de prendre une femme de 15 ans pour fortifier ſa ſanté. Ces hiſtoriens ne ſont pas phyſiciens. Il épouſe Agnès, fille d'un comte de Bourgogne.

Dans cette année 1284. le roi d'Arragon Pierre fait priſonnier le prince de Salerne, fils de Charles d'Anjou, mais ſans pouvoir ſe rendre maître de Naples. Les guerres de Naples ne regardent plus l'Empire juſqu'à Charles-quint.

1285.

Les Cumins, reſte de Tartares, dévaſtent la Hongrie.

L'Empereur inveſtit Jean Davennes du comté d'Aloſt, du pays de Vaſs, de la Zélande, du Hainaut. Le comté de Flandre n'eſt point ſpécifié dans l'inveſtiture; il était devenu inconteſtable qu'il relevait de la France.

1286. 1287.

Pour mettre le comble à la gloire de Rodolphe, il eût fallu s'établir en Italie, comme il l'était en Allemagne, mais le tems était paſſé. Il ne voulut pas même aller ſe faire couronner à Rome. Il ſe contenta de vendre la liberté aux villes d'Italie, qui voulurent bien l'acheter. Florence donna quarante mille ducats d'or. Luques

douze

douze mille. Gènes, Boulogne, six mille. Presque toutes les autres ne donnerent rien du tout, prétendant qu'elles ne devaient point reconnaître un Empereur qui n'était pas couronné à Rome.

Mais en quoi consistait cette liberté, ou donnée ou confirmée ? Etait-ce dans une séparation absolue de l'Empire ? Il n'y a aucun acte de ces tems-là qui énonce de pareilles conventions. Cette liberté consistait dans le droit de nommer des magistrats, de se gouverner suivant leurs loix municipales, de battre monnoie, d'entretenir des troupes. Ce n'était qu'une confirmation, une extension des droits obtenus de Frédéric Barberousse. L'Italie fut alors indépendante, & comme détachée de l'Empire, parce que l'Empereur était éloigné & trop peu puissant. Le tems eût pû assurer à ce pays une liberté pleine & entiere. Déja les villes de Lombardie, celles de la Suisse même ne prêtaient plus de serment, & rentraient insensiblement dans leurs droits naturels.

A l'égard des villes d'Allemagne, elles prêtaient toutes serment ; mais les unes étaient réputées *libres*, comme Augsbourg, Aix-la-Chapelle & Metz ; les autres avaient le nom d'*Impériales*, en fournissant des tributs ; les autres *sujettes*, comme celles qui relevaient immédiatement des Princes, & médiatement de l'Empire ; les autres *mixtes*, qui en relevant des Princes, avaient pourtant quelques droits Impériaux.

Les grandes villes Impériales étaient toutes différemment gouvernées. Nuremberg était administrée par des nobles : les citoyens avaient à Strasbourg l'autorité.

1288. 1289. 1290.

Rodolphe fait servir toutes ses filles à ses intérêts. Il marie encore une fille qu'il avait de sa premiere femme, au jeune Venceslas, roi de Bohême, devenu majeur, & lui fait jurer qu'il ne prétendra jamais rien aux duchés d'Autriche & de Stirie : mais aussi en récompense il lui confirme la charge de grand échanson.

Les ducs de Baviere prétendaient cette charge de la maison de l'empereur. Il semble que la qualité d'Electeur fût inséparable de celle de grand officier de la Couronne ; non que les Seigneurs des principaux Fiefs ne prétendissent encore le droit d'élire : mais les grands Officiers voulaient ce droit de préférence aux autres. C'est pourquoi les ducs de Baviére disputaient la charge de grand maître à la branche de Baviére Palatine, quoi qu'aînée.

Grande diéte à Erfort, dans laquelle on confirme le partage déja fait de la Thuringe. L'orientale reste à la maison de Misnie, qui est aujourd'hui de Saxe. L'occidentale demeure à la maison de Brabant, héritiére de la Misnie par les femmes. C'est la maison de Hesse.

Le roi de Hongrie Ladislas III. ayant été tué par les Tartares Cumins, qui ravageaient toujours ce pays ; l'Empereur, qui prétend que la Hongrie est un Fief de l'Empire, veut donner ce Fief à son fils Albert, auquel il avait donné déja l'Autriche.

Le Pape Nicolas IV. qui croit que tous les royaumes sont des fiefs de Rome, donne la Hongrie à Charles Martel, petit-fils de Charles d'Anjou, roi de Naples & de Sicile. Mais comme ce Charles Martel se trouve gendre de l'Empereur, & comme les Hongrois ne voulaient point du fils d'un Empereur pour roi, de peur d'être asservis, Rodolphe consent que Charles Martel, son gendre, tâche de s'emparer de cette Couronne, qu'il ne peut lui ôter.

Voici encore un grand exemple qui prouve combien le droit féodal était incertain. Le comte de Bourgogne, c'est-à-dire de la Franche-Comté, prétendait relever du royaume de France, & en cette qualité il avait prêté serment de fidélité à Philippe-le-Bel. Cependant jusques-là tout ce qui faisait partie de l'ancien royaume de Bourgogne, relevait des Empereurs.

Rodolphe lui fait la guerre : elle se termine bientôt, par l'hommage que le comte de Bourgogne lui rend. Ainsi ce comte se trouve relever à la fois de l'Empire & de la France.

Rodolphe donne au duc de Saxe, son gendre Albert II. le titre de *Palatin* de Saxe. Il faut bien distinguer cette maison de Saxe d'avec celle d'aujourd'hui, qui est, comme nous l'avons dit, celle de Misnie.

1291.

L'Empereur Rodolphe meurt à Germesheim le 15 Juillet, à l'âge de 73. ans, après en avoir regné dix-huit.

ADOLPHE DE NASSAU,
VINGT-NEUVIEME EMPEREUR.
Après un Interregne de neuf mois.
1292.

Les Princes Allemands craignant de rendre héréditaire cet Empire d'Allemagne, toujours nommé l'Empire Romain; & ne pouvant s'accorder dans leur choix, font un second compromis, dont on avait vû l'exemple à la nomination de Rodolphe.

L'archevêque de Mayence, auquel on s'en rapporte, nomme Adolphe de Nassau par le même principe qu'on avait choisi son prédécesseur. C'était le plus illustre guerrier de ces tems-là, & le plus pauvre. Il paraissait capable de soutenir la gloire de l'Empire, à la tête des armées Allemandes, & trop peu puissant pour l'asservir. Il ne possédait que trois Seigneuries dans le comté de Nassau.

Albert, duc d'Autriche, fâché de ne point succéder à son pere, s'unit contre le nouvel Empereur avec ce même comte de Bourgogne, qui ne veut plus être vassal de l'Allemagne, & tous deux obtiennent des secours du roi de France Philippe-le-Bel. La maison d'Autriche commence par appeller contre l'Empereur ces mêmes Français, que les Princes de l'Empire ont depuis si souvent appellés contre elle. Albert d'Autriche, avec le secours de la France, fait d'abord la guerre en Suisse, dont sa maison réclame la souveraineté. Il prend Zurich avec des troupes Françaises.

1293.

Albert d'Autriche souléve contre Adolphe, Strasbourg

bourg & Colmar. L'Empereur, à la tête de quelques troupes que les fiefs lui fourniſſent, appaiſe ces troubles.

Un différend entre le comte de Flandres, & les citoyens de Gand, eſt porté au parlement de Paris, & jugé en faveur des citoyens. Il était bien clairement reconnu que depuis Gand juſqu'à Boulogne, Arras & Cambrai, la Flandre relevait uniquement du roi de France.

1294.

Adolphe s'unit avec Edouard, roi d'Angleterre, contre la France : mais comme il craint un auſſi puiſſant vaſſal que le duc d'Autriche, il n'entreprend rien. On a vû depuis renouveller plus d'une fois cette alliance dans des circonſtances pareilles.

1295.

Une injuſtice honteuſe de l'Empereur, eſt la premiére origine de ſes malheurs & de ſa fin funeſte : grand exemple pour les ſouverains. Albert de Miſnie Landgrave de Thuringe, l'un des ancêtres de tous les princes de Saxe, qui font une ſi grande figure en Allemagne, gendre de l'Empereur Frédéric II. avait trois enfans de la Princeſſe ſa femme. Il l'avait répudiée, pour une maîtreſſe indigne de lui, & c'eſt pour cela que les Allemands lui avaient donné avec juſtice le ſurnom de *dépravé*. Ayant un bâtard de cette concubine, il voulait deshériter pour lui ſes trois enfans légitimes. Il met ſes Fiefs en vente, malgré les loix ; & l'Empereur, malgré les loix, les achéte, avec l'argent que le roi d'Angleterre lui avait donné pour faire la guerre à la France.

Les trois Princes ſoutiennent hardiment leurs droits contre l'Empereur. Il a beau prendre Dreſde

& plusieurs châteaux ; il est chassé de la Misnie, & toute l'Allemagne se déclare contre cet indigne procédé.

1296.

La rupture contre l'Empereur & le roi d'Angleterre d'un côté, & la France de l'autre, durait toujours. Le Pape Boniface VIII. leur ordonne à tous trois une tréve, sous peine d'excommunication.

1297.

L'Empereur avait plus besoin d'une tréve avec les Seigneurs de l'Empire. Sa conduite les révoltait tous. Venceslas, roi de Bohême ; Albert, duc d'Autriche, le duc de Saxe, l'archevêque de Mayence, s'assemblent à Prague. Il y avoit deux marquis de Brandebourg, non qu'ils possédassent tous deux la même marche ; mais étant freres, ils prenaient tous deux le même titre. C'est un usage qui commençait à s'établir. On accuse l'Empereur dans les formes, & on indique une diéte à Egra pour le déposer.

Albert d'Autriche envoie à Rome solliciter la déposition d'Adolphe. C'est un droit qu'on reconnaît toujours dans les papes, quand on croit en profiter.

Le duc d'Autriche feint d'avoir reçu le consentement du Pape, qu'il n'a pourtant pas. L'archevêque de Mayence dépose solemnellement l'Empereur au nom de tous les Princes. Voici comme il s'exprime : *on nous a dit que nos envoyés avaient obtenu l'agrément du Pape ; d'autres assûrent que le Pape l'a refusé : mais n'ayant égard qu'à l'autorité qui nous a été confiée, nous déposons Adolphe de la dignité Impériale, & nous élisons pour roi des Romains le Seigneur Albert, duc d'Autriche.*

1298.

1298.

Boniface VIII. défend aux Electeurs, sous peine d'excommunication, de sacrer le nouveau roi des Romains. Ils lui répondent que ce n'est pas là une affaire de religion.

Cependant Adolphe ayant dans son parti quelques Evêques & quelques Seigneurs, avait encore une armée. Il donne bataille le 2. Juillet auprès de Spire à son rival ; tous deux se joignent au fort de la mêlée. Albert d'Autriche lui porte un coup d'épée dans l'œil. Adolphe meurt en combattant, & laisse l'Empire à Albert.

ALBERT I. D'AUTRICHE.
Trentieme Empereur.

1298.

Albert d'Autriche commence par remettre son droit aux Electeurs, afin de le mieux assurer. Il se fait élire une seconde fois à Francfort, puis couronner à Aix-la-Chapelle, par l'archevêque de Cologne.

Le Pape Boniface VIII. ne veut pas le reconnaître. Ce Pape avait alors de violens démêlés avec le roi de France Philippe-le-Bel.

1299.

L'Empereur Albert s'unit incontinent avec Philippe, & marie son fils aîné Rodolphe à Blanche, sœur du roi. Les articles de ce mariage sont remarquables. Il s'engage de donner à son fils l'Autriche, la Stirie, la Carniole, l'Alsace, Fribourg en Brifcau, & affigne pour douaire à fa belle-fille l'Alface & Fribourg, s'en remettant, pour la dot de Blanche, à la volonté du roi de France.

Albert fait part de ce mariage au Pape, qui pour toute réponfe, dit que l'Empereur n'eft qu'un ufurpateur, & qu'il n'y a d'autre *Céfar* que le fouverain Pontife des Chrétiens.

1300, 1301.

Les maifons de France & d'Autriche femblaient alors étroitement unies par ce mariage, par leur haine commune contre Boniface VIII. par la néceffité où elles étaient de fe défendre contre leurs vaffaux. Car dans le même tems la Hollande & la Zélande, vaffales de l'Empire, faifaient la guerre à Albert, & les Flamands, vaffaux de France, la faifaient au roi Philippe-le-Bel.

Boniface VIII. plus fier encore que Grégoire VII. & plus impétueux, prend ce temps pour braver à la fois l'Empereur & le roi de France. D'un côté il excite contre Philippe-le-Bel fon frere Charles de Valois ; de l'autre il fouléve des Princes de l'Allemagne contre Albert.

Nul Pape ne pouffa plus loin la manie de donner des royaumes. Il fait venir en Italie ce Charles de Valois, & le nomme vicaire de l'Empire en Tofcane. Il marie ce Prince à la fille de Baudouin II. Empereur de Conftantinople dépoffédé ; & déclare hardiment Charles de Valois Empereur des Grecs. Rien n'eft plus grand que ces entreprifes, quand elles font bien conduites & heureufes. Rien de plus petit, quand elles font fans effet. Ce Pape en moins de trois ans, donna les Empires d'Orient & d'Occident, & mit en interdit le royaume de France.

Les

Les circonstances où se trouvait l'Allemagne le mirent sur le point de réussir contre Albert d'Autriche.

Il écrit aux archevêques de Mayence, de Tréves & de Cologne : *Nous ordonnons qu'Albert comparaisse devant nous dans six mois, pour se justifier, s'il peut, du crime de Leze-Majesté, commis contre la personne de son Souverain Adolphe. Nous défendons qu'on le reconnaisse pour Roi des Romains*, &c.

Ces trois Archevêques, qui n'aimaient pas Albert, conviennent avec le comte Palatin du Rhin, de procéder contre lui, comme ils avaient procédé contre son prédécesseur; & ce qui montre bien qu'on a toujours deux poids & deux mesures, c'est qu'ils lui font un crime d'avoir vaincu & tué en combattant, ce même Adolphe, qu'ils avaient déposé, & contre lequel il avait été armé par eux-mêmes.

Le comte Palatin fait en effet des informations contre l'Empereur Albert. On sait que les comtes Palatins étaient originairement juges dans le palais, & juges des causes civiles entre le Prince & les Sujets, comme cela se pratique dans tous les pays, sous des noms différens.

Les Palatins se croyoient en droit de juger criminellement l'Empereur même. C'est sur cette prétention qu'on verra un Palatin, un ban de Croatie, condamner une Reine.

Albert ayant pour lui les autres Princes de l'Empire, répond aux procédures par la guerre.

1302.

Bientôt ses juges lui demandent grace, & l'électeur Palatin paye par une grosse somme d'argent ses procédures.

La Pologne, après beaucoup de troubles, élit

pour son roi Venceslas, roi de Bohême. Venceslas met quelque ordre dans un pays où il n'y en avait jamais eu. C'est lui qui institua le Sénat. Ce Venceslas donne son fils pour roi aux Hongrois, qui le demandaient lui-même.

Boniface VIII. ne manque pas de prétendre que c'est un attentat contre lui, & qu'il n'appartient qu'à lui seul de donner un Roi à la Hongrie. Il nomme à ce Royaume Carobert, descendant de Charles d'Anjou. Il semblerait que l'Empereur n'eût pas dû accoutumer le Pape à donner des Royaumes; cependant c'est ce qui le raccommoda avec lui. Il craignait plus la puissance de Venceslas que celle du Pape. Il protége donc Carobert, & désole la Bohême avec une armée. Les auteurs disent que cette armée fut empoisonnée par les Bohémiens, qui infectèrent les eaux voisines du camp ; cela est assez difficile à croire.

1303.

Ce qui achéve de mettre l'Empereur dans les intérêts de Boniface VIII. c'est la sanglante querelle de ce Pape avec Philippe-le-Bel. Boniface très-maltraité par ce Monarque, & qui méritait de l'être, reconnaît enfin cet Albert, à qui il avait voulu faire le procès, pour roi légitime des Romains, & lui promet la couronne Impériale, pourvû qu'il déclare la guerre au roi de France.

Albert paye la complaisance du Pape par une complaisance bien plus grande. Il reconnaît *que l'Empire a été transféré des Grecs aux Allemands par le S. Siége ; que les Electeurs tiennent leur droit du Pape, & que les Empereurs & les Rois reçoivent de lui le droit du glaive.* C'est contre une telle déclaration

tion que le comte Palatin aurait dû faire des procédures.

Ce n'était pas la peine de flatter ainsi Boniface VIII. qui mourut le 12. Octobre, échappé à peine de la prison où le roi de France l'avait retenu, aux portes même de Rome.

Cependant le roi de France confisque la Flandre sur le comte Gui Dampiere, & demeure, après une sanglante bataille, maître de Lille, de Douay, d'Orchies, de Bethune, & d'un très-grand pays, sans que l'Empereur s'en mette en peine.

Il ne songe pas davantage à l'Italie, toujours partagée entre les Guelfes & les Gibelins.

1304. 1305.

Ladislas, ce fils du respectable Venceslas, roi de Bohême & de la Pologne, est chassé de la Hongrie. Son pere en meurt, à ce qu'on prétend, de chagrin, si les Rois peuvent mourir de cette maladie.

Le duc de Baviére Othon se fait élire roi de Hongrie, & se fait renvoyer dès la même année. Ladislas retourne en Bohême, y est assassiné. Ainsi voilà trois Royaumes électifs à donner à la fois, la Hongrie, la Bohême, & la Pologne.

L'Empereur Albert fait couronner son fils Rodolphe en Bohême à main-armée. Carobert se propose toujours pour la Hongrie; & un Seigneur Polonais nommé Uladislas *Locticus*, est élu, ou plutôt rétabli en Pologne : mais l'Empereur n'y a aucune part.

1306.

Voici une injustice qui ne paraît pas d'un Prince habile. L'Empereur Adolphe de Nassau avait perdu la Couronne & la vie, pour s'être attiré la haine des Allemands, & cette haine fut principalement fondée sur ce qu'il voulut dépouiller à prix d'argent les héritiers légitimes de la Misnie & de la Thuringe.

Philippe de Nassau, frere de cet Empereur, réclama ces pays si injustement achetés. Albert se déclare pour eux, dans l'espérance d'en obtenir sa part Les Princes de Thuringe se défendent. Ils sont mis sans formalités au ban de l'Empire. Cette proscription leur donne des partisans & une armée. Ils taillent en piéces l'armée de l'Empereur, qui est trop heureux de les laisser paisibles dans leurs Etats. On voit toujours en général dans les Allemands, un grand fond d'attachement pour leurs droits; & c'est ce qui a fait subsister si long-tems ce gouvernement mixte, édifice souvent prêt à écrouler, & cependant toujours ferme.

1307.

Le Pape Clément V. envoie un Légat en Hongrie, qui donne la Couronne à Carobert, au nom du S. Siége. Autrefois les Empereurs donnaient ce royaume: alors les Papes en disposent ainsi que de celui de Naples. Les Hongrois aimaient mieux être vassaux des Papes désarmés, que des Empereurs, qui pouvoient les asservir. Il valait mieux n'être vassal de personne.

ORIGINE DE LA LIBERTE' DES SUISSES.

La Suisse relevait de l'Empire, & une partie de ce pays était domaine de la maison d'Autriche, comme Fribourg, Lucerne, Zug, Glaris. Ces petites

tites villes quoique sujettes avaient de grands privileges ; & étaient au rang des villes *mixtes* de l'Empire ; d'autres étaient impériales, & se gouvernaient par leurs citoyens, comme Zurich, Bâle, & Schaffhouse. Les cantons d'Uri, de Schwitz, & & d'Underwald étaient sous le patronage de la maison d'Autriche, mais non sous sa domination.

L'empereur Albert voulut être despotique dans tout le pays. Les Gouverneurs & les Commissaires qu'il y envoya, y exercerent une tyrannie qui causa d'abord beaucoup de malheurs, & qui ensuite produisit le bonheur de la liberté.

Les fondateurs de cette liberté se nomment *Melchthal*, *Stauffacher* & *Walter Fust*. La difficulté de prononcer des noms si respectables, nuit à leur célébrité. Ces trois paysans, hommes de sens & de résolution, furent les premiers conjurés. Chacun d'eux en attira trois autres. Ces neuf gagnerent les cantons d'Uri, Schwitz, & Underwald.

Tous les historiens prétendent que tandis que la conspiration se tramait, un Gouverneur d'Uri nommé *Grisler*, s'avisa d'un genre de tyrannie ridicule & horrible. Il fit mettre, dit-on, un de ses bonnets au haut d'une perche dans la place, & ordonna qu'on saluât le bonnet sous peine de la vie. Un des conjurés nommé *Guillaume Tell* ne salua point le bonnet. Le Gouverneur le condamna à être pendu, & ne lui donna sa grace qu'à condition que le coupable, qui passait pour archer adroit, abattrait d'un coup de flêche une pomme placée sur la tête de son fils. Le pere tremblant tira, & fut assez heureux pour abattre la pomme. *Grisler* appercevant une seconde fléche sous l'habit de *Tell*, demanda ce qu'il en prétendait faire. *Elle t'était destinée*, dit le Suisse, *si j'avais blessé mon fils*.

Il faut avouer que l'histoire de la pomme est bien suspecte, & que tout ce qui l'accompagne ne l'est pas moins. Mais enfin on tient pour constant que *Tell* ayant été mis aux fers, tua ensuite le Gouverneur d'une fléche : que ce fut le signal des conjurés : que les peuples se saisirent des forteresses, & démolirent ces instrumens de leur esclavage.

1308.

Albert prêt de commettre ses forces contre ce courage que donne l'enthousiasme d'une liberté naissante, perd la vie d'une maniére funeste. Son propre neveu Jean qu'on a appellé mal-à-propos duc de Suabe, qui ne pouvait obtenir de lui la jouissance de son patrimoine, conspire sa mort avec quelques complices. Il lui porta lui-même le dernier coup en se promenant avec lui auprès de Rheinsfeld sur le bord de la riviére de Russ dans le voisinage de la Suisse. Peu de Souverains ont péri d'une mort plus tragique, & nul n'a été moins regretté. Il est très-vraisemblable que le don de l'Autriche, de la Stirie, de la Carniole fait par l'empereur Rodolphe de Habsbourg à ses deux enfans fut la cause de cet assassinat. Jean, fils du prince Rodolphe, ayant en vain demandé à son oncle Albert sa part qu'il retenait, voulut s'en mettre en possession par un crime.

HENRI

HENRI VII.

De la Maison de Lunebourg.

TRENTE-UNIEME EMPEREUR.

1308.

Après l'assassinat d'Albert, le thrône d'Allemagne demeure vacant sept mois. On compte parmi les prétendans à ce thrône, le roi de France Philippe le *Bel* : mais il n'y a aucun monument de l'histoire de France, qui en fasse la moindre mention.

Charles de Valois, frere de ce Monarque, se met sur les rangs. C'était un prince qui allait par-tout chercher des royaumes. Il avait reçu la couronne d'Arragon des mains du pape Martin IV. & lui avait prêté l'hommage & le serment de fidélité, que les papes exigeaient des rois d'Arragon : mais il n'avait plus qu'un vain titre. Boniface VIII. lui avait promis de le faire roi des Romains, mais il n'avait pû tenir sa parole.

Bertrand de Got, Gascon, archevêque de Bordeaux, élevé au Pontificat de Rome par la protection de Philippe le Bel, promet cette fois la couronne impériale à ce Prince. Les Papes y pouvaient beaucoup alors, malgré toute leur faiblesse, parce que leur refus de reconnaître le roi des Romains élu en Allemagne, était souvent un prétexte de factions & de guerres civiles.

Ce pape Clément V. fait tout le contraire de ce qu'il avait promis. Il fait presser sous main les Electeurs de nommer Henri comte de Luxembourg.

Ce Prince est le premier qui est nommé par six Electeurs seulement, tous six grands Officiers de la couronne : les archevêques de Mayence, Tréves, & Cologne, chanceliers : le comte Palatin de la maison de Baviére d'aujourd'hui, Grand-Maître de la maison : le Duc de Saxe de la maison d'Ascanie, Grand-Ecuyer : le marquis de Brandebourg de la même maison d'Ascanie, Grand-Chambellan.

Le roi de Bohême, Grand-Echanson, n'y assista pas, & personne même ne le représenta. Le royaume de Bohême était alors vacant, les Bohémiens ne voulant pas reconnaître le duc de Carinthie, qu'ils avaient élu, mais auquel ils faisaient la guerre comme à un tyran.

Ce fut le comte Palatin qui nomma au nom de six Electeurs, *Henri comte de Luxembourg, roi des Romains, futur Empereur, protecteur de l'Eglise Romaine & universelle, & défenseur des veuves & des orphelins.*

1309.

Henri VII. commence par venger l'assassinat de l'empereur Albert. Il met l'assassin Jean, prétendu duc de Suabe, au ban de l'Empire. Fréderic & Léopold d'Autriche ses cousins, descendans comme lui de Rodolphe de Habsbourg, exécutent la sentence, & reçoivent l'investiture de ses domaines.

Un des assassins, nommé Rodolphe de Warth, seigneur considérable, est pris ; & c'est par lui que commence l'usage du supplice de la roue. Pour Jean, après avoir erré long-tems, il obtint l'absolution du Pape, & se fit moine.

L'Empereur donne à son fils de Luxembourg le

le titre de Duc, sans ériger le Luxembourg en duché. Il y avait des Ducs à brevet comme on en voit aujourd'hui en France, mais c'étaient des Princes. On a déja vu que les Empereurs faisaient des Rois à brevet.

L'Empereur songe à établir sa maison, & fait élire son fils Jean de Luxembourg, roi de Bohême. Il fallut la conquérir sur le duc de Carinthie; & cela ne fut pas difficile, puisque le duc de Carinthie avait contre lui la nation.

Tous les Juifs sont chassés d'Allemagne, & une grande partie est dépouillée de ses biens. Ce peuple consacré à l'usure depuis qu'il est connu, ayant toujours exercé ce métier à Babylone, à Alexandrie, à Rome, & dans toute l'Europe, s'était rendu par-tout également nécessaire & exécrable. Il n'y avait guère de villes où l'on n'accusât les Juifs d'immoler un enfant le Vendredi-Saint, & de poignarder une hostie. On fait encore dans plusieurs villes des processions en mémoire des hosties qu'ils ont poignardées, & qui ont jetté du sang. Ces accusations ridicules servaient à les dépouiller de leurs richesses.

1310.

L'ordre des Templiers est traité plus cruellement que les Juifs. C'est un des événemens les plus incompréhensibles. Des Chevaliers qui faisaient vœu de combattre pour Jesus-Christ, sont accusés de le renier, d'adorer une tête de cuivre, & de n'avoir pour cérémonies secrettes de leur réception dans l'ordre, que les plus horribles débauches. Ils sont condamnés au feu en France en conséquence d'une Bulle du pape Clément

V.

V. & de leurs grands biens. Le Grand-Maître de l'Ordre Molaï Gui, frere du Dauphin d'Auvergne, & soixante & quatorze Chevaliers, jurerent en vain que l'Ordre était innocent. Philippe le Bel irrité contre eux les fit trouver coupables. Le Pape dévoué au roi de France les condamna. Il y en eut cinquante-neuf de brûlés à Paris. On les poursuivit par-tout. Le Pape abolit l'ordre deux ans après ; mais en Allemagne on ne fit rien contre eux ; peut-être parce qu'on les persécutait trop en France. Il y a grande apparence que les débauches de quelques jeunes Chevaliers avaient donné occasion de calomnier l'ordre entier.

Henri VII. veut rétablir l'Empire en Italie. Aucun Empereur n'y avait été, depuis Fréderic II.

Diéte à Francfort pour établir Jean de Luxembourg, roi de Bohême, vicaire de l'Empire, & pour fournir au voyage de l'Empereur. Ce voyage s'appelle, comme on sait, *l'Expédition Romaine*. Chaque état de l'Empire se cottise pour fournir des soldats, des cavaliers, ou de l'argent.

Les Commissaires de l'Empereur qui le précédent font à Lausanne le 11 Octobre, le serment accoutumé aux Commissaires du Pape ; serment regardé toujours par les Papes comme un acte d'obéissance & un hommage ; & par les Empereurs comme une promesse de protection ; mais les paroles en étaient favorables aux prétentions des Papes.

1311.

Les factions des Guelfes & des Gibelins partageaient toujours l'Italie. Mais ces factions n'avaient

vaient plus le même objet qu'autrefois; elles ne combattaient plus l'une pour l'Empereur, l'autre pour le Pape. Ce n'était plus qu'un mot de ralliement, auquel il n'y avait guère d'idée fixe attachée. C'est de quoi nous avons vû un exemple en Angleterre dans les factions de Wighs & de Thoris.

Le Pape Clément V. fuyait Rome, où il n'avait aucun pouvoir. Il établissait sa Cour à Lyon avec sa maîtresse la comtesse de Périgord, & amassait ce qu'il pouvait de thrésors.

Rome était dans l'anarchie d'un gouvernement populaire. Les Colonna, les Ursini, les Barons Romains partageaient la ville, & c'est la cause de ce long séjour des Papes au bord du Rhône; de sorte que Rome paraissait également perdue pour les Papes & pour les Empereurs.

La Sicile était restée à la maison d'Arragon. Carobert, roi de Hongrie, disputait le royaume de Naples à Robert son oncle, fils de Charles second de la maison d'Anjou.

La maison d'Este s'était établie à Ferrare. Les Vénitiens voulaient s'emparer de ce pays.

L'ancienne ligue des villes d'Italie était bien loin de subsister. Elle n'avait été faite que contre les Empereurs. Mais depuis qu'ils ne venaient plus en Italie, ces villes ne pensaient qu'à s'agrandir aux dépens les unes des autres.

Les Florentins & les Génois faisaient la guerre à la république de Pise. Chaque ville d'ailleurs était partagée en factions. Florence entre les noirs & les blancs : Milan entre les Viconti & les Turriani.

Ce fut au milieu de ces troubles que Henri VII.

VII. paraît enfin en Italie. Il fe fait couronner roi de Lombardie à Milan. Les Guelfes cachent cette ancienne couronne de fer des rois Lombards, comme fi c'était à un petit cercle de fer que fût attaché le droit de regner. L'Empereur fait faire une nouvelle couronne.

Les Turriani, le propre Chancelier de l'Empereur, confpirent contre fa vie dans Milan. Il condamne fon Chancelier au feu. La plûpart des villes de Lombardie, Crême, Crémone, Lodi, Brefcia lui refufent obéiffance. Il les foumet par la force, & il y a beaucoup de fang répandu.

Il marche à Rome. Robert, roi de Naples, de concert avec le Pape, lui ferme les portes, en faifant marcher vers Rome Jean prince de Morée fon frere avec des gendarmes & de l'infanterie.

Plufieurs villes, comme Florence, Boulogne, Lucques fe joignent fecrettement à Robert. Cependant le Pape écrit de Lyon à l'Empereur, qu'il ne fouhaite rien tant que fon couronnement; le roi de Naples l'affûre des mêmes fentimens, & lui protefte que le prince de Morée n'eft à Rome que pour y mettre l'ordre.

Henri VII. fe préfente à la porte de la ville Léonine, qui renferme l'églife de Saint Pierre, mais il faut qu'il l'affiége pour y entrer. Il eft battu au lieu d'être couronné. Il négocie avec l'autre partie de la ville, & demande qu'on le couronne dans l'églife de Saint Jean de Latran. Les Cardinaux s'y oppofent, & difent que cela ne fe peut fans la permiffion du Pape.

Le peuple de ce quartier prend le parti de l'Empereur. Il est couronné en tumulte par quelques Cardinaux. Alors il fait examiner par des Jurisconsultes la question, *si le Pape peut ordonner quelque chose à l'Empereur, & si le royaume de Naples relève de l'Empire, ou du Saint-Siége*. Ses Jurisconsultes ne manquent pas de décider en sa faveur, & le Pape a grand soin de faire décider le contraire par les siens.

1313.

C'est, comme on a vu, la destinée des Empereurs, de manquer de forces pour dominer dans Rome. Henri VII. est obligé d'en sortir. Il va assiéger inutilement Florence, & cite non moins inutilement Robert, roi de Naples, à comparaître devant lui. Il met non moins vainement ce Roi au ban de l'Empire, comme coupable de Lèze-Majesté, *& le bannit à perpétuité sous peine de perdre la tête*. L'arrêt est du 25 Avril.

Il rend des arrêts à-peu-près semblables contre Florence & Lucques, & permet par ces arrêts d'assassiner les habitans ; Venceslas en démence n'aurait pas donné de tels rescripts.

Il fait lever des troupes en Allemagne par son frere archevêque de Tréves. Il obtient des Génois & des Pisans cinquante galères. On conspire dans Naples en sa faveur. Il pense conquérir Naples & ensuite Rome ; mais prêt à partir, il meurt auprès de la ville de Sienne. L'arrêt contre les Florentins était une invitation à l'empoisonner. Un dominicain nommé Politien de Montepulciano, qui le communiait, mêla, dit-on, du poison dans le vin consacré. Il est diffi-

difficile de prouver de tels crimes. Mais les Dominicains n'obtinrent du fils de Henri VII. Jean roi de Bohême, des lettres qui les déclarent innocens, que trente ans après la mort de l'Empereur. Il eût mieux valu avoir ces lettres dans le tems même qu'on commençait à les accuser de cet empoisonnement sacrilége.

INTERREGNE DE QUATORZE MOIS.

Dans les derniéres années de la vie de Henri VII. l'ordre Teutonique s'agrandissait, & faisait des conquêtes sur les Idolâtres, & sur les Chrétiens des bords de la mer baltique. Ils se rendirent même maîtres de Dantzick, qu'ils céderent après. Ils acheterent la contrée de Prusse nommée Pomérelie, d'un Margrave de Brandebourg qui la posséda.

Pendant que les chevaliers Teutons devenaient des conquérans, les Templiers furent détruits en Allemagne, comme ailleurs, & quoiqu'ils se soutinssent encore quelques années vers le Rhin, leur ordre fut enfin entiérement aboli.

1314.

Le pape Clément V. condamne la mémoire de Henri VII. déclare que le serment que cet Empereur avait fait à son couronnement dans Rome, était un *serment de fidélité*, & par conséquent d'un vassal qui rend hommage.

Il casse la Sentence de Henri VII. portée contre le roi de Naples, *attendu*, dit-il avec raison, *que le roi Robert est notre vassal*.

Mais le Pape ajoûte à cette raison des clauses bien étonnantes. *Nous avons*, dit-il, *la supériorité sur l'Empire, & nous succédons à l'Empereur pendant la* la vacance, par le plein pouvoir que Jesus-Christ nous a donné.

En vertu de cette prétention le Pape établit le roi de Naples Robert, vicaire de l'Empire en Italie. Ainsi les Papes qui ne craignaient rien tant qu'un Empereur, aident eux-mêmes à perpétuer cette dignité, en reconnaissant qu'il faut un vicaire dans l'interregne. Mais ils nomment ce vicaire pour se faire un droit de nommer un Empereur.

Les Electeurs en Allemagne sont long-tems divisés. Il était déja établi dans l'opinion des hommes que le droit de suffrage n'appartenait qu'aux grands officiers de la maison, c'est-à-dire, aux trois chanceliers ecclésiastiques, & aux quatre princes séculiers. Ces officiers avaient long-tems eu la premiere influence. Ils déclaraient la nomination faite par la pluralité des suffrages : peu-à-peu ils attirerent à eux seuls le droit d'élire.

Cela est si vrai, que le duc de Carinthie Henri, qui prenait le titre de roi de Bohême, disputait en cette seule qualité le droit d'Electeur à Jean de Luxembourg, fils de Henri VII. qui en effet était roi de Bohême.

Les ducs de Saxe, Jean & Rodolphe, qui avaient chacun une partie de la Saxe, prétendaient partager le droit d'élire, & être tous deux Electeurs, parce qu'ils se disaient tous deux grands maréchaux.

Le duc de Baviére Louis, le même qui fut Empereur, chef de la branche Bavaroise, voulait partager avec son frere aîné Rodolphe, comte Palatin, le droit de suffrage.

Il y eut donc dix Electeurs qui repréfentaient fept Officiers, fept charges principales de l'Empire. De ces dix Electeurs cinq nomment Louis duc de Baviére, qui ajoûtant fon fuffrage, eft ainfi élu par fa voix.

Les quatre autres choififfent Fréderic duc d'Autriche, fils de l'empereur Albert ; & ce duc d'Autriche ne compta point fa propre voix ; ce qui prouve évidemment que l'Autriche n'avait point droit de fuffrage, ne fourniffant point de grand Officier.

LOUIS V. ou LOUIS DE BAVIERE.

TRENTE-DEUXIEME EMPEREUR.

1315.

On ne compte pour empereur que Louis de Baviére, parce qu'il paffe pour avoir été élu par le plus grand nombre, mais fur-tout parce que fon rival Frédéric le beau fut malheureux. Frédéric eft facré à Cologne, par l'archevêque du lieu, Louis à Aix-la-Chapelle par l'archevêque de Mayence ; & cet archevêque s'attribue ce privilége, malgré l'archevêque de Cologne, Métropolitain d'Aix.

Ces deux facrès produifent néceffairement des guerres civiles ; & celle-ci l'eft d'autant plus que Louis de Baviére était oncle de Fréderic fon rival. Quelques cantons Suiffes déja ligués prennent les armes pour Louis de Baviére. Ils défendaient par-là leur liberté contre l'Autriche.

Mé-

Mémorable bataille de Mortgat. Si les Suisses avaient eu l'éloquence des Athéniens comme le courage, cette journée serait aussi célébre que celles des Thermopyles. Seize cens Suisses des cantons d'Uri, de Schwitz, & d'Underwald dissipent, au passage des montagnes, une armée formidable du duc d'Autriche. Le champ de bataille de Mortgat est le vrai berceau de leur liberté.

1316.

Jean XXII. Pape à Avignon & à Lyon, comme ses deux prédécesseurs, n'osant pas mettre le pied en Italie, & abandonnant Rome, déclare cependant que l'Empire dépend de l'Eglise Romaine, & cite à son tribunal les deux prétendans à l'Empire. Il y a eu de plus grandes révolutions sur la terre : mais il n'y en a pas une plus singuliére dans l'esprit humain, que de voir les successeurs des Césars créés sur les bords du Mein, soumettre les droits, qu'ils n'ont point sur Rome, à un pontife de Rome créé dans Avignon; tandis que les rois d'Allemagne prétendent avoir le droit de donner les Royaumes de l'Europe, que les Papes prétendent nommer les Empereurs & les Rois, & que le peuple Romain ne veut ni d'Empereur, ni de Pape.

1317.

Il faut se représenter dans ces tems-là, l'Italie aussi divisée que l'Allemagne. Les Guelfes & les Gibelins la déchirent toujours. Les Guelfes, à la tête desquels est le roi de Naples Robert, tiennent pour Frédéric d'Autriche. Louis a pour lui les Gibelins. Les principaux de cette faction sont les Viscomtis à Milan. Cette maison établissait sa puissance sur le prétexte de soutenir celle des Empereurs.

reurs. La France voulait déja se mêler des affaires du Milanais, mais faiblement.

1318.

Guerre entre Eric, roi de Dannemarck, & Valdemar, margrave de Brandebourg. Ce margrave soutient seul cette guerre, sans l'aide d'aucun prince de l'Empire. Quand un état faible tient tête à un plus fort, c'est qu'il est gouverné par un homme supérieur.

Le duc de Lavembourg, dans cette courte querelle bientôt accommodée, est prisonnier du margrave, & se rachette par seize mille marcs d'argent. On pourrait par ces rançons juger à peu près de la quantité d'espéces qui roulaient alors dans ces pays, où les Princes avaient tout, & les peuples presque rien.

1319.

Les deux Empereurs consentent à décider leur querelle plus importante, par trente champions: usage des anciens tems, que la cavalerie a renouvellé quelquefois.

Ce combat d'homme à homme, de quinze contre quinze fut comme celui des héros Grecs & Troyens. Il ne décida rien, & ne fut que le prélude de la bataille, que les deux armées se livrerent, après avoir été spectatrices du combat des trente. Louis est vainqueur dans cette bataille; mais sa victoire n'est point décisive.

1320.

1320. 1321.

Philippe de Valois, neveu de Philippe-le-Bel, roi de France, accepte du Pape Jean XXII. la qualité de Lieutenant-Général de l'Eglise, contre les Gibelins en Italie. Philippe de Valois y va, croyant tirer quelque parti de toutes ces divisions. Les Viscomtis trouvent le secret de lui faire repasser les Alpes, tantôt en affamant sa petite armée, & tantôt en négociant.

L'Italie reste partagée en Guelfes & en Gibelins, sans prendre trop parti, ni pour Frédéric d'Autriche, ni pour Louis de Baviére.

1322.

Il se donne une bataille décisive entre les deux Empereurs, encore assez près de Muldorf le 28 Septembre 1322. Le duc d'Autriche est pris avec le duc Henri, son frere, & Ferri, duc de Lorraine. Dès ce jour il n'y eut plus qu'un Empereur.

Léopold d'Autriche, frere des deux prisonniers, continue en vain la guerre.

Jean de Luxembourg, roi de Bohême, fatigué des contradictions qu'il éprouve dans son pays, envoie son fils en France, pour l'y faire élever à la Cour du roi Charles-le-Bel. Il fait un échange de sa couronne contre le palatinat du Rhin, avec l'Empereur. Cela paraît incroyable. Le possesseur du Palatinat du Rhin était Rodolphe de Baviére, propre frere de l'Empereur. Ce Rodolphe s'était jetté dans le parti de Frédéric d'Autriche contre son frere ; & l'Empereur Louis de Baviére, qui venait de s'emparer du Palatinat, gagne la Bohême à ce marché.

On ne peut pas toujours en tout pays, acheter & vendre des hommes comme des bêtes. Toute la noblesse de Bohême se souleva contre cet accord, le déclara nul & injurieux, & il demeura sans effet. Mais Rodolphe resta privé de son Palatinat.

1323.

Un événement plus extraordinaire encore arrive dans le Brandebourg. Le margrave de ce pays, de l'ancienne maison d'Ascanie, quitte son margraviat, pour aller en pélerinage à la Terre-sainte. Il laisse ses Etats à son frere, qui meurt vingt-quatre jours après le départ du pélerin. Il y avait beaucoup de parens capables de succéder. L'ancienne maison de Saxe-Lavembourg, & celle d'Anhalt, avaient des droits. L'Empereur, pour les accorder tous, & sans attendre de nouvelles du pélerinage du véritable possesseur, voulut approprier à sa maison les Etats de Brandebourg, & il en investit son fils Louis.

L'Empereur épouse en secondes nôces la fille d'un comte de Hainaut & de Hollande, qui lui apporte pour dot ces deux Provinces, avec la Zélande & la Frise. Aucun Etat vers les Pays-Bas n'était regardé comme un Fief masculin. Les Empereurs songeaient à l'établissement de leurs maisons, aussi-bien qu'à l'Empire.

L'Empereur ayant vaincu son concurrent, a le Pape encore à vaincre. Jean XXII. des bords du Rhône

Rhône ne laissait pas d'influer beaucoup en Italie. Il animait la faction des Guelfes contre les Gibelins. Il déclare les Viscomtis hérétiques ; & comme l'Empereur favorise les Viscomtis, il déclare l'Empereur fauteur d'hérétiques, & par une bulle du 9. Octobre, il ordonne à Louis de Bavière de se désister dans trois mois de l'administration de l'Empire, *pour avoir pris le titre de roi des Romains, sans attendre que le Pape ait examiné son élection*. L'Empereur se contente de protester contre cette bulle, ne pouvant encore faire mieux.

1324.

Louis de Bavière soutient le reste de la guerre contre la maison d'Autriche, pendant qu'il est attaqué par le Pape.

Jean XXII. par une nouvelle bulle du 15 Juillet, déclare l'Empereur *contumace*, & le prive de tout droit à l'Empire, s'il ne comparaît devant sa sainteté avant le 1. Octobre. Louis de Bavière donne un rescrit, par lequel il invite l'Eglise à déposer le Pape, & appelle au futur Concile.

Marcile de Padoue, & Jean de Gent, Franciscain, viennent offrir leur plume à l'Empereur contre le Pape, & prétendent prouver que le St. Pere est hérétique. Il avait en effet des opinions singuliéres, qu'il fut obligé de rétracter.

1325.

Quand on voit ainsi les Papes, n'ayant pas une ville à eux, parler aux Empereurs en maîtres, on devine aisément qu'ils ne font que mettre à profit les préjugés des peuples, & les intérêts des

Princes. La maison d'Autriche avait encore un parti en Allemagne, quoique le chef fût en prison; & ce n'est qu'à la tête d'un parti, qu'une bulle peut être dangereuse.

L'Alsace & le pays Messin, par exemple, tenaient pour cette Maison. L'Empereur fit une alliance avec le duc de Lorraine, son prisonnier, avec l'archevêque de Tréves, & le comte de Bar, pour prendre Metz. Metz fut prise en effet, & paya environ quarante mille livres Tournois à ses vainqueurs.

Frédéric d'Autriche étant toujours en prison, le Pape veut faire donner l'Empire à Charles-le-Bel, roi de France. Il eût été naturel qu'un Pape eût fait nommer un Empereur en Italie. C'était ainsi qu'on en avait usé envers Charlemagne; mais le long usage prévalait, & il fallait que l'Allemagne fît l'élection. On gagne en faveur du roi de France quelques Princes d'Allemagne, qui donnerent rendez-vous au Roi à Bar-sur-Aube. Le roi de France s'y transporte, & n'y trouve que Léopold d'Autriche.

Le roi de France retourne chez lui, affligé de sa fausse démarche. Léopold d'Autriche, sans ressource, renvoie à Louis de Baviére la lance, l'épée, & la couronne de Charlemagne. L'opinion politique attachait encore à ces symboles un droit qui confirmait celui de l'élection.

Louis de Baviére élargit enfin son prisonnier, & lui fait signer une rénonciation à l'Empire pour le tems de la Vie de Louis. On prétend que Frédéric d'Autriche conserva toujours le titre de roi des Romains.

1326.

1326.

Léopold d'Autriche meurt. Il faut bien obferver que, malgré les loix, l'ufage conftant était que les grands Fiefs fe partageaffent encore entre les héritiers. Trente enfans auraient partagé le même état en trente parts, & auraient tous porté le même titre. Tous les agnats de Rodolphe de Habfbourg portaient le nom de ducs d'Autriche.

Léopold avait eu pour fon partage l'Alface, la Suiffe, la Suabe, & le Brifgau. Ses freres fe difputent cet héritage; ils choififfent le roi de Bohême, Jean de Luxembourg, pour auftregue, c'eft-à-dire, pour arbitre.

1327.

Louis de Baviére va enfin en Italie fe mettre à la tête des Gibelins, & le Pape anime de loin les Guelfes contre lui. L'ancienne querelle de l'Empire & du Pontificat fe renouvelle avec fureur.

Louis marche avec une petite armée à Milan; il eft accompagné d'une foule de moines Francifcains. Ces moines étaient excommuniés par le Pape Jean XXII. pour avoir foutenu que leur capuchon devait être plus pointu, & que leur boire & leur manger ne leur appartenait pas en propre.

Ces mêmes Francifcains traitaient le Pape d'hérétique & de damné, au fujet de fon opinion fur la vifion béatifique.

L'Empereur eft couronné roi de Lombardie à Milan, non par l'archevêque, qui le refufe, mais par l'évêque d'Arezzo.

Dès que ce Prince se prépare à aller à Rome, la faction des Guelfes presse le Pape d'y revenir. Le Pape n'ose y aller, tant il craint le parti Gibelin & l'Empereur.

Les Pisans offrent à l'Empereur soixante mille livres, pour qu'il ne passe point par leur ville dans son voyage à Rome. Louis de Bavière assiége Pise, & se fait donner au bout de trois jours trente autres mille livres, pour y séjourner deux mois. Les historiens disent que ce sont des livres d'or : mais cette somme ferait six millions d'écus d'Allemagne ; ce qu'il est plus aisé de coucher par écrit, que de payer.

Nouvelle Bulle de Jean XXII. à Avignon le 23. Octobre. *Nous réprouvons ledit Louis, comme hérétique. Nous dépouillons ledit Louis de tous ses biens meubles & immeubles, du Palatinat du Rhin, de tout droit à l'Empire, défendons de fournir audit Louis du bled, du linge, du vin, du bois, &c.*

L'hérésie de l'Empereur était d'aller à Rome.

1328.

Louis de Bavière est couronné dans Rome, sans prêter le serment de fidélité. Le célèbre Castruccio Castracani, tyran de Lucques, créé d'abord par l'Empereur, comte du palais de Latran, & gouverneur de Rome, le conduit à St. Pierre avec les quatre premiers barons Romains, Colonna, Ursini, Savelli, Conti.

Louis est sacré par un évêque de Venise, assisté d'un évêque d'Aleria, tous deux excommuniés par le Pape. Il y eut peu de troubles dans Rome à ce couronnement.

Le 18. Avril, l'Empereur tient une assemblée générale. Il y préside, revêtu du manteau Impérial, la couronne en tête, & le sceptre à la main. Un moine Augustin, Nicolas Fabriano, y accuse le Pape, & demande *s'il y a quelqu'un qui veuille défendre le Prêtre de Cahors ; qui se fait nommer le Pape Jean.* L'ordre des Augustins devait produire un our unhomme plus dangereux pour les Papes.

On lut ensuite la sentence, par laquelle l'Empereur déposait le Pape. *Nous voulons*, dit-il, *suivre l'exemple d'Othon I. qui avec le Clergé, & le peuple de Rome, déposa le Pape Jean XII. Nous déposons de l'évêché de Rome Jacques de Cahors, convaincu d'hérésie, & de Léze-Majesté.*

Le jeune Colonna, attaché en secret au Pape publie son opposition dans Rome, l'affiche à la porte de l'Eglise, & s'enfuit.

Enfin Louis prononce un arrêt de mort contre le Pape, & même contre le roi de Naples, qui avait accepté du Pape le vicariat de l'Empire en Italie. Il les condamne tous deux à être brûlés vifs ; la colère outrée va quelquefois jusqu'au ridicule. Il créé Pape le 22 Mai, de son autorité, Pierre Reinalucci, de la ville de Corbiero ou Corbario, Dominicain, & le fait agréer par le peuple Romain. Il l'investit par l'anneau, au lieu de lui baiser les pieds, & se fait de nouveau couronner par lui.

Ce qui était arrivé à tous les Empereurs depuis les Othons, arrive à Louis de Baviere. Les Romains conspirent contre lui. Le roi de Naples arrive avec des troupes aux portes de Rome. L'Empereur & son Pape sont obligés de s'enfuir.

1329.

L'Empereur, réfugié à Pise, est forcé d'en sortir. Il retourne sans armée en Baviére, avec deux Franciscains qui écrivaient contre le Pape; Michel de Cesène, & Guillaume Okam. L'antipape Pierre de Corbiero se cache de ville en ville.

Le roi de Naples Robert fait rentrer sous la domination, ou plutôt sous la protection Papale, Rome & plusieurs villes d'Italie.

Les Viscomtis, toujours puissans dans Milan, & qui ne pouvaient plus être défendus par l'Empereur, l'abandonnent. Ils se rangent du parti de Jean XXII. qui toujours réfugié dans Avignon, semble donner des loix à l'Europe, & en donne en effet, quand ces loix sont exécutées par les forts contre les faibles.

Louis de Baviére étant à Pavie, fait un traité mémorable avec son neveu Robert, fils de l'électeur Palatin Rodolphe, mort en exil en Angleterre, & tige de toute la branche Palatine. Par ce traité il partage avec son neveu les terres de la maison Palatine; il lui rend le Palatinat du Rhin & le haut Palatinat, & il garde pour lui la Baviére. Il régle qu'après l'extinction d'une des deux maisons, Palatine & Baviére, qui ont une souche commune, la survivante entrera en possession de toutes les terres & dignités de l'autre, & que cependant le suffrage, dans les élections des Empereurs, appartiendra alternativement aux deux maisons. Le droit de suffrage accordé ainsi à la maison de Baviére ne dura pas long-tems. La division que cet accord mit entre les deux maisons fut plus longue.

1330.

1330.

Le Pape Frere Pierre de Corbiero, caché dans un château d'Italie, entouré de soldats envoyés par l'archevêque de Pise, demande grace à Jean XXII. qui lui promet la vie sauve, & trois mille florins d'or de pension pour son entretien.

Ce Pape Frere Pierre va la corde au cou se présenter devant le Pape, qui le fait renfermer dans une prison, où il mourut au bout de trois ans. On ne sait s'il avait stipulé ou non qu'il ne serait pas enfermé.

Christophe, roi de Dannemarck, est déposé par les Etats du pays. Il a recours à l'Empire. Les ducs de Saxe, de Meklenbourg, & de Poméranie, sont nommés par l'Empereur, pour juger entre le Prince & les Sujets. C'était faire revivre les droits éteints de l'Empire sur le Dannemarck. Mais Gerard, comte de Holstein, régent du Royaume, ne voulut pas reconnaître cette commission. Le roi Christophe, avec les forces de ces Princes, & du margrave de Brandebourg, chasse le régent, & remonte sur le thrône.

Louis de Bavière veut se réconcilier avec le pape, & lui envoie une ambassade. Jean XXII. pour réponse mande au roi de Bohême qu'il ait à faire déposer l'Empereur.

1331.

Le roi de Bohême Jean, au lieu d'obéir au Pape, se lie avec l'Empereur, & marche en Italie avec une armée, en qualité de vicaire de l'Empire. Ayant réduit quelques villes, comme Crémone, Parme,

Parme, Pavie, Modène; il est tenté de les garder pour lui, & dans cette idée il s'unit secrétement avec le Pape. Les Guelfes & les Gibelins allarmés se réunissent contre Jean XXII. & contre Jean de Bohême.

L'Empereur craignant un vicaire si dangereux, excite contre lui Othon d'Autriche, frere de ce même Frédéric, son rival pour l'Empire, tant les intérêts changent en peu de tems.

Il suscite le marquis de Misnie, & Carobert, roi de Hongrie, & jusqu'à la Pologne. Il est donc prouvé qu'alors il pouvait bien peu par lui-même. L'Empire fut rarement plus faible. Mais l'Allemagne, dans tous ces troubles, est toujours respectée des Etrangers, toujours hors d'atteinte.

Le roi de Bohême, revenu en Allemagne, bat tous ses ennemis l'un après l'autre. Il laisse son fils Charles vicaire en Italie, malgré Louis de Bavière, & pour lui il va jusqu'en Pologne. Ce roi de Bohême Jean était alors le véritable Empereur par son pouvoir.

Les Guelfes & les Gibelins, malgré leur antipathie, se liguent contre le Prince Charles de Bohême en Italie. Le roi son pere, vainqueur en Allemagne, passe les Alpes pour secourir son fils. Il arrive lorsque ce jeune Prince vient de remporter une victoire signalée le 25 Novembre vers le Tirol.

Il rentre avec son fils triomphant dans Prague, & lui donne la marche, ou marquisat, ou margraviat de Moravie, en lui faisant prêter un hommage lige.

1332.

1332.

Le Pape continue d'employer la religion dans l'intrigue. Othon, duc d'Autriche, gagné par lui, quitte le parti de l'Empereur, & gagné par des Moines, il foumet fes Etats au Saint-Siége. Il fe déclare vaffal de Rome. Quel temps, où une telle action ne fut ni abhorrée, ni punie !

C'eft que ce tems était celui de l'anarchie. Le roi de Bohême fe faifait craindre de l'Empereur, & fongeait à établir fon crédit dans l'Allemagne. Lui & fon fils avaient gagné des batailles en Italie, mais des batailles inutiles. Toute l'Italie était armée alors, Gibelins contre Guelfes, les uns & les autres contre les Allemands, toutes les villes s'accordaient dans leur haine contre l'Allemagne, & toutes fe faifaient la guerre, au lieu de s'entendre pour brifer à jamais leurs chaînes.

Pendant ces troubles, l'ordre Teutonique eft toujours une milice de conquérans vers la Pruffe. Les Polonais leur prennent quelques villes. Ce même Jean, roi de Bohême, marche à leur fecours. Il va jufqu'à Cracovie. Il appaife des troubles en Siléfie. Ce prince maître de la Bohême, de la Siléfie, de la Moravie, faifait alors tout trembler.

Strafbourg, Fribourg en Brifgau, & Bâle s'uniffent dans ces temps de trouble contre les Tyrans voifins. Plufieurs villes entrent dans cette affociation. Le voifinage de quatre cantons Suiffes, devenus libres, infpirent à ces peuples des fentimens de liberté.

Othon

Othon d'Autriche assiége Colmar. L'Empereur soutient cette ville contre le duc d'Autriche. Le comte de Wirtemberg fournit des troupes à l'Empereur ; le roi de Bohême lui en donne. On voit de part & d'autre des armées de trente mille hommes, mais ce n'est jamais que pour une campagne. L'Empereur n'est alors que comme un autre prince d'Allemagne qui a ses amis contre ses ennemis. Qu'eût-ce été, si tout eût été réuni pour subjuguer en effet toute l'Italie ?

Mais l'Allemagne n'est occupée que de ses querelles intestines. Le duc d'Autriche se raccommode avec l'Empereur. La face des affaires change continuellement, & la misère des peuples continue.

1333.

On a vû Jean, roi de Bohême, combattre en Italie pour l'Empereur, maintenant le voici armé pour le Pape. On a vû Robert, roi de Naples, défenseur du Pape ; il est à présent son ennemi. Ce même roi de Bohême qui venait d'assiéger Cracovie, va en Italie de concert avec le roi de France, pour y établir le pouvoir du Pape. C'est ainsi que l'ambition proméne les hommes.

Qu'arrive-t-il ? il donne bataille près de Ferrare au roi Robert de Naples, aux Viscomtis, aux l'Escales princes de Vérone, réunis. Il est défait deux fois. Il retourne en Allemagne, après avoir perdu ses troupes, son argent, & sa gloire.

Troubles & guerres en Brabant au sujet de la propriété de Malines, que le duc de Brabant, & le comte de Flandre se disputent. Le roi de Bohême

Bohême s'en mêle encore. On s'accommode. Malines demeure à la Flandre.

1334.

Cependant l'Empereur Louis de Bavière reste tranquille dans Munich, & semble ne plus prendre part à rien.

Le pape Jean XXII. plus remuant, sollicite toujours les princes Allemands à se soulever contre Louis de Bavière ; & les Franciscains du parti de Michel de Cesène, condamnés par le Pape, pressent l'Empereur d'assembler un concile pour faire déclarer le Pape hérétique, & pour le déposer.

La mort devait venger l'Empereur plus promptement qu'un concile. Jean XXII. meurt à quatre-vingt-dix ans le 2 Décembre dans Avignon.

Villani prétend qu'on trouva dans son trésor la valeur de vingt-cinq millions de florins d'or, dont dix-huit millions monnoyés : *Je le sais*, dit Villani, *de mon frere Romone qui était marchand du Pape*. On peut dire hardiment à Villani, que son frere le marchand était un grand exagérateur. Cela ferait environ deux cens millions d'écus d'Allemagne d'aujourd'hui. On eût alors avec une pareille somme acheté toute l'Italie, & Jean XXII. n'y mit jamais le pied. Il eut beau ajoûter une troisiéme couronne à la tiare pontificale, il n'en fut pas plus puissant. Il est vrai qu'il vendait beaucoup de bénéfices, qu'il inventa les annates, les réserves, les expectatives, qu'il mit à prix les dispenses, & les absolutions. Tout cela est une ressource bien plus faible qu'on ne pense, & a produit beaucoup plus de scandale que d'argent; les exacteurs de pareils tributs n'en font d'ordinaire aux maîtres qu'une part fort légère.

Ce qui est digne de remarque, c'est qu'il eut du scrupule en mourant sur la maniere dont il avait dit qu'on voyait Dieu dans le ciel, & qu'il n'en eut point sur les trésors qu'il avait amassés sur la terre.

1335.

Le vieux roi Jean de Luxembourg épouse une jeune princesse de la maison de France, de la branche de Bourbon, & par son contrat de mariage, il donne le duché de Luxembourg au fils qui naîtra de cette alliance. La plûpart des clauses des contrats sont des semences de guerre.

Voici un autre mariage qui produit une guerre dès qu'il est consommé. Le vieux roi de Bohême avait un second fils Jean de Luxembourg, duc de Carinthie. Ce jeune prince prenait le titre de duc de Carinthie, parce que sa femme avait des prétentions sur ce duché. Cette princesse de Carinthie, qu'on appellait Marguerite *la grande bouche*, prétend que son mari Jean de Luxembourg est impuissant. Elle trouve un évêque de Frisingue qui casse son mariage sans formalités; elle se donne au marquis de Brandebourg.

L'intérêt a autant de part que l'amour dans cet adultère. Le margrave de Brandebourg était le fils de l'empereur Louis de Bavière. Marguerite *la grande bouche* apportait le Tirol en dot & des droits sur la Carinthie : ainsi l'empereur ne fit aucune difficulté d'ôter cette princesse au prince de Bohême, & de la donner à son fils de Brandebourg. Ce mariage excite une guerre qui dure toute l'année ; & après beaucoup de sang répandu, on en vient à un accommodement singulier. C'est que le jeune Jean de Luxembourg avoue que sa femme a raison de l'avoir quitté, & approuve son mariage avec le Brandebourgeois, fils de l'Empereur.

Petite guerre des Strasbourgeois contre les Seigneurs des environs. Strasbourg agit en vraie république indépendante, à cela près que son évêque se mettait souvent à la tête des troupes, pour faire dépendre les citoyens de l'évêque.

1336. 1337.

On commence à négocier beaucoup en Allemagne pour la fameuse guerre que le roi d'Angleterre Edouard III. méditait contre Philippe de Valois. Il s'agissait de savoir à qui la France appartiendrait.

Il est vrai que ce pays beaucoup plus resserré qu'il ne l'est aujourd'hui, affaibli par les divisions du gouvernement féodal, & n'ayant point de grand commerce maritime, n'était pas le plus grand théâtre de l'Europe, mais c'était toujours un objet très-important.

Philippe de Valois d'un côté, & Edouard de l'autre tâchent d'engager les princes d'Allemagne dans leur querelle : mais il paraît que l'Anglais fit mieux

mieux sa partie que le Français. Philippe de Valois a pour lui le roi de Bohême, & Edouard a tous les princes voisins de la France. Il a sur-tout pour lui l'Empereur ; il n'en obtient à la vérité que des lettres-patentes, mais ces lettres-patentes sont de vicaire de l'Empire. Le fier Edouard consent volontiers à exercer ce vicariat, pour tâcher de faire déclarer guerre de l'Empire, la guerre contre la France. Ses provisions portent qu'il pourra faire battre monnoie dans toutes les terres de l'Empire : rien ne prouve mieux ce respect secret qu'on avait dans toute l'Europe pour la dignité impériale.

Pendant qu'Edouard s'appuie des forces temporelles de l'Allemagne, Philippe de Valois cherche à faire agir les forces spirituelles du Pape ; elles étaient alors bien peu de chose.

Le Pape Benoît XI. encore dans Avignon comme ses prédécesseurs, était dépendant du roi de France.

Il faut savoir que l'Empereur n'ayant point été absous par le Pape, demeurait toujours excommunié, & privé de ses droits dans l'opinion vulgaire de ces tems-là.

Philippe de Valois qui peut tout sur un pape d'Avignon, force Benoît XI. à différer l'absolution de l'Empereur. Ainsi l'autorité d'un prince dirige souvent le ministère pontifical, & ce ministère à son tour suscite quelques princes. Il y a un Henri duc de Baviére, parent de Louis l'empereur, prenant toujours selon l'usage ce titre de duc sans avoir le duché ; mais possédant une partie de la Baviére inférieure. Ce Henri demande pardon au Pape par ses députés, d'avoir reconnu son

parent

parent Empereur. Cette baffeffe ne produit dans l'Empire aucune des révolutions qu'on en attendait.

1338.

Le pape Benoît XI. avoue que c'eft Philippe de Valois, roi de France, qui l'empêche de réconcilier à l'Eglife l'empereur Louis. Voilà comme prefque tous les Papes n'ont été que les inftrumens d'une force étrangère. Ils reffemblaient fouvent aux dieux des Indiens, à qui on demande de la pluie à genoux, & qu'on traîne dans la riviére, quand on n'eft pas exaucé.

Grande affemblée des princes de l'Empire à Rens fur le Rhin. On y déclare ce qui ne devrait pas avoir befoin d'être déclaré ; *Que celui qui a été élu par le plus grand nombre, eft véritable Empereur ; que la confirmation du Pape eft abfolument inutile ; que le Pape a encore moins le droit de dépofer l'Empereur ; & que l'opinion contraire eft un crime de Lèze-Majefté.*

Cette déclaration paffe en loi perpétuelle le 8 Août à Francfort.

Albert d'Autriche furnommé d'abord *le contrefait*, & qui enfuite changea ce furnom en celui de *fage*, l'un des freres de ce Frédéric d'Autriche, qui avait difputé l'Empire, & le feul de tous fes freres par qui la race Autrichienne s'eft perpétuée, attaque encore en vain les Suiffes. Ces peuples qui n'avaient de bien que leur liberté, la défendent toujours avec courage. Albert eft malheureux dans fon entreprife, & mérite le nom de *fage* en l'abandonnant.

1339.

1339.

L'Empereur Louis ne pense plus qu'à rester tranquille dans Munich, pendant qu'Edouard roi d'Angleterre son vicaire, traîne cinquante princes de l'Empire à la guerre contre Philippe de Valois, & va conquérir une partie de la France. Mais avant la fin de la campagne tous ces princes Allemands se retirent chez eux ; & Edouard assisté des Flamands, poursuit ses vûes ambitieuses.

1340.

L'empereur Louis qui s'était repenti d'avoir donné le vicariat d'Italie à un roi de Bohême guerrier & puissant, se repent d'avoir donné le vicariat d'Allemagne à un roi plus puissant & plus guerrier. L'Empereur était le pensionnaire du vicaire ; & le fier Anglais se conduisant en maître, & payant mal la pension, l'Empereur lui ôte ce vicariat, devenu un titre inutile.

L'Empereur négocie avec Philippe de Valois. Pendant ce tems l'autorité impériale est absolument anéantie en Italie, malgré la loi perpétuelle de Francfort.

Le Pape de son autorité privée accorde aux deux freres Viscomtis le gouvernement de Milan qu'ils avaient sans lui, & les fait vicaires de l'Eglise Romaine ; ils avaient été auparavant vicaires impériaux.

Le roi Jean de Bohême va à Montpellier pour se guérir par la salubrité de l'air, d'un mal qui attaquait ses yeux. Il n'en perd pas moins la vûe, & il est connu depuis sous le nom de Jean *l'aveugle*. Il fait son testament, donne la Bohême & la Silésie à Charles depuis empereur, à Jean la Moravie, à Wenceslas

Louis V. de Baviere.

Wenceslas né de Béatrix de Bourbon, le Luxembourg & les terres qu'il a en France du chef de sa femme.

L'Empereur jouit cependant de la gloire de décider en arbitre des querelles de la maison de Dannemarck. Le duc de Sléeswich-Holstein par cet accommodement renonce aux prétentions sur le royaume de Dannemarck, il marie sa sœur au roi Valdemar III. & reste en possession du Jutland.

1341. 1342. 1343.

Louis de Bavière semble ne plus penser à l'Italie, & donne des tournois dans Munich.

Clément VI. nouveau pape né Français, & résidant à Avignon, est sollicité de revenir enfin rétablir en Italie le pontificat, & d'y achever d'anéantir l'autorité impériale. Il suit les procédures de Jean XXII. contre Louis. Il sollicite l'archevêque de Tréves de faire élire en Allemagne un nouvel Empereur. Il souléve en secret contre lui ce roi de Bohême Jean *l'aveugle* toujours remuant, & le duc de Saxe, & Albert d'Autriche.

L'empereur Louis qui a toujours à craindre qu'un défaut d'absolution n'arme contre lui les princes de l'Empire, flatte le Pape qu'il déteste, & lui écrit : *Qu'il remet à la disposition de sa Sainteté, sa personne, son Etat, sa liberté, & ses titres.* Quelles expressions pour un Empereur qui avait condamné Jean XXII. à être brûlé vif !

Les princes assemblés à Francfort sont moins complaisans, & maintiennent les droits de l'Empire.

1344. 1345.

Jean l'aveugle semble plus ambitieux, depuis qu'il a perdu la vûe. D'un côté il veut frayer le chemin

chemin de l'Empire à son fils Charles, de l'autre il fait la guerre à Casimir roi de Pologne, pour la mouvance du duché de Schwednitz dans la Silésie.

C'est l'effet ordinaire de l'établissement féodal. Le duc de Schwednitz avait fait hommage au roi de Pologne. Jean de Bohême réclame l'hommage en qualité de duc de Silésie. L'Empereur soutient en secret les intérêts du Polonais, & malgré l'Empereur, la guerre finit heureusement pour la maison de Luxembourg. Le prince Charles de Luxembourg, marquis de Moravie, fils de Jean l'aveugle, devenu veuf, épouse la niéce du duc de Schwednitz qui fait hommage à la Bohême; & c'est une nouvelle confirmation que la Silésie est un annexe de la couronne de Bohême.

L'impératrice Marguerite, femme de l'empereur Louis de Baviére, & sœur de Jean de Brabant, se trouve héritiére de la Hollande, de la Zélande, & de la Frise; elle recueille cette succession. L'Empereur son mari devait en être beaucoup plus puissant, il ne l'est pourtant pas.

En ce tems Robert comte Palatin fonde l'Université de Heidelberg sur le modéle de celle de Paris.

1346.

Jean *l'aveugle* & son fils Charles font un grand parti dans l'Empire au nom du Pape.

Les factions impériales & papales troublent enfin l'Allemagne, comme les Guelfes & les Gibelins avaient troublé l'Italie. Clément VI. en profite. Il publie contre Louis de Baviere une bulle le 13 Avril; *Que la colère de Dieu*, dit-il, *& celle de St. Pierre & St. Paul tombe sur lui dans ce monde-ci & dans l'autre; que la terre l'engloutisse tout vivant, que sa mémoire périsse, que tous les élémens lui soient contraires,*

contraires, *que ses enfans tombent dans les mains de ses ennemis aux yeux de leur pere.*

Il n'y avait point de protocole pour ces bulles : elles dépendaient du caprice du Dataire qui les expédiait. Le caprice en cette occasion est un peu violent.

Il y avait alors deux archevêques de Mayence, l'un déposé en vain par le Pape, l'autre élu à l'instigation du Pape par un parti de Chanoines. C'est à ce dernier que Clément VI. adresse une autre bulle pour élire un Empereur.

Le roi de Bohême Jean *l'aveugle*, & son fils Charles, marquis de Moravie, qui fut depuis l'empereur Charles IV. vont à Avignon marchander l'Empire avec Clément VI. Charles s'engage à casser toutes les ordonnances de Louis de Baviére, à reconnaître que le comté d'Avignon appartenait de droit au St. Siége, ainsi que Ferrare & les autres terres ; il entendait celles de la comtesse Mathilde) les royaumes de Sicile, de Sardaigne, & de Corse, & sur-tout Rome; que si l'Empereur va à Rome se faire couronner, il en sortira le même jour, qu'il n'y reviéndra jamais sans une permission expresse du Pape, &c.

Après ces promesses, Clément VI. recommande aux archevêques de Cologne & de Tréves, & au nouvel archevêque de Mayence d'élire empereur le marquis de Moravie. Ces trois prélats avec Jean l'aveugle s'assemblent à Rens près de Coblentz le 1 Juillet. Ils élisent Charles de Luxembourg, marquis de Moravie, qu'on connaît sous le nom de Charles IV.

Quoique l'Allemagne fût partagée, le parti de Louis de Baviére est tellement le plus fort, que le nouvel Empereur, & son vieux pere aveugle, au lieu

lieu de soutenir leurs droits en Allemagne, vont se battre en France contre Edouard d'Angleterre pour Philippe de Valois.

Le vieux roi Jean de Bohême est tué à la fameuse bataille de Créci le 25 ou 26 Août, gagnée par les Anglais. Charles s'en retourne en Bohême sans troupes & sans argent; il est le premier roi de Bohême qui se soit fait couronner par l'archevêque de Prague; & c'est pour ce couronnement que l'évêché de Prague jusques-là suffragant de Mayence, fut érigé en archevêché. 1347.

Alors Louis de Baviére & l'anti-empereur Charles se font la guerre. Charles de Luxembourg est battu par-tout.

Il se passait alors une scène singuliére en Italie. Nicolas Rienzi, notaire à Rome, homme éloquent, hardi & persuasif, voyant Rome abandonnée des Empereurs & des Papes qui n'osaient y retourner, s'était fait tribun du peuple. Il regna quelques mois d'une maniére absolue; mais le peuple qui avait élevé cette idole, la détruisit. Rome depuis long-tems ne semblait plus faite pour des tribuns. Mais on voit toûjours cet ancien amour de la liberté qui produit des secousses, & qui se débat dans ses chaînes. Rienzi s'intitulait amateur *de l'univers, & tribun auguste.* Cela seul prouve qu'il était enthousiaste, & par conséquent indigne de commander à des hommes d'esprit.

Mort de l'Empereur Louis de Baviére le 11 Octobre. Quelques historiens le disent empoisonné: cela peut être, mais il faut en être sûr pour le dire. Au reste il s'intitulait Louis IV. & non Louis V. Il n'avait pas encore plû aux Chronologistes de compter pour empereur, Louis l'enfant, bâtard du bâtard Arnoud; ou plutôt il n'y avait point alors de Chronologistes. Fin du I. Tome.

www.ingramcontent.com/pod-product-compliance
Lightning Source LLC
Chambersburg PA
CBHW071853230426
43671CB00010B/1331